Le Cordon Bleu

DIE GROSSE SCHULE DER DESSERTS

Le Cordon Bleu

Laurent Duchene & Bridget Jones

DIE GROSSE SCHULE DER DESSERTS

Profitechniken Schritt für Schritt
Mit 150 Rezepten

CHRISTIAN VERLAG

Aus dem Englischen übersetzt von Natascha Afanassjew
für GAIA Text, München
Satz und Produktion: GAIA Text, München
Umschlaggestaltung: Horst Bätz

http://www.christian-verlag.de

Die Originalausgabe mit dem Titel
Le Cordon Bleu Dessert Techniques wurde erstmals
1999 im Verlag Cassell plc., London, veröffentlicht.

Gestaltung und Produktion: Carroll & Brown Limited,
London

Design: Leslie Feagley, Julie Bennett
Fotos: David Murray, Jules Selmes

ISBN 3-88472-485-1

Druck und Bindung: Artes Gráficas Toledo S.A.U.
D.L. TO: 1441-2001

HINWEIS

Alle Informationen und Hinweise, die in diesem Buch enthalten sind, wurden vom Autor nach bestem Wissen erarbeitet und von ihm und dem Verlag mit größtmöglicher Sorgfalt überprüft. Unter Berücksichtigung des Produkthaftungsrechts müssen wir allerdings darauf hinweisen, dass inhaltliche Fehler oder Auslassungen nicht völlig auszuschließen sind. Für etwaige fehlerhafte Angaben können Autor, Verlag und Verlagsmitarbeiter keinerlei Verpflichtung und Haftung übernehmen.

Korrekturhinweise sind jederzeit willkommen und werden gerne berücksichtigt.

Inhalt

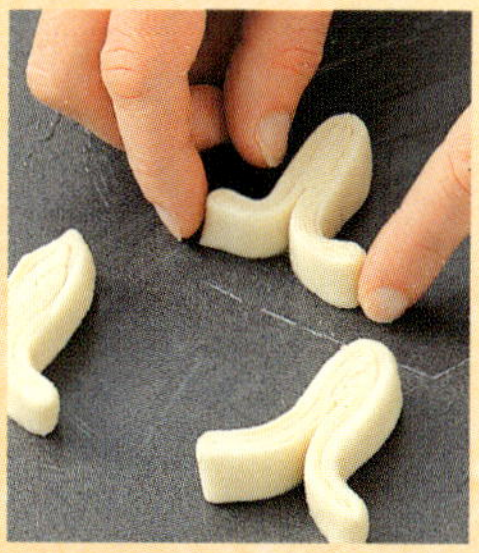

Einführung

Ganz egal, wie gut Sie sich aufs Kochen verstehen, mit den Rezepten dieses Buches gelingen Ihnen die feinsten Desserts. Denn die führenden Küchenchefs von Le Cordon Bleu lüften hier lange gehütete Geheimnisse und geben raffinierte Zubereitungstipps.

Das Dessert ist der letzte Gang eines Menüs und sollte dieses als süßer Höhepunkt harmonisch abschließen. *Die große Schule der Desserts* von Le Cordon Bleu bringt Ihnen das Können und das Wissen von 32 Meisterköchen direkt in Ihre Küche. Sie sind die Küchenchefs der Le-Cordon-Bleu-Kochschulen in Frankreich, Großbritannien, Japan, Australien und Nordamerika, die Ihnen die hohe Schule der Patisserie vermitteln und die Geheimnisse dieser Kunst enthüllen. Der hohe Standard und die kulinarische Finesse von Le Cordon Bleu sind wohl bekannt – ganz besonders, wenn es um Nachtischkreationen für elegante Menüs geht. Damit Sie all diese süßen Gaumenfreuden erfolgreich zubereiten können, haben die führenden Küchenchefs der Le-Cordon-Bleu-Kochschulen ihr Know-how und ihre Rezepte zur Verfügung gestellt.

Die große Schule der Desserts ist ein hervorragendes Standardwerk zur vielgestaltigen Kunst der Dessertzubereitung. Das Kapitel „Grundtechniken & Grundrezepte“ in der Mitte des Buches stellt nützliche Küchengeräte vor und gibt Tipps für ihre Verwendung und richtige Auswahl. Im Anschluss daran werden die Grundtechniken und Grundrezepte für Dessertzutaten erklärt. Die Beschreibungen richten sich besonders an alle, die in der Küche noch nicht ganz so erfahren sind und professionelle Tipps zu schätzen wissen – ob zur Vorbereitung von Obst, zur Teigzubereitung, der Verwendung von Zucker und Schokolade oder der Herstellung verschiedener Saucen, Füllungen und Glasuren. Wer die richtigen Zubereitungstechniken kennt, zaubert mit Leichtigkeit die besten Desserts.

Die einzelnen Kapitel behandeln jeweils unterschiedliche Arten von Nachspeisen, so dass stets eine große Auswahl von einfachen bis anspruchsvollen Rezepten geboten wird.
Das breite Spektrum klassischer Desserts reicht von Eisspezialitäten und Desserts mit Obst über Spezialitäten mit Frischkäse bis zu Biskuit, Torten und Hefegebäck. Jedem einzelnen Kapitel liegen gut verständliche Beschreibungen der jeweiligen Methoden zugrunde. Von den abgebildeten wichtigsten Arbeitsschritten für klassische wie moderne Desserts bis zu den vielfältigen

Möglichkeiten, problemlos die erlesensten Nachtischkreationen zu bereiten, wird alles so anschaulich erklärt, dass auch Anfänger gut damit zurechtkommen. Erfahrenere Köche, die die detaillierten Arbeitsschritte nicht unbedingt benötigen, können die Abbildungen als kleine Gedächtnisstützen bei der Zubereitung bekannter Desserts verwenden oder sich zu neuen Kreationen anregen lassen. Auf jeder Ebene wird gezeigt, wie einfache Zubereitungen zu kunstvollen Dessert-Ehren gelangen.

Die große Schule der Desserts ist eine unübertreffliche Quelle der Inspiration, die vielfältige Anregungen bietet. Bei den vorgestellten Methoden und fertigen Desserts wurde außerdem auf höchste Qualität Wert gelegt. Jedes Kapitel wurde sorgfältig entwickelt und präsentiert nicht nur die verführerischen einzelnen Desserts, sondern bietet auch hilfreiche Abbildungen der Zubereitungsmethoden. Die fotografierten einzelnen Arbeitsschritte werden durch Kästen mit nützlichen Informationen ergänzt. Zusätzliche innovative Ideen regen dazu an, unterschiedlichste Varianten auszuprobieren. Ist die Zubereitung auch einmal etwas anspruchsvoller, sind die einzelnen Arbeitsschritte doch stets gut nachvollziehbar.

Die Kochschule Le Cordon Bleu beweist erneut ihre berühmte Liebe zum Detail – ob grundlegende oder ausgefallene Methoden, alles wird so klar dargestellt, dass man Lust zum Ausprobieren und Experimentieren bekommt. Das Zusammenstellen der Zutaten, die sorgfältige Zubereitung und die kreativen Garnierungen regen geradezu die Fantasie an. Einen Schwerpunkt dieses Buches bildet die neuartige Präsentation klassischer Desserts. Die vielen Anregungen sind genau beschrieben und können je nach Saison und passend zu verschiedenen Gelegenheiten mühelos variiert werden.

Wer nach der Darstellung der grundlegenden Methoden auf kulinarische Herausforderungen hofft, wird von den Küchenchefs von Le Cordon Bleu in jedem Kapitel mit ganz besonderen „Leckerbissen" belohnt: Glanzleistungen der Dessertkunst, die mit Hilfe der beschriebenen Techniken zubereitet werden und ebenso köstlich schmecken wie sie aussehen. Diese Spezialitäten veranschaulichen, wie vielfältig die Möglichkeiten der Zubereitung sind. Unsere Meisterköche haben hier feinste Desserts kreiert und all ihr Know-how weitergegeben.

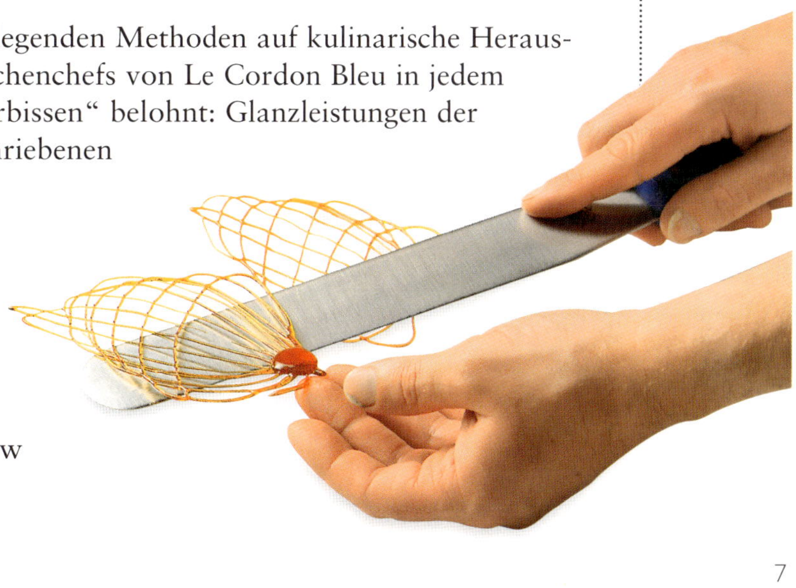

Für dieses Buch wurde eine Auswahl aus den besten klassischen Rezepten getroffen, von feiner Vanille-Eiscreme oder Baiser, das im Mund zergeht, bis zu Rezepten für knusprige und saftige Obst-Beignets, die Freunde und Familie gleichermaßen erfreuen. Das Resultat ist ein Handbuch, das im Grunde in jede Küche gehört und dessen hoher Standard auf den langjährigen hervorragenden Erfahrungen der Kochschule Le Cordon Bleu beruht.

Das Dessert ist der optisch ansprechendste Gang eines Menüs, und darum spielen Präsentation und Garnierung eine große Rolle. Im letzten Kapitel unseres Buchs weihen uns die Küchenchefs von Le Cordon Bleu in die Geheimnisse der Kunst des Verzierens ein: Wie stellt man zarte Schokoladenröllchen her, bestäubt ein Dessert mit einer ganz feinen Schicht Puderzucker oder bespritzt es mit gleichmäßigen, dekorativen Ornamenten? All dies zeigen wir in dem Kapitel „Anrichten & Dekorieren".

Den internationalen Küchenchefs von Le Cordon Bleu ist es ein Anliegen, ihr kulinarisches Können mit ihren Studenten zu teilen. Sie bringen die Erfahrung von Jahrzehnten und viele Auszeichnungen mit ein, sie reisen um die Welt, um praktische Anleitungen zu geben oder an Festivals teilzunehmen. Darüber hinaus fungieren sie als gastronomische Botschafter, und zwar nicht nur der klassischen französischen Küche, sondern der vielfältigen internationalen Kochtraditionen mit ihrem großen Reichtum verschiedenster Zutaten und Zubereitungsmethoden. Seit über einem Jahrhundert bildet Le Cordon Bleu mit großem Erfolg Köche aus. Diese berühmte Kochschule ist der pädagogische Wegbereiter der internationalen Küche und führt sie in das 21. Jahrhundert. Sie wurde zum Beispiel vom Ministerium für Tourismus der Volksrepublik China ausgewählt, die besten Küchenchefs des Landes in Paris auszubilden. Le Cordon Bleu übernimmt außerdem die Ausbildung australischer Chefköche für die Olympischen Spiele im Jahr 2000 in Sydney.

ZUM AUFBAU DIESES BUCHES

Die große Schule der Desserts richtet sich gleichermaßen an Anfänger wie an erfahrene Köche. In den einzelnen Kapiteln werden grundlegende Methoden für die verschiedenen Arten von Desserts vorgestellt und dazu eine Reihe von einfachen bis anspruchsvollen Varianten geboten:

Für jedes Dessert finden Sie viele Möglichkeiten, die Geschmacksrichtung und Garnierung zu variieren. Das Kapitel „Grundtechniken & Grundrezepte" zeigt geeignete Küchengeräte und beschreibt Vorbereitungsmethoden für eine Vielzahl von Zutaten.

Damit Sie Ihre Desserts perfekt anrichten und verzieren können, befasst sich das letzte Kapitel mit Dekorationen und Serviervorschlägen. Es enthält viele moderne und klassische Ideen, wie man Nachspeisen verführerisch präsentiert.

DESSERTS MIT FRÜCHTEN

OBSTSALATE
▪
FRÜCHTE IN GELEE
▪
FRÜCHTE POCHIEREN
▪
GEGRILLTE & SAUTIERTE FRÜCHTE
▪
GEBACKENE FRUCHTDESSERTS
▪
DESSERTS MIT BROT & FRÜCHTEN
▪
DESSERTS MIT TROCKENOBST

Obstsalate

Ein Obstsalat kann eine einfache Alternative zu einem gehaltvollen Dessert sein oder aber eine raffinierte Kombination verschiedenster Früchte und Aromen. Beste Produkte und ein ausgewogenes Maß an Süße sind die Voraussetzung für hervorragende Ergebnisse.

EINFACHER GEMISCHTER OBSTSALAT

Ein Obstsalat sollte stets appetitlich angerichtet sein. Mit etwas Fantasie kreiert man herrliche Mischungen, wie unser Beispiel mit ganzen Pflaumen, in Scheiben geschnittenen Kiwis und Mangos, ganzen Himbeeren und halbierten Erdbeeren zeigt. Dazu einen leichten Sirup (S. 108) bereiten, abkühlen lassen und die Früchte mindestens 30 Minuten darin ziehen lassen, bevor der Obstsalat zusammengestellt wird. Am besten geeignet sind Früchte, die sich nicht verfärben.

Obstsalate mit zerkleinerten Früchten und kleinen Beeren kann man in Glasschüsseln mit hohem Rand schichten. Große Früchte auf einzelnen Tellern anrichten und Sirup darüber gießen. Orangen, Grapefruit, Melonen, Papaya oder Ananas kann man halbieren, aushöhlen und Obstsalat darin servieren, oder die Früchte oben aufschneiden und das Fleisch herauskratzen.

OBSTSALATE AROMATISIEREN

GANZE GEWÜRZE

Zimtstangen und ganze Gewürznelken passen zu Orangen, Aprikosen und Erdbeeren: Die Früchte mit Zucker bestreuen und kalt stellen.

KARDAMOMSAMEN

Für ein exotisches Aroma grüne Kapseln zerstoßen, Samen in einem Mörser zerreiben und zum Sirup geben oder über die Früchte streuen. Sehr zu empfehlen sind frische eingeweichte Feigen und Guaven mit Honig, Limettensaft und zerriebenen Kardamomsamen.

VANILLE

Mit einer Vanillestange kann man einen leichten Sirup für Obstsalate aromatisieren, oder man bestreut die Früchte mit Vanillezucker. Vanille harmoniert mit Beeren und Bananen.

KRÄUTER

Minze, Lorbeer, Zitronenstrauch oder Lavendel verleihen Sirup ein kräftiges Aroma. Die erfrischende Minze und die Blätter des Zitronenstrauchs passen gut zu gemischtem Obst, Trauben, Grapefruit, Kiwi und Melone. Das warme Aroma von Lorbeerblättern harmoniert mit Steinobst, etwa Pfirsichen, Aprikosen, Guaven und Nektarinen, sowie auch mit Birnen. Lavendel sollte man sparsam verwenden, etwa für Trauben, Birnen, Ananas oder Melonen.

Obstsalate süssen

- **Früchte mit saftigem Fleisch** Aufgeschnittene Orangen, Kiwis, Aprikosen oder Ananas nach Geschmack mit Zucker bestreuen und mindestens 1 Stunde Saft ziehen lassen. Der Zucker löst sich im Fruchtsaft auf und man erhält einen leichten Sirup.
- **Ganze oder nicht so saftige Früchte** Etwas Puderzucker über Beeren, Melonen oder Steinfrüchte streuen. Die Früchte vor dem Servieren mindestens 1 Stunde Saft ziehen lassen.
- **Früchte mit festem Fleisch** Nektarinen, Pfirsiche, Bananen, Karambolfrüchte oder Feigen mit Zitronen- oder Limettensaft beträufeln und etwas flüssigen Honig darüber verteilen.
- **Früchte mit weichem Fleisch und Beeren** Papayas, Heidelbeeren und Litschis mit reinem Ahornsirup beträufeln. Die Früchte vor dem Servieren mindestens 30 Minuten ziehen lassen.

Früchte in Gelee

Viele viktorianische Köche verstanden sich meisterlich auf die Herstellung farbenfroher Obstsülzen. Diese „Edelsteine“ unter den Desserts sind auch heute noch beliebt. Man geliert Fruchtsäfte oder Weine mit Gelatine und schließt darin verschiedenste Früchte ein.

OBSTSÜLZEN HERSTELLEN

Obstsülzen sind sehr dekorativ. Man schichtet verschiedene Früchte, ganz oder in Scheiben, in eine Form oder gibt eine einzelne große Frucht hinein. Auf einer dünnen Schicht Obstsülze kann man eine Mousse, Creme oder Charlotte servieren.

MEHRERE SCHICHTEN OBST
Etwas Gelierflüssigkeit (S. 128), hier eine Mischung aus leichtem Sirup und Weißwein, in eine Form füllen. Im Kühlschrank fest werden lassen. Früchte darüber verteilen, Flüssigkeit darüber träufeln und wieder fest werden lassen. Auf diese Weise Schicht für Schicht folgen lassen. Man kann auch eine Creme oder Mousse im Gelee einschließen.

EINZELNE GROSSE FRÜCHTE
Eine dünne Schicht Gelierflüssigkeit in einer Form fest werden lassen. Ein großes Fruchtstück oder eine ganze Frucht darauf setzen. Hier ein Pfirsich und zwei Schichten Gelee aus leichtem Sirup, Portwein und Gelatine.

OBSTSÜLZE IN EINZELNEN PORTIONEN

Für einzelne Portionen kann man ganze Früchte in kleinen runden Formen oder Törtchenformen in Gelee einschließen. Man kann die Früchte auch halbieren, in Scheiben schneiden oder würfeln und in kleinen Formen hübsch arrangieren.

Hier werden Trauben auf einem Gelee aus Cidre verteilt. Gelierflüssigkeit darüber gießen und fest werden lassen. Für die nächste Schicht enthäutete Orangenspalten verwenden. Die Sülze mit überzuckerten Früchten oder feinen Streifen unbehandelter Zitrusschale garnieren.

UNGEWÖHNLICHE EFFEKTE

Schöne Effekte erzielt man, indem man Förmchen mit Gelierflüssigkeit schräg stellt und das Gelee fest werden lässt. Hier werden schwarze Johannisbeeren in Rotweinsirup pochiert.

1 Den Sirup in die Förmchen füllen und die Früchte dazugeben. Die Förmchen im Kühlschrank schräg stellen.

2 Ist die erste Schicht fest, die zweite Schicht hinzufügen. Dafür eine Gelierflüssigkeit aus Traubensaft herstellen und mit Pfefferminzlikör aromatisieren. Die fertige Obstsülze nach Belieben mit frischen schwarzen Johannisbeeren und Minzezweigen garnieren.

Frische Obst-Minestrone

Für das erfrischende Dessert werden sommerliche Früchte klein geschnitten und in eine aromatische Marinade gegeben. Serviert wird die gut gekühlte Minestrone mit einer Portion eisgekühltem Joghurt. Damit die Früchte die Aromen aufnehmen können, sollte man sie bereits einige Stunden im Voraus vorbereiten.

ARBEITSPLAN

- Die Marinade mindestens 3 Stunden vor dem Servieren oder am Vortag zubereiten.
- Die Früchte klein schneiden.
- Den eisgekühlten Joghurt zubereiten.

Für die Marinade

1 Zitrone
2 Vanillestangen
400 ml Wasser
350 g Zucker
300 ml Orangensaft
1 Banane
8 frische Basilikumblätter

Für die Früchte

1 säuerlicher Apfel (Granny Smith)
Frisch gepresster Zitronensaft, zum Beträufeln
2 Kiwis
200 g Aprikosen
200 g Erdbeeren
Frische Basilikumblätter, zu Chiffonade geschnitten

Für den Joghurt

450 ml naturbelassener Joghurt
100 g Zucker
80 ml süße Sahne

Zum Garnieren

Ein frischer Basilikumzweig

1 Für die Marinade die Zitrone schälen, von den Kernen befreien und in Scheiben schneiden. Beiseite stellen. Die Vanillestangen der Länge nach halbieren, damit sich ihr Aroma besser entfalten kann. Das Wasser mit dem Zucker und den Vanillestangen in einem Topf zum Kochen bringen. Vom Herd nehmen, Vanillestangen entfernen und Orangensaft und Zitronenscheiben hinzufügen. In einen Mixer füllen und alles gut vermischen. Die Banane schälen, in Scheiben schneiden und mit dem Basilikum in den Mixer geben. Alles so lange mixen, bis eine dickflüssige Marinade entstanden ist. Die Marinade beiseite stellen.

2 Um das Obst vorzubereiten, den Apfel schälen, vom Kerngehäuse befreien, quer in dicke Ringe und dann in kleine Stücke schneiden. Die Apfelstücke mit etwas Zitronensaft beträufeln, damit sie sich nicht verfärben. Die Kiwis schälen. Dafür statt eines Messers lieber die Finger verwenden, da so am wenigsten Fruchtfleisch verloren geht. Die Kiwis in ebenso große Stücke wie den Apfel schneiden. Die Aprikosen halbieren und vom Stein befreien. Die Hälften schälen und in Stücke schneiden. Die Erdbeeren vom Stielansatz befreien und halbieren.

3 Die Früchte in die Marinade geben. Zuletzt zu Chiffonade geschnittenes Basilikum hinzufügen. Vor dem Servieren die Früchte mindestens ein paar Stunden in der Marinade ziehen lassen.

4 Die Zutaten für den Joghurt in eine Eismaschine füllen. Als Alternative die Zutaten in einer Schüssel verrühren (nicht schlagen) und für mindestens $^1/_2$ Stunde ins Gefriergerät stellen. Alle 15 Minuten umrühren und wieder kalt stellen, bis der Joghurt so fest geworden ist, dass er beim Portionieren seine Form behält.

5 Eine Servierschüssel mit der Obst-Minestrone auf eine große Platte mit zerstoßenem Eis setzen. Den Joghurt zu einer ovalen Portion formen und darüber geben. Mit dem Basilikumzweig garniert servieren.

Minestrone

Die Bezeichnung „Minestrone" wird hier im übertragenen Sinne verwendet. Denn eigentlich bedeutet sie „Mischung" oder „Durcheinander" und eignet sich somit hervorragend für Gerichte, die viele verschiedene, doch gleichermaßen wichtige Zutaten enthalten. Am bekanntesten ist die Verwendung des Begriffs für eine italienische Suppenspezialität. Hier steht „Minestrone" für ein Obstdessert – durchaus passend bei dieser äußerst verführerischen Mischung von Früchten.

Früchte pochieren

Mit pochierten Früchten kann man Pasteten oder Pfannkuchen füllen. Sie passen zu einer Mousse oder Creme oder einem eisgekühlten Dessert und schmecken auch heiß oder kalt ohne weitere Beigaben.

FRÜCHTE POCHIEREN

Pochiertes Obst wird mit einem Sirup beträufelt (S. 108), den man für große Früchte zu einer dickflüssigen Glasur einkochen lässt. Unbehandelte Zitronen- oder Orangenschale und Zitronensaft hinzufügen, bei säuerlichen Früchten die Zuckermenge erhöhen. Statt Wasser eignet sich auch Cidre, Rot- oder Weißwein, für Früchte mit längerer Garzeit ein leichter Sirup.

1 Die vorbereiteten Früchte in einen Topf mit Sirup geben. Sie sollten vollständig mit Sirup bedeckt sein.

2 Den Sirup aufkochen und köcheln lassen. Früchte mit längerer Garzeit zugedeckt pochieren, ab und zu wenden, damit sie gleichmäßig garen.

3 Das Obst aus dem Topf nehmen. Die Flüssigkeit für Früchte wie Aprikosen zu einem kräftigeren Sirup, für Birnen zu einer dickflüssigen Glasur einkochen lassen.

KRÄFTIGE AROMEN

Zum Aromatisieren der Pochierflüssigkeit eignen sich Zimtstangen, Gewürznelken, grüne Kardamomkapseln, Vanille, frischer Ingwer, Lorbeerblätter, Lavendelzweige, unbehandelte Zitrusschale oder Mandeln. Vor dem Süßen die Gewürze eine Zeit lang in der köchelnden Flüssigkeit belassen.

1 Trockenen Cidre mit frischem Ingwer und unbehandelter Limettenschale 15 Minuten köcheln und 15 Minuten stehen lassen, den Zucker hinzufügen. Gut geeignet für ausgehöhlte Äpfel und Orangen.

2 Die Früchte aus dem Sirup nehmen und abtropfen lassen. Den Sirup zu einer dickflüssigen Glasur einkochen lassen und die Früchte damit gleichmäßig überziehen. Abkühlen lassen. Mit Ingwersirup aromatisierte Schlagsahne in die ganzen, ausgehöhlten Früchte füllen und diese mit eingelegtem Ingwer und kandierter Limettenschale garnieren.

OBSTKOMPOTT ZUBEREITEN

Für ein Obstkompott werden Früchte vorsichtig gegart und in der Garflüssigkeit serviert. Am häufigsten verwendet man dafür Erdbeeren, Himbeeren oder Brombeeren. Säuerliche Beerenfrüchte wie schwarze Johannisbeeren und Cranberrys benötigen eine größere Menge Zucker, die man aber nicht zu Beginn der Garzeit hinzufügen sollte, damit die Früchte nicht zu fest werden. Das fertige Kompott vor dem Servieren 10 Minuten stehen oder vollständig abkühlen lassen.

1 Die Früchte in einen Topf geben und die gewünschten Aromazutaten hinzufügen – hier werden unbehandelte Orangenschale und eine Vanillestange verwendet. Etwas Zucker dazugeben (auf 500 g Früchte etwa 175 g Zucker) und etwa 150 ml Flüssigkeit, zum Beispiel Rotwein, dazugießen. Bei säuerlichen Beerenfrüchten zu Beginn nur etwa 50 g Zucker hinzufügen.

2 Unter vorsichtigem Rühren leicht köcheln lassen, bis sich der Zucker aufgelöst hat und die Früchte gerade weich sind. Etwa 10 Minuten stehen lassen. Nach Belieben mit 4 EL Cassis aromatisieren und mit Crème anglaise (S. 116) servieren.

3 Säuerliche Beeren müssen etwas länger garen. Gegen Ende der Garzeit 150 g Zucker unterrühren und weiterköcheln lassen, bis sich der Zucker aufgelöst hat. Für zusätzliche Flüssigkeit mehr Zucker hinzufügen, damit mehr Fruchtsaft austritt.

KOMPOTT MIT VERSCHIEDENEN FRÜCHTEN

Werden verschiedene Früchte für ein Kompott verwendet, sollte Obst mit festem Fruchtfleisch vorgegart werden. Guaven sollte man zum Beispiel vierteln und 8 Minuten pochieren, ehe weichere Früchte hinzukommen. Nicht ganz so feste Früchte wie Papayas werden 3 Minuten im Voraus pochiert.

Früchte mit weichem Fleisch, hier Beeren, Physalis und entkernte Litschis, gibt man zu bereits pochierten härteren Früchten und gart sie 2 Minuten vorsichtig mit.

SERVIERVORSCHLÄGE

- Kompott heiß als Füllung oder Belag für Crêpes, Waffeln oder Biskuit-Pudding servieren.
- Heiß passt es zu cremigem Reispudding, Grießbrei oder gebackener Eiercreme.
- Kalt passt es zu Eiscreme, Sorbet oder einer Mousse.
- Kaltes Kompott eignet sich als Füllung für Biskuitgebäck, Törtchen oder Flans.
- Kalt serviert man es auch mit gesponnenem Zucker (S. 209) garniert.

Gegrillte & sautierte Früchte

Zum Grillen eignet sich festes, frisches Obst, das man zuvor in Fruchtsaft mit Gewürzen mazeriert. Es wird möglichst schnell bei starker Hitze gegrillt, damit sich das Aroma entfalten kann, aber die Konsistenz erhalten bleibt.

GEGRILLTE FRÜCHTE

Vor dem Grillen wird das Obst in Zitronensaft mit Zucker und Gewürzen (ganze oder eine kleine Menge gemahlener Gewürze) etwa 30 Minuten mazeriert. Werden Früchte verwendet, die sich beim Aufschneiden verfärben, sollte man sie ganz mit Zitronensaft bedecken und die Schüssel fest mit Frischhaltefolie abdecken. Bananen können entweder ganz oder längs halbiert gegrillt werden, Ananas sollte man in dicke Scheiben schneiden. Pfirsiche, Nektarinen, Birnen, Äpfel, Papayas und Guaven werden halbiert.

1 Die Früchte abtropfen lassen (den Saft aufbewahren), mit Küchenpapier trockentupfen. Einzelne Stücke oder ganze Früchte mit zerlassener Butter bestreichen und auf einen Rost über eine Grillpfanne legen.

2 Für die Glasur den zurückbehaltenen Zitronensaft mit ein wenig süßem Cidre oder Wein erhitzen und mit Honig, Ahornsirup oder Zucker süßen. Nach Belieben mit Weinbrand oder Likör aromatisieren.

3 Die Früchte bei starker Hitze goldbraun grillen. Einmal wenden und mit Butter bestreichen. Mit Zucker bestreuen, kurz weitergrillen, bis dieser leicht karamellisiert. Früchte mit heißer Glasur beträufelt sofort servieren.

FRUCHTSPIESSE ZUBEREITEN

Kleine oder in Stücke geschnittene Früchte ergeben wunderbare Spieße. Trauben, Erdbeeren, Physalis und Kirschen kann man im Ganzen aufspießen. Datteln, Feigen, Aprikosen und Pflaumen werden halbiert, Pfirsische, Baumtomaten oder Äpfel in Spalten geschnitten. Die Spieße serviert man ohne Beigaben oder auf einem leicht gesüßten Coulis aus Früchten (S. 113), marmoriert mit Schokoladensauce (S. 115) oder süßer Sahne, zu getoasteten Brioches mit Weinbrandbutter (S. 115) und auf Waffeln oder kleinen Pfannkuchen (S. 87) mit Ahornsirup.

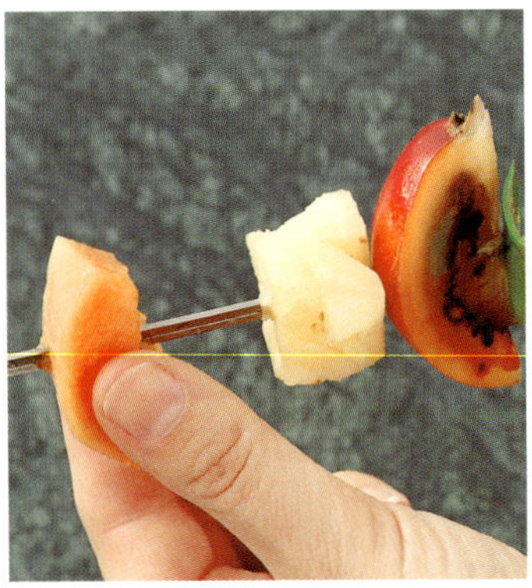

1 Die Früchte auf kleine Metallspieße stecken oder auf Holzspieße, die man 10 Minuten in kaltem Wasser eingeweicht hat.

2 Je vier Spieße mit einer Marinade aus 60 g Butter, dem Saft von 1 Orange oder Zitrone und 2 EL Zucker bestreichen. Etwas zerlassene Butter unterrühren und die Früchte nochmals bestreichen.

Kleine Spieße, paarweise angerichtet, sehen besonders verlockend aus.

FRÜCHTE GRATINIEREN

Für dieses delikate Dessert verfeinert man Obst mit einem Klecks Sahne oder Joghurt und karamellisiertem Zucker. Eine große Portion ist so leicht zubereitet wie viele kleine.

Die Früchte waschen, schälen, in Scheiben schneiden (Kerne entfernen) und in Gratin-Pfännchen verteilen. Mit geschlagener Crème double oder Vollmilchjoghurt bedecken und dick mit hellbraunem Zucker bestreuen. Für einige Stunden in den Kühlschrank stellen. Kurz vor dem Servieren unter den heißen Grill schieben. Der Zucker sollte leicht karamellisieren und die Crème double oder der Joghurt zerlaufen. Sofort servieren.

VARIANTEN

Die meisten Früchte eignen sich für diese Art des Gratinierens. Probieren Sie in Scheiben geschnittene Pfirsiche, halbierte Erdbeeren und Trauben, wie in unserem Beispiel, oder Saisonobst wie Beeren, Äpfel und Birnen.

SAUTIERTE, FLAMBIERTE FRÜCHTE

Flambierte Früchte haben ein intensives Aroma. Verwenden Sie Weinbrand, Rum oder Obstbranntwein, den sie separat erhitzen, mit einem Streichholz entzünden und über die Früchte gießen.

1 Größere Früchte in Spalten oder Scheiben schneiden. Das Obst mit Zucker sowie einer Mischung aus etwas gemahlenem Zimt und geriebener Muskatnuss bestreuen.

2 In einer Pfanne etwas Butter zerlassen. Die Früchte darin bei mittlerer bis starker Hitze unter häufigem Wenden goldgelb sautieren.

3 Eine kleine Menge Weinbrand, Rum oder Obstbranntwein kurz in einem separaten Topf erhitzen. Entzünden, über die Früchte gießen und warten, bis die Flamme verlischt.

Gebackene Fruchtdesserts

Früchte kann man ohne weitere Beigaben backen, aber auch mit Zucker und Butter oder etwas reichhaltigeren Füllungen verfeinern. Man kann sie in Pergamentpapier oder Alufolie gewickelt im Ofen garen oder vor dem Backen mit Streuseln oder Biskuitteig bedecken.

Einfache Bratäpfel

Säuerlich aromatische Kochäpfel (Gloster oder Boskop) bekommen beim Backen eine wunderbare Konsistenz. Tafeläpfel (etwa Golden Delicious oder Starking) sind süßer und haben festeres Fleisch. Die Äpfel mit einem Apfelausstecher aushöhlen und mit Zucker und Butter füllen. Man kann außerdem gehacktes Trockenobst, gehackte Nüsse, Zimt oder geriebene unbehandelte Zitrusschale hinzufügen.

1 Die Äpfel aushöhlen und mit Zitronensaft beträufeln. Die Schale rundum einschneiden, damit sie während des Backens nicht platzt.

2 Äpfel in eine gebutterte Auflaufform setzen, mit Zucker und Butter füllen. Bei 200 °C (Umluft 180 °C) 40–45 Minuten backen.

Verschiedene Füllungen

- Trockenobst (große Stücke hacken), gemahlenen Zimt, gehackte Nüsse und geriebene unbehandelte Zitrusschale mit Ricotta vermischen.
- Zerkrümelten Biskuitboden mit etwas geriebener unbehandelter Limettenschale vermischen und mit Limettensaft beträufeln. Die Füllung eignet sich für Papayas, dazu passt Crème fraîche.
- Semmelbrösel mit gehackten Walnüssen, hellbraunem Zucker und einer Prise gemahlenem Zimt vermischen. Die Mischung eignet sich zum Füllen von Äpfeln. Dazu passt Crème anglaise (S. 116).

Gefüllte Früchte mit weichem Fruchtfleisch

Früchte mit weichem Fleisch bekommen beim Backen eine ganz andere Konsistenz als Äpfel. Nektarinen, Guaven, Papayas und vor allem Pfirsiche können auf die beschriebene Weise gefüllt werden. Mandelmakronen verleihen dem weichen Obst eine wunderbar knusprige Note.

1 Zuerst die Füllung zubereiten. Dafür einige zerstoßene Mandelmakronen mit Sherry beträufeln und mit Ricotta vermischen. Zum Aromatisieren ein wenig gehackten eingelegten Ingwer hinzufügen.

2 Halbierte, entsteinte Pfirsiche mit Zitronensaft beträufeln und in eine mit Butter eingefettete Auflaufform setzen. Die Füllung auf beide Hälften verteilen. Bei 180 °C (Umluft 160 °C) 15–20 Minuten backen.

GEFÜLLTE POCHIERTE ÄPFEL ODER BIRNEN

Äpfel oder Birnen sollte man vor dem Füllen leicht in Sirup pochieren (S. 14). Sie werden dadurch schön weich und das Fruchtfleisch verfärbt sich nicht.

1 Früchte halbieren, entkernen, mit Zitronensaft beträufeln. In Sirup 5 Minuten pochieren, bis sie gerade weich sind. Abgetropft in eine mit Butter gefettete Form setzen.

2 Etwa 1 Hand voll kandierte Ananas, Walnüsse und Rosinen grob hacken und mit 2–3 EL Rum beträufeln. Die halbierten, pochierten Früchte mit der Mischung füllen und bei 180 °C (Umluft 160 °C) 15 Minuten im Ofen backen.

GEBACKENE OBST-PÄCKCHEN

In Pergamentpapier oder Alufolie gebackene Früchte sind wunderbar saftig und aromatisch. Verschiedene Früchte werden dafür in kleine Päckchen gepackt. Etwas Zucker und ein Stück Butter sorgen zusätzlich für Süße und Aroma.

1 Ein Stück Alufolie doppelt legen und mit Butter bestreichen. Für unser Beispiel Nektarinen und Guaven mit ganzen grünen Kardamomkapseln und hellbraunem Zucker aromatisieren.

2 Die Früchte in die Folie wickeln, die Ränder mehrfach falten. Das Päckchen auf einem Backblech bei 190 °C (Umluft 170 °C) etwa 30 Minuten backen, bis die Guaven weich sind.

FRÜCHTE FÜR OBST-PÄCKCHEN

- Halbierte Bananen, feste Erdbeeren und in Stücke geschnittene Ananas (frisch oder aus der Dose) mit Vanillezucker bestreuen und etwas Orangensaft darüber träufeln.
- Tafeläpfel und Birnen vierteln und entkernen. Etwas Weinbrand, hellbraunen Zucker und einige Gewürznelken hinzufügen. Die fertigen Päckchen mit gerösteten Mandelblättchen bestreuen.
- Feigen, Nektarinen und zwei zerstoßene grüne Kardamomkapseln mit Honig beträufeln. Mit Vollmilchjoghurt servieren.
- Rhabarber und Mango mit einer Zimtstange, etwas unbehandelter Orangenschale und hellbraunem Zucker aromatisieren.

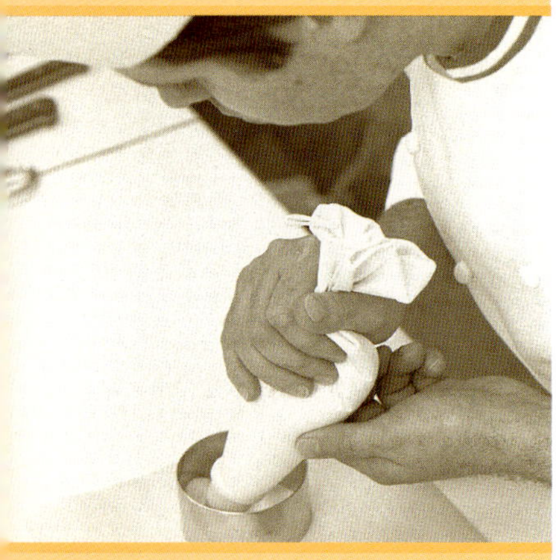

Gewürzte Birnen

Dieses feine Dessert ist das ganze Jahr hindurch beliebt. Die Birnen werden zuerst in Sirup pochiert und dann mit aromatischen Gewürzen in der Pfanne sautiert. Man serviert sie auf einem Dacquoise-Ring mit etwas Ganache und rundet das Ganze mit einer Schokoladen-Rotwein-Sauce ab.

ARBEITSPLAN

- Die Birnen bis zu 2 Tage im Voraus pochieren und im Kühlschrank aufbewahren.
- Den Ofen auf 170 °C (Umluft 150 °C) vorheizen.
- Dacquoise vorbereiten und backen.

Für die Birnen

4 Birnen
Frisch gepresster Saft von 1 Zitrone
250 g Zucker
500 ml Wasser
2 EL Butter
Frisch gepresster Saft von ½ Zitrone
40 g Honig
1 Messerspitze gemahlener Pfeffer
½ TL gemahlener Zimt
½ TL gemahlene Gewürznelken
1 Messerspitze geriebene Muskatnuss

Für die Dacquoise

70 g gemahlene Mandeln
75 g Puderzucker, 2 EL Mehl
4 Eiweiß, 3 EL Zucker

Für die Ganache

100 g Zartbitterschokolade
100 ml süße Sahne
2 EL Butter

Für die Sauce

375 ml Rotwein, 5 ganze Sternanis
200 g Kuvertüre, 100 ml Sirup

Zum Garnieren

Sternanis
Rote und schwarze Johannisbeeren
Vanillestangen
Zimtstangen

FÜR 4 PERSONEN

1 Die Birnen schälen, halbieren und vom Kerngehäuse befreien, die Stiele an den Früchten belassen. Die Birnenhälften mit Zitronensaft beträufeln. Aus Zucker und Wasser einen Sirup bereiten (S. 108) und aufkochen. Die Birnenhälften 10–15 Minuten darin pochieren, abtropfen lassen und beiseite stellen.

2 Für die Dacquoise Mandeln, Puderzucker und Mehl vermischen. Das Eiweiß fast steif schlagen, den Zucker hinzufügen. Weiterschlagen, bis das Eiweiß steif ist. Die Mischung aus Mandeln, Puderzucker und Mehl vorsichtig unterheben.

3 Die Teigmischung in einen Spritzbeutel füllen und vier runde Teigplatten von 8–9 cm Durchmesser auf ein gefettetes Backblech spritzen. Damit der Rand der Platten etwas dicker ist, rundum Teig in Form von Blütenblättern aufspritzen. Die Dacquoise-Ringe im vorgeheizten Ofen bei 170 °C (Umluft 150 °C) etwa 15 Minuten goldbraun backen. Auf einem Kuchengitter abkühlen lassen.

4 Für die Ganache die Schokolade fein raspeln. Die Sahne in einem Topf bei niedriger Temperatur erhitzen. Sobald sie zu kochen beginnt, die Schokolade hineingeben. Mit einem Holzlöffel vorsichtig unterrühren, bis die Schokolade vollständig geschmolzen ist. Die Butter unterrühren, bis eine cremige Schokoladensauce entstanden ist.

5 In einem Topf den Rotwein mit dem Sternanis für die Sauce bei mittlerer Temperatur erhitzen und zum Kochen bringen. Den Wein um die Hälfte einkochen lassen. Die Kuvertüre hineingeben und den Sirup hinzufügen. Wiederum zum Kochen bringen. So lange kochen lassen, bis die Schokolade geschmolzen ist. Abkühlen lassen.

6 Die Ganache portionsweise jeweils in die Mitte der Dacquoise-Ringe geben und diese kalt stellen. Inzwischen für die Birnen die Butter mit Zitronensaft und Honig in einer Pfanne zerlassen, die Gewürze hinzufügen. Die Birnen hineingeben und 5 Minuten bei schwacher Hitze von beiden Seiten sautieren.

7 Auf vier vorgewärmten Tellern die Rotwein-Schokoladen-Sauce ringförmig verteilen. Je einen Dacquoise-Ring in die Mitte geben und zwei heiße Birnenhälften darauf setzen. Mit Sternanis, Johannisbeeren, Vanille- und Zimtstangen garnieren.

Gebackene Pflaumen mit Streuseln

160 g Mehl
30 g Zucker
80 g Butter
1 kg feste Pflaumen
100 g Zucker

Den Backofen auf 180 °C vorheizen. Mehl und Zucker vermischen und die Butter mit den Fingern unter die Mischung arbeiten. Die Pflaumen halbieren, entsteinen und in Schichten in eine feuerfeste Form mit hohem Rand geben. Die einzelnen Schichten mit Zucker bestreuen.

Die Streuselmischung über den Pflaumen verteilen, aber nicht festdrücken, damit sie locker bleibt. Etwa 45 Minuten backen, bis die Streusel knusprig und goldgelb sind.

FRUCHTDESSERT MIT STREUSELN

Dieses klassische Familiendessert lässt sich schnell und einfach mit verschiedenen Früchten zubereiten. Man serviert es heiß mit warmer Crème anglaise.

1 Für einfache Streusel Mehl und Zucker vermischen und die Butter mit den Fingern unterarbeiten, bis eine grobkrümelige Masse entsteht.

2 In eine feuerfeste Form mehrere Schichten Früchte geben und jeweils mit Zucker bestreuen. Die Streuselmischung darauf verteilen. Im Ofen goldgelb und knusprig backen.

Einzelne Portionen zubereiten

Gebackene Fruchtdesserts mit Streuseln kann man auch in einzelnen kleinen Portionen zubereiten. Verwenden Sie dafür am besten kleine Soufflé- oder Auflaufförmchen. Die Früchte werden in kleine Stücke geschnitten und die Förmchen zu zwei Dritteln damit gefüllt. Je nach Früchten variiert die Backzeit zwischen 20 und 30 Minuten.

STREUSELMISCHUNGEN

HAFERFLOCKEN
50 g Haferflocken und die abgeriebene Schale von 1 unbehandelten Orange mit 100 g Mehl vermischen. Den Zucker durch 100 g zerstoßene Mandelmakronen ersetzen.

SCHOKOLADE
100 g Schokolade raspeln und zu der Streuselmischung geben. (Verwenden Sie nur Qualitätsschokolade.)

NÜSSE
100 g fein gehackte Nüsse zu der Streuselmischung geben, etwa Walnüsse oder geröstete Haselnüsse.

MANDELN
Statt des Zuckers 100 g zerstoßene Mandelmakronen hinzufügen.

GEEIGNETE FRÜCHTE

Für delikate Varianten kann man die hier angegebenen Früchte mit verschiedenen Streuselmischungen (S. 22, unten) kombinieren.

SCHWARZE JOHANNISBEEREN
Schwarze Johannisbeeren passen zu einer Schokoladen-Streuselmischung.

GETROCKNETE PFIRSICHE
Getrocknete Pfirsiche harmonieren mit Rhabarber.

BIRNEN
Sehr gut harmonieren auch Birnen und Pfirsiche.

EVE'S PUDDING

Eve´s Pudding ist eine verführerische Nachspeise aus gebackenen Äpfeln mit einer lockeren, wunderbar cremigen Biskuitschicht. Andere Früchte sind ebenso gut geeignet und können je nach Saison variiert werden. (Unten finden Sie einige Anregungen für schmackhafte Varianten.)

1 500 g Kochäpfel schälen, entkernen und in Spalten schneiden. In eine feuerfeste Form mit hohem Rand geben. Zitronensaft und 100 g Zucker darüber geben.

2 Den Backofen auf 160 °C (Umluft 140 °C) vorheizen. Die halbe Teigmenge für gedämpften Biskuit-Pudding (S. 144) zubereiten und vorsichtig über die Früchte verteilen. In 1–1½ Stunden goldbraun backen.

VARIANTEN

- Rhabarber in kleine Stücke schneiden. Für den Teig 1 EL gemahlenen Ingwer mit dem Mehl vermischen.
- Frische Stachelbeeren in die Form füllen. Darüber getrocknete Holunderblüten oder etwas Holunderbeerwein geben.
- Pfirsische enthäuten, vom Kern befreien und in Spalten schneiden. Etwas Rosenwasser unter den Teig mischen; diesen vor dem Backen mit Mandelblättchen bestreuen.
- Für den Teig 2 EL Mehl durch 2 EL Kokosraspeln ersetzen. Dazu passen tropische Früchte wie Mango oder Papaya.
- Einen Biskuitteig mit Zitronenaroma mit Brombeeren oder schwarzen Johannisbeeren kombinieren.

Desserts mit Brot & Früchten

In vielen klassischen Desserts ist Brot eine unverzichtbare und schmackhafte Zutat. Am besten eignet sich feines Kastenweißbrot, das nicht zu frisch und weich sein sollte. Man schneidet es in gleichmäßige Scheiben und entfernt die Kruste.

SOMMER-PUDDING

Dieses klassische britische Dessert muss ein wenig im Voraus geplant werden. Es wird über Nacht gepresst, so dass die Fruchtsäfte vom Brot aufgesogen werden können und der Pudding eine schöne Form bekommt.

Sommer-Pudding

Etwa 12 Weißbrotscheiben, Kruste entfernt
250 g schwarze und/oder rote Johannisbeeren (am besten eine Mischung)
150 g Zucker
2 EL Wasser
250 g gemischte Beeren, etwa Erdbeeren, Himbeeren, Maulbeeren und Heidelbeeren

Eine Puddingform (1,25 l Fassungsvermögen) mit Weißbrotscheiben auskleiden, überstehende Ecken abschneiden. Einige Scheiben zurückbehalten, um die Füllung abzudecken. In einem Topf schwarze und rote Johannisbeeren mit dem Zucker und dem Wasser unter gelegentlichem Rühren bei schwacher Hitze garen, bis sich der Zucker aufgelöst hat und der Fruchtsaft austritt. Weitere 5 Minuten köcheln lassen. Den Topf vom Herd nehmen. Erdbeeren halbieren oder vierteln und mit den anderen Früchten in den Topf geben. Etwas ausgetretenen Fruchtsaft über die Brotscheiben in der Form träufeln. Die Fruchtmischung in die Form füllen und festdrücken. Mit den übrigen Brotscheiben abdecken und eine Untertasse darauf setzen. Die Form in eine Schüssel stellen, um austretenden Saft aufzufangen, und mit einem Gewicht beschweren. Über Nacht kalt stellen. Den Pudding vorsichtig auf eine Platte stürzen und sofort servieren.

SOMMER-PUDDING ZUBEREITEN

Für dieses Desserts ist eine klassische Puddingform am besten geeignet, in der man die Brotscheiben gleichmäßig verteilen kann.

1 Zuerst den Boden der Form mit einer zurechtgeschnittenen Weißbrotscheibe bedecken. Den Rand mit einander überlappenden Scheiben auskleiden.

2 Die Johannisbeeren mit dem Zucker garen, bis Saft austritt. Restliche Beeren zugeben, etwas Fruchtsaft über das Brot in der Form träufeln und diese mit der Mischung füllen.

3 Die Fruchtmischung in der Form gut festdrücken und mit Brotscheiben gleichmäßig bedecken.

4 Eventuell übrig gebliebenen Fruchtsaft über die obere Brotschicht träufeln. Die Form in eine Schüssel stellen, um austretenden Saft aufzufangen. Eine Untertasse auf die Form setzen und mit einem Gewicht beschweren. Über Nacht kalt stellen. Den Pudding kurz vor dem Servieren aus dem Kühlschrank nehmen. Ausgetretenen Saft über den gestürzten Pudding träufeln, vor allem, wenn das Brot noch helle Stellen aufweist.

5 Zum Stürzen eine Platte auf die Form setzen und beide gleichzeitig umdrehen.

6 Die Platte auf einen Tisch stellen und die Form behutsam entfernen, damit der Pudding nicht beschädigt wird. Mit frischen Beeren garnieren und sofort servieren.

VARIANTEN

Sie können auch verschiedenste frische sowie Tiefkühl- oder Dosenfrüchte ver-wenden. Wichtig sind leuchtende Früchte, damit das Brot eine schöne Farbe bekommt. Bei helleren Früchten sollten Sie zum Garen einen Sirup bereiten (S. 108) und etwas unbehandelte Orangenschale mitköcheln lassen.

- **Herbst-Pudding**
  Gewürfelte Pfirsische in Cidre-Sirup weich garen. Schwarze Johannisbeeren und entsteinte, geviertelte Pflaumen dazugeben und 1 Minute mitgaren.
- **Winter-Pudding**
  Trockenobst wie Aprikosen, Pfirsiche, Mangos, Pflaumen und Feigen über Nacht in ungesüßtem Apfelsaft einweichen. Abgießen (Saft auffangen) und in Scheiben schneiden. Äpfel schälen und würfeln. In dem Saft mit der geriebenen Schale von 1 unbehandelten Orange weich garen. Alle Früchte vermischen.

PUDDING MIT EXOTISCHEN FRÜCHTEN

Aromatische exotische Früchte eignen sich gut für eine Variante des Sommer-Puddings (S. 24). Zum Garen festerer Obstsorten wird ein Sirup mit Zitrusfrüchten verwendet.

1 Den Saft von jeweils 1 unbehandelten Limette, Zitrone und Orange auspressen. Die ausgepressten Früchte in Stücke schneiden. 300 ml Wasser mit dem Saft und den Fruchtstücken aufkochen und zugedeckt 30 Minuten köcheln.

2 Die Flüssigkeit abseihen, mit 100 g Zucker 2 Minuten kochen, dann abkühlen lassen. 500 g Früchte hinzufügen: gewürfelte Melone, Papaya, Mango, Ananas, halbierte Litschis oder Physalis. Wie Sommer-Pudding zubereiten.

Tropische Farben und Aromen verleihen diesem Pudding eine besondere Note. Man kann ihn mit Früchten garnieren und mit Schlagsahne servieren. ***Pudding mit exotischen Früchten*** *und Sommer-Pudding lassen sich auch gut in kleinen Pudding- oder Auflaufförmchen zubereiten.*

SKANDINAVISCHE CHARLOTTE

Dieses klassische Dessert aus in Butter gerösteten Semmelbröseln und Früchten wird portionsweise in einzelnen Förmchen gegart, etwa kleinen Auflaufförmchen. Skandinavische Charlotten werden gekühlt zu Eiscreme oder Schlagsahne serviert.

1 100 g helle Semmelbrösel mit 1 TL gemahlenem Zimt in 75 g zerlassener Butter rösten, bis sie knusprig und goldbraun sind. 50 g hellbraunen Zucker unterrühren und einige Sekunden miterhitzen.

2 In einem Topf 600 g Früchte, etwa Pflaumen, leicht einkochen lassen (nicht zu weich!) und mit Zucker süßen. Für eine Fruchtmischung eignen sich Äpfel, Aprikosen und schwarze Johannisbeeren.

3 Den Boden von sechs Auflaufförmchen mit Backpapier auslegen. Semmelbrösel und Früchte abwechselnd in die Förmchen schichten. Mit Semmelbröseln beginnen und abschließen. Zugedeckt für einige Stunden kalt stellen.

4 Charlotte mit einem Messer von der Form lösen, auf Teller stürzen. Backpapier entfernen und servieren.

GEBACKENE OBST-CHARLOTTE

Diese Variante des Sommer-Puddings wird im Ofen gebacken. Goldbraunes, knuspriges Brot umschließt eine zarte Fruchtfüllung. Man serviert das Dessert heiß mit Sahne, Joghurt oder warmer Crème anglaise (S. 116).

1 4–5 Weißbrotscheiben von der Kruste befreien und diagonal halbieren. Jeweils eine der kürzeren Seiten rund zurechtschneiden, so dass sie in die Charlottenform passt.

2 Die Charlottenform dick mit Butter einfetten und den Boden mit den zurechtgeschnittenen Brotscheiben belegen.

3 Den Rand der Form gleichmäßig mit Brotscheiben auskleiden. Sie sollten sich überlappen, damit es keine freien Stellen gibt. Das Brot mit zerlassener Butter bestreichen.

4 500 g Kochäpfel schälen, in Spalten schneiden. Mit 100 g Zucker weich garen. 50 g Rosinen, 4 enthäutete Pfirsiche in Scheiben schneiden und die abgeriebene Schale von 1 unbehandelten Orange zugeben. In die Form füllen.

5 Die Füllung mit halbierten, gebutterten Brotscheiben bedecken. Von oben ebenfalls mit Butter bestreichen. Bei 180 °C (Umluft 160 °C) in 1 Stunde goldbraun backen.

Desserts mit Trockenobst

Trockenfrüchte sind eine beliebte Zutat für Desserts, doch dass sie auch einmal die Hauptrolle spielen können, beweisen die folgenden Rezepte. Dabei sollte man aber stets nur beste, luftdicht verpackte Produkte verwenden.

KOMPOTT AUS TROCKENOBST

Für dieses Dessert, das man sowohl warm als auch kalt servieren kann, eignen sich verschiedenste Trockenfrüchte. In unserem Beispiel werden 100 g Kirschen und 250 g Pfirsiche verwendet.

300 ml trockenen Weißwein mit 100 g Zucker und 50 g geschälten, gestiftelten Mandeln erhitzen. Sobald sich der Zucker aufgelöst hat, die Trockenfrüchte hinzufügen. Zugedeckt 20 Minuten köcheln lassen. 4 EL Weinbrand oder Kirschwasser unterrühren und das Kompott abkühlen lassen. Zu einem lockeren Käsekuchen, gedämpftem Pudding oder auf Toast mit Zimt und Puderzucker und etwas Crème fraîche servieren.

TROCKENOBST IN ALKOHOL

Hier werden Trockenfrüchte in aromatischem Alkohol bis zu einem Jahr haltbar gemacht. Die Früchte schmecken auf kleinen Sahnetörtchen oder gebackenen Pudding-Torteletts, man kann sie zu Eiscreme servieren, und sie passen gut zu Pfannkuchen, Waffeln oder gedämpften Puddings.

1 200 ml Wasser mit 200 g Zucker erhitzen, bis sich der Zucker auflöst. Vom Herd nehmen, 600 ml Weinbrand oder Rum zugießen.

2 Eine Mischung getrockneter Früchte, etwa Aprikosen, Pfirsiche, Papaya und Ananas, in ein sterilisiertes Einmachglas geben. (Dafür eignen sich unterschiedliche Mischungen.) Für zusätzliches Aroma eine Zimtstange und einige Gewürznelken hinzufügen.

3 Die Alkoholmischung über die Früchte gießen. Das Glas schwenken, damit Luftbläschen entweichen, und verschließen. Vor der Verwendung mindestens 1 Monat kühl und lichtgeschützt lagern.

TROCKENPFLAUMEN IN ARMAGNAC

Durch das Einlegen in Armagnac wird aus gewöhnlichen Trockenpflaumen ein delikates, wenn auch leicht alkoholisches Fruchtdessert. Sind die eingelegten Pflaumen schön durchgezogen, passen sie zu vielen Desserts, ergeben aber auch eine eigenständige Nachspeise.

Entsteinte Trockenpflaumen in ein Einmachglas geben und mit Armagnac oder einem anderen Weinbrand bedecken. Das Glas schwenken, damit die Luftbläschen entweichen, fest verschließen und mindestens 1 Monat lagern.

Trockenpflaumen in Armagnac *kann man in frittierten Waffelkörbchen (S. 210) auf Mascarpone servieren, garniert mit gerösteten Mandelblättchen und kandierter Orangenschale (S. 205).*

MINCEMEAT ZUBEREITEN

Die festliche britische Spezialität sollte man mindestens 1 Monat, lieber aber 3 Monate im Voraus zubereiten. Denn dann können sich die Aromen wunderbar entfalten.

MINCEMEAT

100 g kandierte Zitronen- und Orangenschale
100 g blanchierte Mandeln
Je 250 g Korinthen, Rosinen und Sultaninen
500 g Kochäpfel, geschält und vom Kerngehäuse befreit
Abgeriebene Schale und frisch gepresster Saft je 1 unbehandelten Orange und Zitrone
250 g hellbrauner Zucker
2 TL gemahlener Zimt
1 TL geriebene Muskatnuss
Je 1 Messerspitze gemahlene Pimentkörner, gemahlene Gewürznelken und gemahlener Ingwer
200 ml Weinbrand
100 ml trockener Sherry
150 g Rindertalg, in kleine Stücke geschnitten

ERGIBT ETWA 2,5 KG

Wie Sie das Mincemeat zubereiten müssen, können Sie im nebenstehenden Text unter Punkt 1–2 nachlesen.

1 Kandierte Zitrusschale, Mandeln und Früchte hacken. Mit Schale und Saft der Zitrusfrüchte in einer Schüssel vermischen. Zucker, Gewürze und Alkohol unterrühren. Zugedeckt 2–3 Tage stehen lassen, 1- bis 2-mal täglich umrühren.

2 Den Rindertalg untermischen. Das Mincemeat in sterilisierte Einmachgläser füllen, mit einem Löffel festdrücken. Fest verschließen, kühl und lichtgeschützt lagern.

MINCE PIES

In Großbritannien bereitet man aus Mincemeat diese beliebten Weihnachtsplätzchen.

1 Süßen Mürbeteig (S. 122) mit der abgeriebenen Schale von 1 unbehandelten Orange zubereiten. Ausrollen, Kreise ausstechen und Pastetenförmchen damit auskleiden. Mit Mincemeat füllen. Teigkreise als Deckel darauf setzen und festdrücken.

2 Mit einem scharfen Messer die Teigdeckel in der Mitte einschneiden und mit Milch bestreichen. Für 30 Minuten kalt stellen. Bei 180 °C (Umluft 160 °C) 25 Minuten backen. Die Mince Pies 10 Minuten in den Förmchen, dann auf einem Kuchengitter abkühlen lassen.

PLUMPUDDING

Ebenso wie Mincemeat sollte man Plumpudding mindestens 1 Monat vor dem Verzehr zubereiten, damit sich die herrlichen Aromen richtig entfalten können. Das Grundrezept für den Pudding können Sie je nach Geschmack leicht abwandeln. Man kann etwa gehackte Trockenpflaumen, getrocknete Feigen und/ oder Aprikosen dazugeben. Sie können auch einige Tropfen Bittermandelöl hinzufügen, sollten es jedoch vorsichtig dosieren, da es einen sehr kräftigen Geschmack hat.

Heiß, mit Brandy-Butter (S. 115) oder Schlagsahne, servieren.

PLUMPUDDING

350 g Korinthen
Je 250 g Rosinen und Sultaninen
100 g kandierte Zitronen- und Orangenschale, fein gehackt
Abgeriebene Schale und frisch gepresster Saft von 1 unbehandelten Orange
100 g gemahlene Mandeln
2 TL gemahlener Zimt
1 TL geriebene Muskatnuss
Je 1 Messerspitze gemahlene Pimentkörner, gemahlene Gewürznelken und gemahlener Ingwer
150 g hellbrauner Zucker
200 g Rindertalg, in kleine Stücke geschnitten
200 g Semmelbrösel
150 g Mehl
2 Eier
100 ml dunkles Bier, etwa Guinness
4 EL Weinbrand oder Rum
2 TL Rohrzuckersirup

ERGIBT 2 PUDDINGS FÜR JE 8 PERSONEN

Korinthen, Rosinen, Sultaninen, kandierte Zitrusschalen, abgeriebene Orangenschale, Mandeln, Gewürze, Zucker und Rindertalg vermischen. Semmelbrösel und Mehl unterheben.
Die Eier verquirlen und dunkles Bier, Orangensaft, Weinbrand oder Rum und Rohrzuckersirup unterrühren. Zu den restlichen Zutaten geben.
Die Puddingmischung in 2 Formen füllen, festdrücken und mit Backpapier und Alufolie bedecken. Formen am Rand gut verschließen.
Die Puddings 6 Stunden über schwach kochendem Wasser dämpfen. Die gedämpften Puddings abdecken und locker mit Küchenpapier bedeckt abkühlen lassen. Die Formen mit frischer Folie und Backpapier verschließen, fest in Plastikbeutel wickeln und kühl lagern. Vor dem Servieren weitere 2 Stunden dämpfen.

1 Früchte, Zucker, Semmelbrösel und Mehl gründlich vermischen.

2 Die Eier verquirlen. Mit Bier, Saft, Alkohol und Sirup verrühren.

3 Alles in einer großen Schüssel zu einer gleichmäßigen Mischung verrühren.

EISDESSERTS

SORBETS & GRANITAS
▪
EISCREME-SPEZIALITÄTEN
▪
PARFAITS & EISBOMBEN
▪
EISTORTEN
▪
EIS-SOUFFLÉS
▪
EISCREME PORTIONIEREN & ANRICHTEN
▪
SERVIERSCHÜSSELN AUS EIS

Sorbets & Granitas

Sorbets und Granitas basieren auf einem Sirup aus Früchten oder Wein oder einem cremigen Fruchtpüree. Die feinherben Aromen harmonieren wunderbar mit der leicht gefrorenen Konsistenz dieser Spezialitäten und machen sie zu idealen Sommerdesserts.

Rosé Champagner Dessert

400 g Zucker
400 ml Wasser
750 ml Rosé Sekt oder Champagner
Frisch gepresster Saft von 1 Zitrone

FÜR 12 PERSONEN

Den Zucker im Wasser schwach erhitzen, bis er sich aufgelöst hat. Aufkochen und Sekt oder Champagner und Zitronensaft dazugießen. Abkühlen lassen. In einer Sorbetière oder Eismaschine cremig gefrieren lassen. Sofort servieren oder in einem Plastikbehälter einfrieren.

Einfache Fruchtsorbets

Für Sorbets aus Zitrusfrüchten Saft und Schale von 3 unbehandelten Limetten, Zitronen oder Orangen mit 1 l Wasser und 500 g Zucker aufkochen, abkühlen lassen und abgießen. Für Aprikosen-, Pfirsich- oder Mango-Sorbet 1 l Fruchtsaft und Saft von 1 Zitrone verwenden.

Sorbets einfrieren

Für eine cremige Konsistenz muss man Sorbets schnell einfrieren. Durch ständiges Rühren verhindert man Klumpenbildung. Eine Sorbetière kühlt und rührt zugleich.

In einer elektrischen Sorbetière oder Eismaschine wird das Sorbet während des Kühlens ständig gerührt, bis es fest, aber cremig ist. Ersatzweise eignet sich auch eine Küchenmaschine: Schüssel und Messer vor der Verwendung kühlen. Den Sirup im Gefrierfach bei hoher Stufe einfrieren, bis eine dicke Schicht gefroren ist. Dann das Sorbet cremig rühren.

Mangospalten und eine Limettenscheibe ergeben eine hübsche Garnierung für ***Mangosorbet. Melonensorbet*** *kann man in einer ausgehöhlten Melonenhälfte,* ***Orangensorbet*** *in einer halben, gezackten Orange servieren.*

Serviervorschläge

Mit einem Spritzbeutel lässt sich nicht zu festes Sorbet auf dekorative Weise portionieren. Spritzbeutel und Sterntülle vorher kühlen.

AUSGEHÖHLTE FRÜCHTE
Man kann das Sorbet in ausgehöhlte halbierte Früchte, aber auch in gekühlte Dessertschalen spritzen und bis zum Servieren kalt stellen.

DEKORATIVE PORTIONEN
Mit einer Sterntülle dekorativ portionieren: Das Sorbet auf ein mit Backpapier oder Klarsichtfolie ausgelegtes Backblech spritzen, einfrieren und mit einem gekühlten Palettmesser auf Teller setzen.

Aromatische Rotwein-Granita

175 g Zucker
Dünn geschälte Schale von 1 unbehandelten Orange
80 ml Orangensaft
2 EL frisch gepresster Zitronensaft
1 Zimtstange (etwa 8 cm lang)
2 Gewürznelken
130 ml Wasser
750 ml Rotwein (etwa Burgunder)
Kandierte Schalenstreifen (Julienne) von einer unbehandelten Orange oder Minzezweige zum Garnieren

FÜR 8 PERSONEN

Zucker, Orangenschale und -saft, Zitronensaft, Zimtstange und Gewürznelken mit Wasser und Rotwein in einem Topf unter Rühren schwach erhitzen, bis sich der Zucker aufgelöst hat. Langsam aufkochen, Hitze reduzieren und 2–3 Minuten kochen, dann abkühlen lassen. Durch ein feinmaschiges Sieb abseihen. In einen flachen Behälter füllen und einfrieren, bis die Granita fest ist.

Sorbet aus Fruchtpüree

Sorbets aus Fruchtpüree sind besonders leicht und erfrischend. Man benötigt dafür 500 ml cremiges Fruchtpüree, etwa aus Himbeeren, Heidelbeeren, Pfirsichen, Erdbeeren, Mangos, Papayas, Nektarinen oder Melone. Aus 175 g Zucker und 150 ml Wasser einen Sirup zubereiten und das Püree hineinrühren; kalt stellen. In eine Sorbetière oder eine Küchenmaschine füllen und wie beschrieben (S. 32) gefrieren lassen.

GRANITA

Die Konsistenz des erfrischenden italienischen Desserts erinnert an zerstoßenes Eis. Zur Herstellung benötigt man aromatischen Sirup, den man mit oder ganz aus Fruchtsaft, aber auch Rot- oder Weißwein zubereiten kann. Die klassische Kaffee-Granita besteht aus starkem, gesüßtem Espresso, feine, aromatische Tees ergeben leichte Granitas. Kräuter und Gewürze verleihen ausgefallene Geschmacksnoten. Minze oder Zitronenmelisse passt zu Zitrone, Lorbeer zu Apfel und Gewürze zu Rotwein.

EINFRIEREN
Den Sirup ins Gefrierfach stellen, bis er halb gefroren ist. Die entstandenen Eiskristalle durchrühren und mit dem flüssigen Sirup vermischen. Den Vorgang so oft wiederholen, bis die Granita aus gleichmäßigen kleinen Eiskristallen besteht.

PORTIONIEREN
Sirup einfrieren und die Granita zum Servieren mit dem Löffel aus der Form kratzen.

SERVIEREN
Dekorative Dessertgläser müssen stets im Voraus gekühlt werden (am besten im Gefrierfach). Granita sollte man in kleineren Portionen servieren, darum sind kleine langstielige Gläser ideal.

Erdbeer-Vacherins

Das traditionelle Dessert mit Baiser und Sahne bekommt hier eine neue Note. Einzelne Baiser-Schälchen werden mit Erdbeer-Sorbet gefüllt und mit frischen Erdbeeren und roten Johannisbeeren belegt, darauf kommt eine weitere Portion Sorbet. Serviert werden sie auf gebackener Crème brûlée mit Thymianaroma.

ARBEITSPLAN

- Die Baiser-Schälchen herstellen.
- Das Erdbeer-Sorbet zubereiten.
- Die Crème brûlée garen.
- Die Baiser-Schälchen mit geschlagener Sahne und fein zerkrümeltem Biskuitboden überziehen.

Für die Baiser-Schälchen

250 g Zucker
60 ml Wasser
5 Eiweiß

Für das Erdbeer-Sorbet

300 g Erdbeeren
150 ml Wasser
150 g Zucker
Frisch gepresster Saft von 1 Zitrone

Für die Crème brûlée mit Thymian

125 ml Milch
1 TL getrockneter Thymian
6 Eigelb
100 g Zucker
350 ml süße Sahne

Zum Garnieren

Fein zerkrümelter Biskuitboden
Geschlagene süße Sahne zum Bestreichen
Etwas Zucker zum Karamellisieren
400 g Erdbeeren
Rote Johannisbeeren
Frische Thymianzweige

1 Aus Zucker, Wasser und Eiweiß die Baisermasse herstellen (S. 68). Die Masse in einen Spritzbeutel füllen. Mit einer Lochtülle kleine runde Platten auf vorgezeichnetes Backpapier spritzen. Um einen Rand zu formen, rundum einen oder zwei Ringe aufspritzen. Von außen mit einem Palettmesser glatt streichen. Im Ofen bei 120 °C (Umluft 100 °C) etwa 1 Stunde backen.

2 Für das Sorbet die Erdbeeren waschen, von den Stielen befreien und in der Küchenmaschine pürieren. Das Erdbeerpüree durch ein Metallsieb passieren. Das Wasser mit dem Zucker zum Kochen bringen und abkühlen lassen. Püree, Sirup und Zitronensaft verrühren, in eine Sorbetière (S. 32) füllen und cremig gefrieren lassen. Als Alternative das Sorbet im Gefrierfach bei hoher Stufe einfrieren, bis eine dicke Schicht gefroren ist. Die gefrorene Mischung in die Küchenmaschine geben (Schüssel und Messer vor der Verwendung kühlen) und cremig rühren. Den Vorgang so lange wiederholen, bis das Sorbet die gewünschte Konsistenz hat. Vor der Verwendung im Gefrierfach aufbewahren.

3 Für die Crème brûlée die Milch aufkochen, den Thymian hineingeben und 10 Minuten ziehen lassen. Das Eigelb mit dem Zucker verquirlen. Zuerst die Sahne, dann die Milch mit dem Thymian unterschlagen und die Mischung durch ein Sieb abseihen. Kleine Gratinpfannen oder feuerfeste Porzellanschälchen etwa 5 mm hoch mit der Crème füllen und diese 10 Minuten bei 90 °C backen. Aus dem Ofen nehmen und abkühlen lassen.

4 Die Baiser-Schälchen außen mit Schlagsahne bestreichen und in dem zerkrümelten Biskuitboden rollen, bis sie gleichmäßig mit Krümeln überzogen sind.

5 Die einzelnen Portionen Crème brûlée mit Zucker bestreuen und den Zucker mit einer Lötlampe karamellisieren. Als Alternative die Portionen unter den heißen Grill schieben und den Zucker karamellisieren lassen.

6 Die zusätzlichen Erdbeeren zum Belegen in Scheiben schneiden und beiseite stellen. Die Baiser-Schälchen mit Erdbeer-Sorbet füllen, am Rand mit den Erdbeerscheiben, in der Mitte mit Johannisbeeren belegen. Je ½ EL Sorbet auf die Johannisbeeren geben und mit Thymian garnieren. Je ein Vacherin in eine Gratinpfanne auf die Crème brûlée setzen und sofort servieren.

Vacherin

Als Vacherin bezeichnet man verschiedene halbfeste Schnittkäse aus Kuhmilch. Das Dessert verdankt diesen Käsesorten seinen Namen, weil es eine ähnliche Farbe und Form besitzt.

Eiscreme-Spezialitäten

Eiscreme gehört zu den beliebtesten Süßspeisen.
Sie ist ebenso erfrischend wie aromatisch und wird, fantasievoll angerichtet,
oft zur eindrucksvollen Krönung eines Menüs.

VANILLE-EISCREME HERSTELLEN

Mit Schlagsahne verfeinerte Vanille-Eiercreme ergibt eine wunderbare Eiscreme, die man auf unterschiedliche Weise aromatisieren kann. Die Mischung lässt sich am besten in einer Sorbetière oder Eismaschine einfrieren. Mit einer Küchenmaschine erzielt man ebenfalls gute Ergebnisse, doch muss das Eis regelmäßig gerührt werden, damit es schön cremig wird.

1 Eine Portion Crème anglaise (S. 116) zubereiten. In eine Schüssel füllen und in einen Behälter mit Eiswürfeln setzen. Dabei ständig rühren, damit sich an der Oberfläche keine Haut bildet.

2 250 ml süße Sahne gerade steif schlagen und unter die Crème anglaise heben, bis eine gleichmäßige Mischung entstanden ist.

3 Die Mischung in einer Sorbetière oder Eismaschine einfrieren. Ersatzweise in einer Küchenmaschine rühren (S. 32) und in einem gekühlten breiten Behälter einfrieren, in dem die Mischung schnell gefriert.

VARIANTEN ZU EINFACHER EISCREME

SCHOKOLADE ODER KAFFEE

2 EL Kakaopulver oder 1 EL Instant-Kaffee mit 2 EL Puderzucker und 3 EL kochend heißem Wasser verrühren. Abkühlen lassen, unter die gekühlte Eiercreme rühren. Als Alternative Kakao oder Kaffee während der Zubereitung der Creme in der Milch auflösen.

WHISKY UND INGWER

In die gekühlte Eiercreme 4 EL Whisky einrühren. Vor dem Einfrieren 50 g gehackten kandierten oder eingelegten Ingwer unterheben.

MANDELMAKRONEN

100 g zerstoßene Mandelmakronen vor dem Einfrieren unterheben.

4 Die Mischung in der Küchenmaschine so lange rühren, bis sie dick und cremig wird. Dann alles in einen Behälter geben und einfrieren, bis die Mischung fest ist.

FRUCHTEIS

Statt Eiercreme eignen sich auch Fruchtpürees und Schlagsahne zur Herstellung von Eiscreme. Durch reichlich Zucker, Eischnee oder etwas Alkohol wird Fruchteis schön cremig.

1 300 ml Fruchtpüree zubereiten und durch ein Sieb passieren. Weniger säuerliche Früchte wie Erdbeeren, Heidelbeeren oder Kirschen mit Zitronensaft vermischen. Je nach Säuregrad 2–4 EL Puderzucker hinzufügen.

2 300 ml Crème double steif schlagen, bis sich weiche Spitzen bilden, und unter das Fruchtpüree heben. Die Mischung in die Eismaschine geben oder im Gefrierfach einfrieren und mehrmals schlagen, bis sie cremig ist.

EISCREME-MISCHUNGEN

Für reizvolle Mischungen kombiniert man Vanilleeis mit einer Eiscreme, die sich in Farbe und Geschmack unterscheidet. Ideal geeignet ist Eiscreme aus schwarzen Johannisbeeren.

Zwei gleich große Portionen Eiscreme vor dem letzten Einfrieren vorsichtig unterheben. Werden gefrorene Eiscremes verwendet, diese vor dem Vermischen kurze Zeit bei Raumtemperatur stehen lassen.

EISCREME MIT ZERSTOSSENEM BAISER

Fertige Eiscreme
100 g zerstoßenes gebackenes Baiser und geraspelte Schokolade (Menge nach Belieben) unter Vanilleeis mischen. Die Eiscreme wird dadurch angenehm süß und locker.

Selbst gemachte Eiscreme
Eiscreme aus schwarzen Johannisbeeren wie links beschrieben zubereiten. Nach Zugabe der Sahne das zerstoßene Baiser unterheben. Die Mischung lässt sich problemlos einfrieren.

Parfaits & Eisbomben

Parfaits sind wunderbar cremige Desserts aus Sirup und Eiercreme, die ebenso gehaltvollen Eisbomben beeindruckende Eiscreme-Kreationen. Man kann diese verführerischen Eisdesserts einzeln servieren, aber auch kombiniert genießen.

EIN PARFAIT ZUBEREITEN

1 Für einen Sirup 50 ml Wasser mit 100 g Zucker kochen lassen, bis sich kleine Ballen bilden (S. 108). 1 Ei und 5 Eigelb verquirlen, Sirup in feinem Strahl zugießen. Zu einer kalten, dickflüssigen Mischung verschlagen.

2 500 ml Crème double steif schlagen, bis sich weiche Spitzen bilden. Unter die Eier-Sirupmischung heben und darauf achten, dass alles gut vermischt ist.

3 Um vier Ringformen (8 cm Durchmesser) je eine Manschette aus Backpapier legen – 2 cm höher als die Formen – und fixieren. Formen auf ein Blech mit Backpapier stellen. Bis zum Rand der Manschette mit der Mischung füllen.

4 Die Oberfläche mit einem Palettmesser glatt streichen und die Parfaits im Gefrierfach einfrieren, bis sie fest sind. Zum Servieren die Manschetten entfernen, ein heißes Küchentuch um die Formen wickeln und die Parfaits auf Teller stürzen.

Zum Verzieren eignet sich ein hübscher Ring aus grob gehackten Nüssen. Aprikosenspalten sorgen für eine farbenfrohe Garnitur. Die Spalten um das ***Parfait*** *verteilen und mit etwas Karamell beträufeln. Probieren Sie unterschiedliche Formen, etwa Kastenformen mit schönen Mustern. Das* ***Parfait*** *sollte sich jedoch stets leicht aus der Form lösen lassen.*

PARFAITS AROMATISIEREN

VANILLE
Beim Verquirlen der Eier das Mark von 1 Vanilleschote hinzufügen.

SCHOKOLADE
Statt 1 Ei und 5 Eigelb nur 3 Eigelb verwenden. 150 g Schokolade schmelzen und vor Zugabe der geschlagenen Crème double unter die Parfait-Mischung heben.

RUM UND KANDIERTE FRÜCHTE
175 g gemischte kandierte Früchte hacken, mit Rum bedecken und mindestens 1 Stunde einweichen. Abgießen und vor der Crème double unter die Mischung heben.

WEINBRAND ODER LIKÖR
Vor dem Schlagen 5 EL Weinbrand, Grand Marnier oder Cassis an die Crème double geben.

KAFFEE
150 ml Milch mit 100 g grob zerstoßenen, gerösteten Kaffeebohnen schwach erhitzen. Kurz vor dem Kochen vom Herd nehmen und zugedeckt abkühlen lassen. Durch ein feinmaschiges Sieb zu der Crème double gießen und diese steif schlagen.

SERVIERVORSCHLÄGE

Serviervorschläge für Parfait ohne weitere Zutaten.

- Das Parfait mit einer dicken Schicht Kakaopulver bestreuen, ehe man es auf eine Platte stürzt. Mit Spänen aus weißer Schokolade (S. 203) dekorieren, dazu Schokoladensauce (S. 115) servieren.
- Parfaits auf mit Likör beträufelte Biskuitböden setzen. Geschlagene Sahne darauf spritzen und mit frischen Früchten garnieren. Dazu Melbasauce (S. 115).
- Mit Zucker oder Schokolade verzieren (S. 198), dazu Coulis aus Früchten (S. 113) servieren.

EISBOMBEN ZUBEREITEN

Die in Farbe und Geschmack variierenden Eiscremeschichten einer Eisbombe erfreuen Auge und Gaumen. Man verwendet am besten weiche, frisch zubereitete Eiscreme. Nach Belieben kann man auch frische Früchte unterheben und einige Früchte zum Garnieren zurückbehalten. Entsprechend der Form (kasten- oder halbkugelförmig) wird die Eiscreme eingeschichtet. Besonders hübsch sehen gleich dicke Schichten aus. Statt Eiscreme kann eine der Schichten auch aus Parfait bestehen, das eine weichere Konsistenz hat.

1 Die Eisbombenform in eine Schüssel mit Eiswürfeln stellen. Mit einem Metalllöffel eine Schicht Vanille-Eiscreme (S. 36) gleichmäßig in der Form verteilen. Im Gefrierfach einfrieren, in der Zwischenzeit (etwa 45 Minuten) Parfait mit schwarzen Johannisbeeren herstellen.

2 Den oberen Rand der fest gewordenen Eiscreme mit einem scharfen Messer glatt streichen. Die Form mit der zweiten Schicht Eiscreme vollständig füllen. Aus Backpapier einen Kreis von der Größe des Deckels schneiden und auf das Eis legen. Zugedeckt einfrieren.

EISBOMBENFORM
Die klassische Eisbombenform ist ein halbkugelförmiges Metallgefäß mit Fuß und Deckel. Manche Formen sind an der Basis mit einer Schraube versehen, die man festziehen kann, wenn die Form gefüllt ist. Wird sie gelockert, gelangt Luft in die Form, und man kann das Eis leicht herauslösen. Als Ersatz eignet sich auch ein Metallgefäß mit hohem Rand.

Eistorten

Eistorten machen großen Eindruck, lassen sich jedoch leicht zubereiten.
Um Geschmack und Aussehen zu variieren, sollte eine Schicht aus Parfait bestehen.
Verziert wird die Torte erst kurz vor dem Servieren.

Eistorte mit Biskuitboden

Als Boden für die Eistorte wird aus lockerem Biskuit (S. 118) eine dünne Schicht von gleicher Größe wie die Form geschnitten. Die obere Schicht unserer Torte besteht aus Vanille-Eiscreme (S. 36) und 225 g gehackten geschälten Pistazien, die zweite aus Schokoladen-Parfait. Die gefrorene Torte stürzt man auf eine gekühlte Platte, verziert sie und friert sie wieder ein.

1 Die erste Schicht Eiscreme (hier Pistazieneis) mit einem Löffel in die Form füllen. Nicht zu großzügig bemessen, da die Schichten etwa gleich dick sein sollten. Einfrieren, bis die Eiscreme fest ist.

2 Ist die erste Schicht fest, die zweite darüber geben (in unserem Beispiel Schokoladen-Parfait) und mit dem Löffel glatt streichen.

3 Den zurechtgeschnittenen dünnen Biskuitboden mit etwas Likör, etwa Crème de Cacao, beträufeln und auf die Schicht aus Schokoladen-Parfait legen. Die Torte zugedeckt einfrieren. Zum Herauslösen die Form auf eine Platte stürzen und ein warmes Küchentuch darumwickeln.

4 Die Torte rundum mit einer dünnen Schicht Schlagsahne bestreichen. Den Rand mit gehackten geschälten Pistazien bedecken. Die Oberfläche ebenfalls mit Schlagsahne bestreichen und etwas Ganache (S. 111) mit der Sterntülle auftragen. Im Gefrierfach einfrieren und etwa 20 Minuten vor dem Servieren in den Kühlschrank stellen. Mit Schokoladenröllchen (S. 203) verziert servieren.

Eis-Soufflés

Bei einem Eis-Soufflé handelt es sich im Grunde um ein nicht gebackenes süßes Soufflé. Statt durch Gelatine wird das Soufflé durch Einfrieren fest, doch behält es eine leichte, lockere Konsistenz, die wunderbar mit Fruchtaromen harmoniert.

EIS-SOUFFLÉS

Für Eis-Soufflés benötigt man die gleichen Mengenverhältnisse wie für kaltes Soufflé (S. 56). Auch Mousses (S. 61) lassen sich gut einfrieren und bewahren dabei die gewünschte lockere Konsistenz. Bereiten Sie für das Eis-Soufflé 1,5 l der auf Seite 56 beschriebenen Soufflé-Mischung vor.

1 350 ml Fruchtpüree zubereiten (S. 113). (Hier wird Zitronenpüree verwendet.) 1 Portion italienische Baiser-Masse (S. 68) unterheben. 400 ml Crème double steif schlagen, bis sich weiche Spitzen bilden, und unter die Mischung heben.

2 Eine Manschette aus fester Plastikfolie um den Rand einer Soufflé-Form legen und fixieren, so dass sie 2 cm übersteht. Die Soufflé-Mischung bis zum Rand der Manschette einfüllen.

3 Ein Palettmesser in warmes Wasser tauchen (überschüssiges Wasser abschütteln) und die Mischung damit glatt streichen. Etwa 2 Stunden einfrieren, bis das Soufflé fest ist.

Einzelne Portionen zubereiten

Einzelne Portionen Soufflé sollte man in kleinen Auflaufförmchen bereiten, da Soufflé-Formen für Desserts mitunter zu groß sind. In Auflaufförmchen gefriert das Soufflé schnell und lässt sich leicht servieren. Die Verzierung passt man den kleineren Portionen an. Man kann eine kleinere Tülle zum Aufspritzen der geschlagenen Sahne verwenden oder die Soufflés mit kleinen Früchten wie Johannisbeeren, Himbeeren oder überzuckerten Kumquats garnieren.

4 Etwa 20 Minuten vor dem Servieren die Manschette entfernen, den Rand glatt streichen. Geschlagene Sahne auf das Soufflé spritzen. Bis zum Servieren kalt stellen.

Eiscreme portionieren & anrichten

Mit der Zubereitung einer Eiscreme ist das Dessert noch nicht fertig, denn eine schön angerichtete Nachspeise erhöht den Genuss ganz beträchtlich. Wir zeigen Ihnen einige Methoden, Sorbets, Parfaits, Soufflés und Mousses reizvoll anzurichten.

EISKUGELN PORTIONIEREN

Damit Sie Eiscreme gut portionieren können, sollten Sie eine etwas größere Menge als benötigt herstellen und in einem Behälter mit hohem Rand einfrieren. Die einzelnen Portionen setzen Sie auf ein Backblech oder ein Tablett mit Backpapier.

1 Den Eisportionierer in kaltes Wasser tauchen, überschüssiges Wasser abschütteln. Den Portionierer leicht schräg tief in die Eiscreme drücken, einmal vollständig drehen und die entstandene Eiskugel herausheben.

2 Den Portionierer über das Backblech halten und leicht schütteln, damit sich die Eiskugel löst. Misslingt dies, mit einem spitzen Messer die Kugel vorsichtig herauslösen.

***Eiskugeln** kann man mit feinen Ornamenten aus Schokolade dekorieren und wunderbar in Schokoladen-Nestchen (S. 202) servieren.*

QUENELLES

Quenelles aus Eiscreme werden mit zwei Esslöffeln geformt. Diese Technik verlangt etwas Übung.

*Verschiedene **Eiscremesorten** als **Quenelles** portionieren und auf Waffelschalen servieren.*

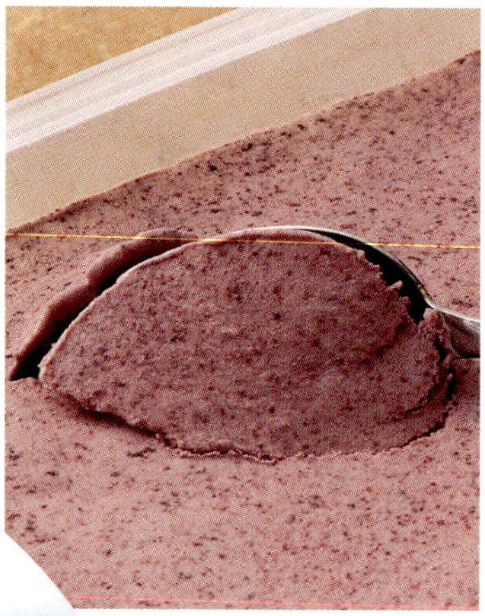

1 Einen Esslöffel in kaltes Wasser tauchen (überschüssiges Wasser abschütteln). Seitlich in das Eis drücken, nach oben drehen und dabei anheben.

2 Mit Hilfe des zweiten Löffels ein Klößchen formen und durch Drehen vom unteren Löffel lösen. Die Quenelle seitlich auf das Backblech gleiten lassen.

Serviervorschläge

- Eiscreme nach Geschmack portionieren und zu Sauce oder Obst servieren. Quenelles auf einem Teller blütenförmig anrichten.
- Einzelne Eiskugeln in Waffelschälchen (S.210) servieren.
- Mit einem Kugelausstecher kleine Eiskugeln portionieren, in gekühlte Weingläser füllen oder wie eine Weinrebe mit einem Minzezweig als Stiel arrangieren.
- Kleine Eiskugeln in Baiserschälchen (S. 68) füllen.
- Rautenförmige Eiscreme-Schnitten mit Ornamenten aus Schokolade bespritzen (S. 198).

EISCREME-SCHNITTEN

Um eine gleichmäßige Platte zu erhalten, wird die Eiscreme auf einem Backblech eingefroren. Zum Herauslösen das Blech stürzen und mit einem warmen Küchentuch

1 Schnitte vorzeichnen und dann mit gleichmäßigem Druck zerschneiden. Nach jedem Schnitt das Messer in heißes Wasser tauchen.

2 Zuerst in einer, dann in entgegengesetzter Richtung schneiden. Die Eiscremeplatte nicht verschieben, da die rautenförmigen Schnitten sonst ungleichmäßig werden.

EISCREME IN SCHEIBEN SCHNEIDEN

Eiscreme kann man in einer länglichen Form einfrieren und in gleichmäßige Scheiben schneiden. Eine Kastenform mit hohem, geradem Rand ist dafür gut geeignet. Den Boden der Form mit Backpapier auslegen. Die Eiscreme wird auf einem gekühlten Brett in Scheiben geschnitten, die man auf einem mit Backpapier belegten Backblech wieder einfriert.

Ein großes Messer in heißes Wasser tauchen. Die Eiscreme mit gleichmäßigem Druck in Scheiben schneiden. Auf diese Weise bekommen die Scheiben glatte Schnittseiten. (Vermeiden Sie eine sägende Bewegung mit dem Messer.) Das Messer tauchen Sie am besten nach jedem Schnitt in heißes Wasser und wischen es dann jedesmal ab.

EISCREME AUSSTECHEN

Mit Ausstechförmchen erhält man schön geformte Eiscreme-Portionen. Die Förmchen eignen sich auch für Plätzchen, mit denen man kleine "Eis-Sandwiches" kreieren kann.

Die Eiscreme mit einem in heißes Wasser getauchten Metallförmchen ausstechen. Die einzelnen Portionen liegen lassen. Mit einem spitzen Messer die überschüssigen Ränder vorsichtig wegschneiden.

Servierschüsseln aus Eis

Eine Schüssel aus Eis mit eingeschlossenen zarten Blüten und Blättern ist ein wunderschönes Gefäß, in dem frisches Obst, Eiscreme oder Sorbet serviert werden kann. Bei vorsichtiger Handhabung lässt sich die „Eisschüssel" sogar mehrmals verwenden.

Eine Servierschüssel aus Eis herstellen

Im Handel werden Formen angeboten, die speziell zur Herstellung von „Eisschüsseln" konzipiert wurden. Sie bestehen aus zwei Plastikschüsseln, die aneinander befestigt einen Spalt freilassen, in den man Wasser und Blüten füllt. Zwei unterschiedlich große Schüsseln eignen sich jedoch ebenso gut.

1 Zwei frostbeständige Schüsseln auswählen, von denen eine etwas kleiner ist. In die größere ein wenig Wasser gießen und einige Blüten und Blätter, etwa Stiefmütterchen und Gänseblümchen, hineingeben. Im Gefrierfach einfrieren.

2 Die kleinere Schüssel auf das Eis stellen und mit einem Gewicht beschweren. Etwas Wasser zwischen die Schüsseln gießen, Blüten und Blätter hinzufügen. Wiederum einfrieren. Den Vorgang wiederholen, bis der Spalt mit Eis und Blüten gefüllt ist.

3 Um die „Eisschüssel" herauszulösen, mit einem heißen Tuch das Innere der kleineren Schüssel ausreiben. Anschließend das Tuch um die größere Schüssel wickeln. Die „Eisschüssel" im Gefrierfach aufbewahren.

Aufbewahrung

Setzen Sie die „Eisschüssel" zum Servieren auf eine Platte, und stellen Sie sie nach der Verwendung sofort wieder ins Gefrierfach. Das Dessert in der Schüssel sollte so schnell wie möglich verteilt werden. Wollen Sie Eiscreme servieren, die Schüssel jedoch aufbewahren, sollten keine Reste der Eiscreme an der Schüssel haften bleiben. Die Eiskugeln müssen darum separat eingefroren werden und sehr fest sein, ehe man sie in die Schüssel gibt. Reste mit einem Plastikschaber abkratzen.

FEINE CREMES

GEBACKENE EIERCREMES
▪
BAYERISCHE CREMES & CHARLOTTE
▪
FRUCHTCREMES & SAHNECREMES

Gebackene Eiercremes

Die Konsistenz feiner Eiercremes wird von der Zusammensetzung aus Eigelb, Eiweiß und Milch bestimmt. Durch Eiweiß werden sie fest, während Eigelb sie cremig macht. Verwendet man ganze Eier, lassen sich die gekühlten Desserts leichter aus der Form lösen.

CRÈME CARAMEL

Die klassische Crème caramel (unten links) ist einfach und raffiniert zugleich. Wie alle Eiercremes darf man sie nicht zu stark erhitzen, da sie sonst gerinnt. Geschieht dies, nimmt man die Creme vom Herd und schlägt sie cremig. Für Crème caramel aus 100 g Zucker und 60 ml Wasser Karamell (S. 109) zubereiten. Die Eiercreme aus 2 Eiern, 2 Eigelb, 30 g Zucker, 1/2 TL Vanille-Extrakt und 500 ml Milch herstellen. Wie unten angegeben in die Förmchen füllen, bei 160 °C (Umluft 140 °C) 40 Minuten backen. Über Nacht kalt stellen. Für 4 Personen.

1 Sobald der Karamell eine goldbraune Farbe hat, die Förmchen damit füllen und schwenken, damit er sich verteilt.

2 Creme in die Förmchen gießen. Auf ein Backblech stellen und dieses 2 cm hoch mit Wasser füllen, damit die Creme am Rand nicht gerinnt.

EIERCREMES AROMATISIEREN

ORANGE

Die abgeriebene Schale von 1 unbehandelten Orange in die heiße Milch geben, 30 Minuten stehen lassen. Mit feinen Streifen überzuckerter Orangenschale (S. 205) und einigen Orangenspalten (S. 104) servieren.

KAFFEE

2 EL Kaffee-Essenz zu den Eiern geben oder 50 g grob zerstoßene Kaffeebohnen 30 Minuten in der Milch einweichen. Die Milch abseihen und zu den Eiern gießen. Mit Minze sowie mit Schokolade überzogene Kaffeebohnen zu Crème chantilly (S. 116) servieren.

SCHOKOLADE

Die heiße Eiercreme unter 100 g geschmolzene Vollmilch- oder Zartbitterschokolade rühren. 40 Minuten backen.

MANDELN

Die Milch mit 250 g blanchierten Mandeln erhitzen, bis sie fast zu kochen beginnt. Abkühlen lassen. Milch und Mandeln in einem Mixer pürieren. Die Mischung durch ein feines Sieb abseihen und aus der Mandelmilch die Eiercreme zubereiten.

Eiercreme mit Karamellkruste

Für die zarte Eiercreme sollten Sie entweder Eigelb oder wenige ganze Eier verwenden. Die kleinen Portionen werden in Auflaufförmchen gebacken und bestehen aus 5 Eigelb und 500 ml Milch oder süßer Sahne. Für eine Crème brûlée (Abbildung rechts) 5 Eigelb und 500 ml Crème double verwenden. Die gekühlten Portionen dick mit braunem Zucker bestreuen und unter dem heißem Grill karamellisieren lassen.

AROMATISIERTE GEBACKENE EIERCREME

Um Eiercreme ein fruchtiges Aroma zu verleihen, kann man 350 ml Milch und 50 g Zucker mit 150 ml frisch gepresstem Orangensaft verwenden. Die Creme 40 Minuten bei 160 °C (Umluft 140 °C) backen. Für eine außergewöhnliche Crème caramel mit exotischem Geschmack ersetzt man die Milch durch Kokosmilch. In einzelnen Förmchen (hier Gratinpfännchen) backen. Die Kokos-Eiercreme mit tropischen Früchten sowie Crème Chantilly (S. 116) mit einem Schuss Rum servieren.

1 Die Eiercreme wie für Crème caramel zubereiten (S. 46). 100 ml Crème double mit 400 ml Kokosmilch aus der Dose lauwarm erhitzen und unter die Eier rühren.

2 Die Creme in eine gefettete niedrige Form (oder sechs Förmchen, je 150–200 ml Fassungsvermögen) gießen. Auf einem Backblech, das 2 cm hoch mit Wasser gefüllt wird, 30–40 Minuten bei 160 °C (Umluft 140 °C) backen. Über Nacht kalt stellen. Mit tropischen Früchten garnieren.

EIERCREME MIT GEWÜRZEN

Gebackene Eiercremes werden in Großbritannien gern mit geriebener Muskatnuss bestreut, ehe sie in den Ofen kommen. In Indien verfeinert man sie traditionell mit Kardamom und Safran und verwendet ganze Eier und zerlassene Butter, um sie gehaltvoller und fester zu machen. Serviert werden sie eisgekühlt, in hübsche Stücke geschnitten. Man kann sie in Gratinförmchen backen und mit geschlagener Sahne und Nüssen garnieren. Die Creme wird 2 cm hoch in eine quadratische Form (Seitenlänge 18 cm) gefüllt und vor dem Backen mit gehackten Pistazien bestreut. Die gekühlte Creme in Rauten schneiden.

1 Die Samen von 2 grünen Kardamomkapseln mit dem Mörser fein zerreiben. Etwa 1 Messerspitze Safranfäden hinzufügen und alles zu einem leicht klebrigen Pulver zerreiben. 2 EL heißes Wasser einrühren.

2 3 Eier mit 100 g Zucker leicht verschlagen. 75 g zerlassene Butter, 250 ml süße Sahne und zuletzt die Gewürzmischung unterrühren. In eine 18 cm lange quadratische Form füllen und bei 160 °C (Umluft 140 °C) 30–40 Minuten backen. Zerteilen, garnieren und kalt stellen.

Eine exotische gebackene ***Kokos-Eiercreme*** *mit tropischen Früchten.* ***Eiercreme mit Gewürzen****, bestreut mit gehackten Pistazien und einem Hauch Blattgold.*

FRITTIERTE EIERCREME

Frittierte gebackene Eiercreme schmeckt wunderbar zu Fruchtsauce und Kompott (S. 15). Mit 3 Eiern und 2 Eigelb eine Eiercreme zubereiten. In einer großen rechteckigen Form (Rand 2,5–3 cm hoch) 40 Minuten bei 160 °C (Umluft 140 °C) backen. Über Nacht kalt stellen. In Rauten oder Quadrate schneiden.

1 Die Stücke in einer Mischung aus Mehl und 2 verquirlten Eiern sowie in 60 g Semmelbröseln wenden. Eventuell wiederholen, damit sie gut bedeckt sind. Für 30 Minuten kalt stellen.

2 In 175 g Butterfett die Stücke bei relativ starker Hitze frittieren. Sobald sie auf der Unterseite goldbraun und knusprig sind, die Stücke im Fett mit zwei Palettmessern wenden. Auf Küchenpapier abtropfen lassen und servieren.

BROTPUDDING MIT EIERCREME

Pudding aus Brot, Butter und gebackener Eiercreme ist ein echter Klassiker. Am besten gelingt der Pudding mit feinem Weißbrot. Für eine gehaltvolle Variante wird die Milch durch süße Sahne ersetzt. Anstelle der Sultaninen können auch Aprikosen oder Pfirsiche verwendet werden.

1 Eine Crème caramel (S. 46) zubereiten, die 4 Eigelb weglassen. Das Brot in Scheiben schneiden und von der Kruste befreien. Mit Butter bestreichen und mit der gebutterten Seite nach unten in eine feuerfeste Form schichten. Zwischen die Schichten Sultaninen streuen. Die Eiercreme darüber gießen.

2 Den Pudding 30 Minuten ruhen lassen. Bei 160 °C (Umluft 140 °C) 1 Stunde backen, bis er fest und leicht gebräunt ist. Mit Zucker bestreut heiß servieren.

FEINER PUDDING AUS EIERCREME UND BAISER

Für die Eiercreme

200 ml Milch
300 ml süße Sahne
25 g Zucker
1 TL natürliche Vanille-Essenz
3 Eigelb
100 g Semmelbrösel
Fein abgeriebene Schale von 1 unbehandelten Zitrone

Für das Baiser

3 Eiweiß
100 g Zucker
2 EL Marmelade

Das bei der Zubereitung der Eiercreme übrig behaltene Eiweiß wird bei dieser Spezialität für das Baiser verwendet. Die Eiercreme verfeinert man mit süßer Sahne.

Aus den angegebenen Zutaten eine Eiercreme (S. 46) zubereiten. Semmelbrösel und Zitronenschale vermischen und in einer Auflaufform (1 l Fassungsvermögen) verteilen. Die Creme hineingießen und zugedeckt 30 Minuten stehen lassen. Bei 160 °C (Umluft 140 °C) 1 Stunde backen. Die gebackene Creme mit Marmelade bestreichen. Französische Baisermasse (S. 68) herstellen und darüber verteilen. Weitere 15–20 Minuten backen.

Bayerische Cremes & Charlotte

Als Alternative zum Backen kann man Eiercreme auch durch Gelatine fest werden lassen. Das beste Beispiel sind die Bayerischen Cremes. Man serviert sie ohne Beigaben als feine gekühlte Desserts, aber auch in vielen raffinierten Varianten.

KLASSISCHE BAYERISCHE CREME ZUBEREITEN

Bayerische Creme besteht aus Crème anglaise (S. 116) und Sahne und wird durch Zugabe von Gelatine fest. Für eine Charlotte kleidet man eine Charlottenform mit Löffelbiskuits aus und lässt die Creme darin fest werden. Zum Stürzen ein warmes Küchentuch um die Form wickeln oder diese kurz in warmes Wasser halten.

1 15 g gemahlene Gelatine in 3 EL Wasser auflösen und unter eine Portion warme Crème anglaise (S. 116) rühren. In eine Schüssel füllen und abkühlen lassen.

3 Beginnt die Creme fest zu werden, 225 ml Crème double steif schlagen, bis sich weiche Spitzen bilden, und unter die Creme heben.

2 Eine weitere Schüssel in Eiswasser stellen und die Creme durch ein feinmaschiges Sieb hineingießen.

4 Eine Charlottenform (1,5 l) kalt ausspülen und abtrocknen. Die Creme hineinfüllen, kalt stellen. Auf einen Teller stürzen.

BAYERISCHE CREME AROMATISIEREN

SCHOKOLADE

Für eine cremige Mischung die heiße Crème anglaise in 200 g zerlassene Vollmilch- oder Zartbitterschokolade rühren. Kakao kann auch verwendet werden.

MANDELN

Die Milch mit 250 g blanchierten Mandeln erhitzen, bis sie fast zu kochen beginnt. Abkühlen lassen und durch ein feines Sieb abseihen. Für zusätzliches Aroma einige Tropfen Mandelessenz oder Bittermandelöl hinzufügen.

ROSEN

Für Crème anglaise statt Vanille-Essenz 3 TL Rosenwasser zur Milch geben.

FRUCHTIGES CREMEDESSERT

Die Basis des Desserts bildet ein Fruchtpüree. Zusätzliches Eigelb sorgt für cremige Konsistenz und passt zu aromatischen Früchten wie etwa schwarzen Johannisbeeren.

500 ml gesüßtes Fruchtpüree herstellen. (Bei schwarzen Johannisbeeren 225 g Zucker auf 1 kg Früchte rechnen.) 15 g gemahlene Gelatine in 4 EL Wasser auflösen und unterrühren sowie 4 EL Likör (bei schwarzen Johannisbeeren: Cassis). 225 ml Crème double steif schlagen und unterheben. Aus 3 EL Zucker und 50 ml Wasser einen Sirup bereiten. Im warmen Wasserbad mit 3 Eigelb zu einer hellen, dickflüssigen Mischung verschlagen. Nach und nach unter das Fruchpüree rühren. In Gläsern oder einer Form kalt stellen. Mit geschlagener Sahne und frischen Früchten servieren.

BUNTE CREMEDESSERTS

Für diese hübsche Zubereitungsart werden zwei oder drei Bayerische Cremes mit verschiedenen Aromen verwendet. Man füllt sie am besten in kleine ovale oder runde Formen. Die gestürzten Desserts werden mit etwas Creme oder geschlagener Sahne bespritzt und mit überzuckerten kleinen Rosenblüten oder frischen Früchten garniert.

1 Die erste Schicht Creme (hier Vanille) in die Förmchen füllen. Kalt stellen.

2 Ist die erste Schicht fest, die Förmchen zu zwei Dritteln mit weicher Himbeercreme füllen. Wenn eine dritte Schicht gewünscht wird, diese Schicht zuerst kalt stellen.

3 Einige Himbeeren auf der zweiten Schicht verteilen und Biskuit darauf setzen. Im Kühlschrank fest werden lassen. Die Cremedesserts auf Teller stürzen, dekorieren und sofort servieren.

DREI-FRÜCHTE-CHARLOTTE

Für diese Charlotte werden Orangen- und Himbeercreme mit einer Schicht in Scheiben geschnittener Bananen kombiniert. Die Orangencreme besteht aus Bayerischer Creme, doch wird die Milch mit Orangenschale aromatisiert. Mit der Gelatine fügt man außerdem 4 EL Orangenlikör hinzu. Bereiten Sie jeweils nur so viel Creme vor, wie Sie für die einzelnen Schichten in der Form benötigen.

1 Eine Kastenform einfetten und mit Löffelbiskuits (S. 119) auskleiden. Die erste Schicht Creme (hier Orangencreme) in die Form spritzen, kalt stellen. Die zweite Schicht darüber spritzen. Wiederum kalt stellen.

2 Ist die zweite Schicht fest, diese mit Bananenscheiben und Löffelbiskuits belegen und die Charlotte auf eine Platte stürzen. Rundum mit Puderzucker bestäuben. Mit frischen Früchten und Minze garnieren.

Fruchtcremes & Sahnecremes

Fruchtcremes sind erfrischende Cremes aus Fruchtpüree und Sahne. Sahnecremes lässt man fest werden, doch haben sie eine wunderbar weiche Konsistenz und werden mit Sahne oder geschlagener Eiercreme zubereitet.

FRUCHTCREMES

Für Fruchtcremes werden 250 ml Fruchtpüree mit 300 ml geschlagener Crème double verfeinert. Zum Süßen fügt man Puderzucker nach Geschmack hinzu.

1 Melonen ergeben eine delikate Fruchtcreme. Wird sie in den ausgehöhlten Fruchthälften serviert, diese vorher verzieren. Das Fleisch im Mixer pürieren. Nach Belieben frische Minze mitpürieren.

2 Das Püree mit Puderzucker nach Geschmack süßen, geschlagene Crème double unterheben. Kalt stellen. Für 4 Personen.

VERSCHIEDENE FRUCHTCREMES

Als Basis für Fruchtcremes eignen sich auch Eiercreme, Joghurt oder Frischkäse. In unserem Beispiel wird eine Apfelcreme mit Crème pâtissière (Konditorcreme, S. 116) zubereitet. Ehe das Fruchtpüree und die geschlagene Sahne untergehoben werden, die Crème pâtissière mit einigen Tropfen Bittermandelöl oder natürlicher Mandelessenz aromatisieren.

Crème pâtissière aus 250 ml Milch, 1/2 Vanillestange, 60 g Zucker, 3 Eigelb, 10 g Mehl und 10 g Maismehl zubereiten. Mandelaroma hinzufügen. 300 ml Apfelpüree unterheben. 200 ml Crème double gerade steif schlagen und unterziehen. Für 4 Personen.

Kalorienarme Varianten

Für leichte Fruchtcremes eignet sich ein fettarmer Frischkäse oder Quark. Unsere Mango-Bananencreme wird mit 200 g Frischkäse und 1/2 TL Vanille-Extrakt zubereitet. 2 reife Bananen mit etwas Zitronensaft pürieren und untermischen. Mit Puderzucker süßen. 250 ml Crème fraîche und das klein gewürfelte Fruchtfleisch einer Mango unterheben. Kalt stellen.

***Melonencreme** in einer dekorativen Fruchthälfte.*
***Apfelcreme** mit getrockneten Früchten.*
***Mango-Bananencreme** im Waffelschälchen.*

Entremets contemporain

Im Mittelalter gehörte ein Entremets zum spektakulären Schluss eines Mahls, der mitunter von Musik, Gauklerauftritten und Tanz begleitet wurde. Unsere moderne Variante besteht aus Karamellsauce und Karamell-Mousse sowie einer feinen Haselnusscreme.

ARBEITSPLAN

- Den Ofen auf 200 °C (Umluft 180 °C) vorheizen.
- Löffelbiskuits und Biskuitböden backen.
- Karamellsauce, -Mousse und Haselnusscreme zubereiten.
- Kuchen in Form füllen, kalt stellen.
- Garnieren.

Für die Löffelbiskuits und Biskuitböden

5 Eigelb
125 g Zucker
5 Eiweiß
125 g Mehl
20 g blättrig geschnittene Haselnüsse

Für die Karamellsauce

200 g Zucker
60 g Glukose (Stärkezucker)
200 ml Wasser
1 Prise Salz
250 ml Kondensmilch
1/4 TL Vanille-Essenz

Für den Karamellsirup

130 ml Karamellsauce
100 ml Wasser

Für die Karamell-Mousse

40 ml Wasser
20 g gemahlene Gelatine
275 ml Karamellsauce
300 ml süße Sahne

Für die Haselnusscreme

500 ml süße Sahne
50 g Puderzucker
220 g Haselnüsse, geröstet und grob gehackt

Für die Karamellglasur

150 g Zucker, 75 ml Wasser

Zum Garnieren

Schokoladenlocken (S. 201)
Ganze geröstete Haselnüsse

1 Für die Löffelbiskuits und Biskuitböden das Eigelb mit 60 g Zucker schaumig schlagen, bis sich das Volumen verdreifacht. Restlichen Zucker und Eiweiß zu einer Baisermasse verschlagen. Portionsweise abwechselnd Baisermasse und Mehl unter die Eigelbmischung heben, dabei mit Baisermasse beginnen und abschließen. In einen Spritzbeutel mit 1-cm-Lochtülle füllen. 10 cm lange Löffelbiskuits nebeneinander in einem 40 cm breiten Streifen diagonal auf ein mit Backpapier ausgelegtes Backblech spritzen. Haselnussblättchen darüber streuen. Zwei Biskuitböden (20 cm Durchmesser) auf das Blech spritzen. Bei 200 °C (Umluft 180 °C) 10–15 Minuten backen. Abkühlen lassen.

2 Biskuitböden für eine 20-cm-Ringform beschneiden. Den Streifen Löffelbiskuits längs halbieren, beschneiden und den Rand der Form auskleiden. Einen Biskuitboden in die Form setzen.

3 Inzwischen für die Sauce aus Zucker, Glukose und 100 ml Wasser dunklen Karamell herstellen (S. 109). 100 ml Wasser und 1 Prise Salz hinzufügen, damit der Karamell nicht mehr kocht. Nochmals aufkochen, dann abkühlen lassen. Kondensmilch und Vanille-Essenz unterrühren.

4 Aus 130 ml Karamellsauce und 100 ml Wasser Karamellsirup bereiten. Den Biskuitboden bestreichen.

5 Für die Karamell-Mousse das Wasser auf 60 °C erhitzen. Die Gelatine, dann 275 ml Karamellsauce einrühren. Auf 28 °C abkühlen lassen. Sahne steif schlagen und unterheben. Die Mousse auf dem Boden verteilen. Den zweiten Boden darauf setzen und mit Sirup tränken. Mindestens 1 Stunde kühlen.

6 Für die Haselnusscreme die Sahne steif schlagen. Den Puderzucker und die gehackten gerösteten Nüsse unterheben. Die Form bis zum Rand mit Creme füllen, glatt streichen. Für 6 Stunden in den Kühlschrank oder 2 Stunden ins Gefrierfach stellen.

7 150 g Zucker mit 75 ml Wasser zu Karamellglasur einkochen lassen. Einige Esslöffel Wasser hinzufügen, damit die Glasur nicht mehr kocht. Abkühlen lassen. Die Glasur vorsichtig auf dem Kuchen verteilen. Ein warmes, feuchtes Tuch um den Ring legen und diesen abnehmen. Schokoladenlocken herstellen; mit den ganzen Nüssen auf den Kuchen setzen.

***Syllabub** wurde hier mit geschlagener Sahne und kandierter Zitrusschale garniert, unsere **Mandelsulz** mit überzuckerten Rosenblütenblättern. Beide serviert man gekühlt, heiße **Zabaione** dagegen in vorgewärmten Gläsern.*

ANGEDICKTE CREME – MANDELSULZ

Cremes können mit Speisestärke, etwa Pfeilwurzelstärke oder Maisstärke, aber auch mit Gelatine leicht eingedickt werden. Wir zeigen eine eisgekühlte Variante der beliebten Mandelsulz (Blancmanger), einer gekochten Creme mit Mandelaroma, die mit geschlagener Sahne verfeinert wird.

1 300 ml Milch mit 100 g blanchierten Mandeln und 50 g Zucker erhitzen, bis sie fast zu kochen beginnt. Abkühlen lassen, pürieren und abseihen. 15 g gemahlene Gelatine in 3 EL Wasser auflösen. Mit 1 EL Orangenblütenwasser zur Milch gießen.

2 Beginnt die Mandelmilch fest zu werden (etwa wie dickflüssiger Sirup), 300 ml Crème double steif schlagen, bis sich weiche Spitzen bilden, und unter die Milch heben. In Schälchen füllen und kalt stellen. Für 4 Personen.

GESCHLAGENE SAHNECREME – SYLLABUB

Syllabub ist eine englische traditionelle Creme – gehaltvoll und erfrischend. Man kann sie über Biskuit oder Obst geben, abwechselnd mit Früchten und Biskuit (Sherry-getränkt) in eine Schüssel schichten oder zu knusprigen Plätzchen servieren.

1 75 g Zucker, 100 ml halbtrockenen oder trockenen Sherry, 2 EL Weinbrand sowie die fein abgeriebene Schale und den Saft von 1 unbehandelten Orange verrühren. Kalt stellen. Unter 300 ml Crème double rühren.

2 Die Mischung verschlagen, bis sie cremig und dickflüssig ist. In sechs Servierschälchen verteilen und für bis zu 6 Stunden kalt stellen. (Danach verliert sie die cremige Konsistenz.)

GESCHLAGENE EIERCREME – ZABAIONE

Italienische Zabaione ist ein gehaltvolles Dessert aus Eigelb, das mit Zucker und Marsala verschlagen wird. Man serviert sie heiß zu Löffelbiskuits. Für ein nicht so süßes Dessert kann man die Zuckermenge und den Wein variieren.

1 In einer Schüssel im warmen Wasserbad 4 Eigelb mit 40 g Zucker zu einer dickflüssigen Schaumcreme verschlagen. Unter ständigem Schlagen 100 ml Marsala dazugießen.

2 Die fertige Zabaione hat eine helle Farbe und eine cremige Konsistenz. Sie sollte nur langsam vom Schneebesen fließen. In vorgewärmte Schälchen füllen und sofort servieren.

SOUFFLÉS, MOUSSES & BAISER

Kalte Soufflés

Ihre zarte Konsistenz erhalten kalte Soufflés durch Eischnee und geschlagene Sahne. Damit die kalten Desserts ebenso schön aussehen wie heiße Soufflés, befestigt man eine Manschette an der Soufflé-Form. Die fest gewordene Soufflé-Masse ragt dann über den Rand der Form hinaus.

Zitronen-Soufflé

$2\frac{1}{2}$ Blatt oder $2\frac{1}{2}$ TL gemahlene Gelatine
200 g Zucker
4–6 EL Wasser
Saft und abgeriebene Schale von 2 unbehandelten Zitronen
3 Eier, getrennt
250 ml Crème double

Blattgelatine in kaltem Wasser einweichen oder gemahlene Gelatine in 2 EL Wasser quellen lassen.

Für einen Sirup 100 g Zucker in 2 EL Wasser auflösen. Erhitzen, bis sich kleine Ballen bilden (S. 108). Den Zitronensaft kurz aufkochen, leicht abkühlen lassen und die Gelatine darin auflösen. Eigelb und Zitronenschale verquirlen, unter ständigem Schlagen den Sirup in dünnem Strahl zugießen, bis die Mischung cremig ist. Zitronensaft mit Gelatine unterziehen.

Aus den übrigen 100 g Zucker und 2 EL Wasser einen Sirup kochen, bis sich kleine Ballen bilden. Für italienisches Baiser (S. 68) das Eiweiß steif schlagen. Weiterschlagen und den Sirup langsam zugießen. Crème double schlagen, bis sie dickflüssig, aber nicht steif ist, unter die Eigelbmischung heben. Zuletzt die Baisermasse unterziehen.

In die Form füllen, mit einem Palettmesser glatt streichen. Für einige Stunden kalt stellen. Von der Manschette befreien und verzieren.

Ein kaltes Soufflé zubereiten

1 Für kaltes Soufflé aus doppelt gelegtem Backpapier oder fester Plastikfolie eine ausreichend große Manschette ausschneiden. In einer Soufflé-Form befestigen, so dass die Manschette 3–5 cm übersteht.

2 Für die Soufflé-Masse Eigelb und Zitronenschale verschlagen. Weiterschlagen und den Sirup in dünnem Strahl zugießen, bis die Mischung hell und cremig ist. Nach den Angaben im Rezept (oben links) fortfahren.

3 Die Soufflé-Masse in die vorbereitete Form füllen. Ein Palettmesser in warmes Wasser tauchen und die Masse damit glatt streichen. Für einige Stunden kalt stellen. Ist das Soufflé fest, die Manschette vorsichtig entfernen.

KALTE SOUFFLÉS VERZIEREN

Unser Soufflé wird rundum mit fein gehackten Pistazien verziert, auf die Oberfläche wird Sahne gespritzt.

1 Die Form auf Papier stellen. Mit einem Palettmesser die Pistazien am Rand des Soufflés festdrücken.

2 Rosetten aus geschlagener Sahne auf die Oberfläche spritzen. Mit gegenüberliegenden Rosetten beginnen.

SERVIERSCHÄLCHEN AUS SCHOKOLADE

Für 12 Servierschälchen aus Schokolade (S. 202) benötigt man 500 g Schokolade. Als Formen sollten Sie gerade, schlanke Becher verwenden, etwa Trinkbecher aus Plastik. Die gekühlten Schälchen werden mit Soufflé-Masse gefüllt.

1 Manschette aus doppelt gelegtem Backpapier um jedes Schälchen legen und fixieren, so dass sie 2–3 cm übersteht. Förmchen auf ein Blech stellen, mit Soufflé aus weißer Schokolade (unten rechts) füllen. Kalt stellen.

2 Ehe die Manschette entfernt wird, Kakaopulver über die Soufflés sieben. Geschlagene Sahne aufspritzen und eine in Karamell getauchte Haselnuss (S. 213) darauf setzen.

EINZELNE PORTIONEN

Einzelne Portionen kaltes Soufflé füllt man in kleine Soufflé- oder Auflaufformen und verziert sie wie ein großes Soufflé. Hier wurde die Oberfläche von Kaffee-Soufflés mit Puderzucker bestäubt und mit einem heißen Metallspieß ein dekoratives Rautenmuster eingebrannt. So entsteht auch ein zartbitterer Geschmack. Zerstoßene Mandelmakronen schmücken die Ränder. Ebenso gut eignen sich in Schokolade getauchte Kaffeebohnen.

SOUFFLÉS MIT VERSCHIEDENEN AROMEN

ORANGEN-SOUFFLÉ

Statt der angegebenen Zitronen eine große Orange verwenden.

KAFFEE-SOUFFLÉ

Statt Zitronensaft und -schale 100 ml sehr starken schwarzen Kaffee verwenden. Die Gelatine darin auflösen.

KROKANT-SOUFFLÉ

100 g Krokant (S. 109) in der Küchenmaschine fein mahlen und statt der Zitronen zu der Eigelbmischung geben. Die Gelatine in etwas Wasser auflösen und 2 EL Frangelica-Likör hinzufügen.

SCHOKOLADEN-SOUFFLÉ

60 g geschmolzene Zartbitter- oder weiße Schokolade zu der Eigelbmischung geben und nur 2 Blatt oder 2 TL gemahlene Gelatine verwenden. Die Zitronen weglassen.

Gebackene Soufflés

Für das Gelingen eines gebackenen Soufflés benötigen Sie etwas Zuversicht und ein gutes Timing. Die Crème pâtissière (Konditorcreme, S. 116) kann zwar einige Zeit im Voraus zubereitet werden, doch das Unterheben des Eischnees, das Backen und das Servieren sollten ohne Verzögerungen geschehen.

GEBACKENE SOUFFLÉS

Ein Soufflé geht im heißen Backofen auf, da sich die Luft in der lockeren Eischneemischung ausdehnt. Damit sich das Soufflé schön aus der Form erhebt, sollte man diese zuvor mit Zucker ausstreuen.

1 Die Soufflé-Form mit Butter einfetten und mit Zucker ausstreuen, der an Boden und Rand haften bleiben sollte. Übrigen Zucker ausschütten.

2 Die Crème pâtissière zubereiten und aromatisieren (in unserem Beispiel mit Zitronenschale, Malibu und Kokosraspeln). Leicht abkühlen lassen.

*Ein **gelungenes Soufflé** erhebt sich einige Zentimeter über den Rand der Backform – gleichmäßig geformt und mit knuspriger goldbrauner Oberfläche.*

3 Erst kurz vor dem Backen italienische Baisermasse herstellen und unterheben. Die Mischung in die vorbereitete Form füllen.

4 Mit dem Daumen am inneren Rand der Form entlangfahren, damit eine schmale Rinne entsteht und das Soufflé gleichmäßig aufgeht.

Kokosnuss-Soufflé

Butter für die Form
50 g Zucker, zusätzlich
Zucker für die Form
250 ml Milch
1 Vanillestange
4 Eier, getrennt
30 g Mehl
15 g Maisstärke
Abgeriebene Schale von
1 unbehandelten Zitrone
3 EL Malibu
25 g Kokosraspeln
Puderzucker zum Bestäuben

Eine Soufflé-Form (1,5 l) einfetten, mit Zucker ausstreuen. Aus Milch, Vanillestange, 30 g Zucker, Eigelb, Mehl und Maisstärke eine Crème pâtissière (Konditorcreme, S. 116) zubereiten. Zitronenschale, Malibu und Kokosraspeln unterrühren. Leicht abkühlen lassen. Eine italienische Baisermasse (S. 68) aus dem restlichen Zucker und dem Eischnee herstellen und unter die Creme heben. In die Form füllen. Mit dem Daumen am inneren Rand der Form eine schmale Rinne ziehen. Bei 190 °C (Umluft 170 °C) ca. 15 Minuten backen. Mit Puderzucker bestäubt sofort servieren.

EINZELNE PORTIONEN BACKEN

Für sechs einzelne Portionen gebackenes Soufflé werden statt der großen Form kleine Formen eingefettet und mit Zucker ausgestreut. Die Backzeit beträgt 15–20 Minuten.

1 In die vorbereiteten Förmchen einige Früchte geben. Pochierte Kirschen passen gut zu einer mit Kirschwasser aromatisierten Soufflé-Masse. Kirschen aus dem Glas oder der Dose vorher abgießen.

2 Die Förmchen auf ein Backblech stellen und in den Ofen schieben. Damit die Soufflés eine schöne, glasierte Oberfläche bekommen, 2–3 Minuten vor Ende der Backzeit kurz aus dem Ofen nehmen und mit Puderzucker bestäuben. Zügig vorgehen, da die Soufflés sonst zusammenfallen.

SOUFFLÉS IN HASELNUSS-SCHÄLCHEN

Schokolade harmoniert wunderbar mit feinem Haselnussaroma. In diesem Rezept ergänzen sich knusprige Haselnuss-Schälchen und zartes, gebackenes Schokoladen-Soufflé.

1 Süßen Mürbeteig (S. 122) mit 60 g fein gehackten Haselnüssen zubereiten (S. 123). Förmchen damit auskleiden. Bei 200 °C (Umluft 180 °C) 10 Minuten blindbacken. Abkühlen lassen.

2 Die Haselnuss-Schälchen auf ein Backblech setzen. Soufflé-Masse mit Schokolade (S. 60) zubereiten. In die Schälchen füllen, mit dem kleinen Finger am inneren Rand entlangfahren.

3 Die Soufflés 12–15 Minuten bei 180 °C (Umluft 160 °C) backen. Aus dem Ofen nehmen, vorsichtig auf Teller setzen und sofort servieren.

VARIANTEN

VANILLE-SOUFFLÉ
Statt Zitronenschale, Malibu, Kokosraspeln und Vanillestange 1 TL Vanille-Essenz verwenden. Vanillezucker dazugeben. Bei 190 °C (Umluft 170 °C) 15 Minuten backen.

APFEL-SOUFFLÉ
Calvados statt Malibu und 50 g Apfelpüree statt Kokos verwenden. Bei 190 °C (Umluft 170 °C) 25–30 Minuten backen.

SCHOKOLADEN-SOUFFLÉ
Malibu und Kokos weglassen. 25 g Kakaopulver in 50 ml heißem Wasser verrühren. Für die Crème pâtissière 200 ml Milch verwenden. Andere Zutaten halbieren. Bei 190 °C (Umluft 170 °C) 25 Minuten backen.

HEISSES FRUCHT-SOUFFLÉ

Soufflés lassen sich wunderbar in ausgehöhlten Früchten backen. Ideal sind ausgehöhlte Orangen, aber andere Früchte mit fester Schale eignen sich ebenfalls, etwa Limetten, Zitronen und Grapefruit.

1 6 Orangen von jeweils etwa 175 g verwenden. Ein Drittel der Orangen von oben wegschneiden. Die Früchte unten gerade schneiden. Das Fruchtfleisch mit dem Löffel herauslösen, dabei die Schnittkante nicht beschädigen.

2 Soufflé (S. 58) zubereiten, aber Orangen statt Zitronenschale und Cointreau oder Grand Marnier statt Malibu verwenden. Die Kokosraspeln weglassen. Bei 190 °C (Umluft 170 °C) 10–12 Minuten backen. Sofort servieren.

ANANASHÄLFTEN MIT SOUFFLÉ-FÜLLUNG

Für eine ausgefallene Servieridee können Sie zwei kleine Ananas halbieren, aushöhlen, mit dem gewürfelten Fruchtfleisch füllen und mit Soufflé-Masse bedecken. Sehr kleine Ananas lassen sich wie Orangen mit dem Löffel aushöhlen. Für unser Rezept werden zwei Früchte von je etwa 1,2 kg verwendet.

1 Die Ananas mit den Blättern längs halbieren. Das Fleisch herausschneiden und würfeln. Mit Butter und Zucker in einer Pfanne glasieren und in die Ananashälften geben. Blätter locker in Alufolie wickeln.

2 Über das gewürfelte Fruchtfleisch eine Schicht Kokosnuss-Soufflé (S. 58) verteilen. Die gefüllten Ananashälften bei 190 °C (Umluft 170 °C) 15–20 Minuten backen. Mit Puderzucker bestäuben und nach Belieben mit Kokosfleisch garnieren. Sofort servieren.

Mousses

Eine perfekte Mousse erfordert etwas Übung: ob beim Unterheben der Zutaten, der Zubereitung der Gelatinemischung oder dem Schlagen der Sahne. Bei Anwendung der hier gezeigten Techniken wird man mit einem herrlichen Dessert belohnt.

MOUSSE MIT CHIBOUST-CREME ZUBEREITEN

Crème Chiboust (S. 116) ist eine lockere Creme aus Crème pâtissière (Konditorcreme, S. 116) und geschlagenem Eiweiß oder Baisermasse. Hier wird sie als Basis für Zitronen-Mousse verwendet.

1 Die abgekühlte Crème pâtissière schlagen, bis sie glatt und geschmeidig ist. Aufgelöste Gelatine unterrühren.

*Zum Servieren von **Mousse** eignen sich kurzstielige, breite Dessertschalen besonders gut. Knusprig-leichte Waffeln sind eine ideale Beigabe.*

2 Die italienische Baisermasse unterheben. Die Mousse in Dessertschalen füllen und für mehrere Stunden kalt stellen.

3 Zur Dekoration geschlagene Sahne aufspritzen und mit einigen Streifen überzuckerter Zitronenschale (S. 205) garnieren.

Zitronen-Mousse

250 ml Milch
4 Eier, getrennt
250 g Zucker
20 g Maisstärke
Abgeriebene Schale und Saft von 1 unbehandelten Zitrone
3 Blatt Gelatine oder
2 1/2 TL gemahlene Gelatine
6 EL Wasser
FÜR 8 PERSONEN

Milch, Eigelb, 50 g Zucker und Maisstärke zu einer Crème pâtissière (S. 116) verarbeiten. Zitronenschale unterrühren und die Creme mit Folie bedecken. Abkühlen lassen.

Die Blattgelatine einweichen oder die gemahlene Gelatine in 2 EL Wasser quellen lassen. Den Zitronensaft kurz aufkochen, leicht abkühlen lassen und die Gelatine darin auflösen.

Aus dem Eiweiß, dem restlichen Zucker und dem Wasser italienische Baisermasse (S. 68) herstellen. Die Crème pâtissière aufschlagen und die aufgelöste Gelatine unterrühren. Die Baisermasse unterheben. Die Zitronen-Mousse in Dessertschalen füllen und im Kühlschrank fest werden lassen.

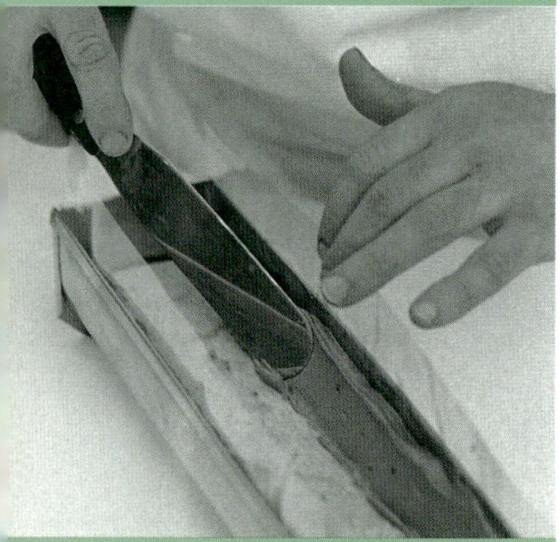

Schokoladen-Dessert suprême

Das exquisite Dessert besteht aus Biskuit, Mousse au chocolat und Vanille-Creme, die in eine halbrunde Form geschichtet werden. Eine Auswahl verschiedener Nüsse dient zur Dekoration und trennt die feine Schokoladenglasur auf der einen Hälfte von dem Überzug aus Kakaopulver auf der anderen.

ARBEITSPLAN

- Den Ofen auf 180 °C (Umluft 160 °C) vorheizen.
- Den Biskuitboden zubereiten.
- Mousse au chocolat und Vanillecreme herstellen.
- Das Dessert zusammensetzen.
- Überziehen und dekorieren.

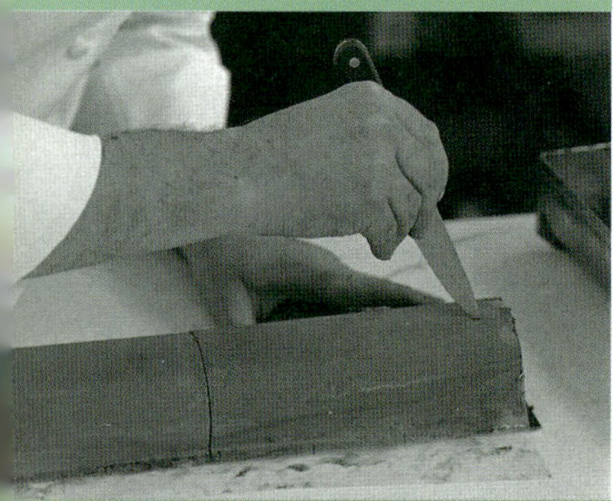

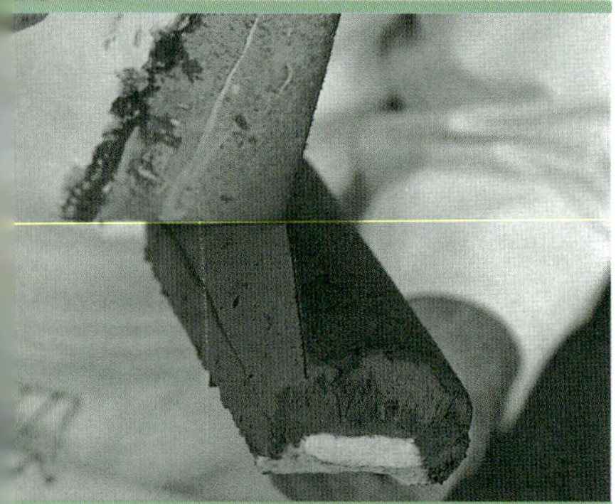

Für den Dacquoise-Boden

8 Eiweiß
60 g Zucker
100 g Mandeln, fein gemahlen
100 g Puderzucker
25 g Mehl

Für die Mousse au chocolat

2 kleine Eigelb
40 ml Sirup (aus 25 g Zucker und 25 ml Wasser)
80 g Schokolade
150 ml süße Sahne

Für die Vanillecreme

85 ml Milch
2 Vanillestangen, längs aufgeschnitten
2 Eigelb
20 g Zucker
1 TL Maisstärke
1 TL Vanille-Puddingpulver
15 g gemahlene Gelatine
100 ml Crème double
100 g italienische Baisermasse (S. 68)

Für die Schokoladenglasur

180 g Schokolade
200 ml süße Sahne
40 g Zucker
40 g Glukose (Stärkezucker)
30 g Butter, in Flöckchen

Zum Garnieren

Kakaopulver
Unterschiedliche ganze Nüsse

1 Für den Dacquoise-Boden das Eiweiß schlagen und den Zucker hinzufügen. Mandeln, Puderzucker und Mehl vermischen und die Eiweißmischung vorsichtig unterziehen. Ein Backblech mit Backpapier auslegen, den Teig darauf verstreichen. Bei 180 °C (Umluft 160 °C) etwa 20 Minuten backen. Abkühlen lassen.

2 Für die Mousse das Eigelb schaumig schlagen. Den Sirup auf 120 °C erhitzen. Nach und nach zum Eigelb gießen und so lange schlagen, bis die Mischung erkaltet. Die Schokolade im Wasserbad bei 40 °C schmelzen und unterziehen. Die Sahne steif schlagen und zügig unterheben. Kalt stellen.

3 Die Milch mit den Vanillestangen für die Vanillecreme erhitzen. Eigelb und Zucker schaumig schlagen, Maisstärke, Puddingpulver und etwas warme Milch hinzufügen, alles verrühren. Mit der restlichen Milch zum Kochen bringen. Vom Herd nehmen, die Gelatine hineingeben und abkühlen lassen. Die Crème double steif schlagen und ebenso wie die Baisermasse unterheben. Kalt stellen.

4 Eine halbrunde Form mit Plastikfolie auskleiden (5 cm überhängen lassen). Eine Schicht Mousse au chocolat in die Form spritzen, dabei auch den Rand bedecken. Den Dacquoise-Boden in zwei Streifen schneiden, so lang wie die Form, jedoch schmäler. Einen Streifen auf die Mousse legen, Lücken mit Mousse füllen.

5 Eine Schicht Vanillecreme auf den Dacquoise-Boden spritzen. Den zweiten Streifen Dacquoise darauf legen, freie Stellen mit Vanillecreme auffüllen. Gut kühlen.

6 Das Dessert mit der Plastikfolie auf eine Platte stürzen. Ist die Rolle zu lang, diese quer halbieren. Die Folie oben entlang der Mitte aufschneiden und eine Hälfte abziehen. Die freie Desserthälfte mit Kakaopulver bestreuen. Restliche Folie entfernen.

7 Für die Schokoladenglasur die Schokolade grob hacken und in eine Schüssel geben. In einem Topf die Sahne mit dem Zucker und der Glukose leicht erhitzen. Über die Schokolade gießen und, sobald diese zu schmelzen beginnt, die Butter nach und nach unterrühren, bis eine geschmeidige Glasur entstanden ist. Auf 40 °C abkühlen lassen. Über die freie Hälfte des Desserts träufeln und fest werden lassen. Entlang dem oberen Rand der Glasur mit Nüssen dekorieren. Kalt stellen und servieren.

MOUSSE AUS DUNKLER SCHOKOLADE

Dunkle Schokolade wird mit Eigelb verfeinert und bekommt durch Eischnee eine lockere Konsistenz. Durch die Schokolade wird die Mousse fest. Man benötigt 450 g Schokolade, 30 g Butter, 100 g Zucker und 6 getrennte Eier.

1 Schokolade und Butter in einer Schüssel im nicht zu heißen Wasserbad schmelzen. Vom Herd nehmen.

2 Aus 50 g Zucker und 4 EL Wasser einen Sirup kochen, bis sich kleine Ballen bilden (S. 108). Leicht abkühlen lassen. Unter ständigem Schlagen zum Eigelb gießen.

3 Die geschmolzene Schokolade mit einem Löffel unter die Eigelbmischung ziehen. Die Schokolade muss unbedingt abgekühlt sein, da das Eigelb sonst gerinnt.

4 Aus dem restlichen Zucker, 4 EL Wasser und dem Eiweiß italienische Baisermasse (S. 68) herstellen. 2 EL Baiser unter die Schokoladenmischung schlagen, die restliche Masse unterheben. Die Mousse in 12 Kaffeetassen füllen und kalt stellen.

MOUSSE AUS WEIßER SCHOKOLADE

Diese Mousse besteht aus feiner weißer Schokolade und bekommt durch geschlagene Sahne eine lockere Konsistenz. Das Ergebnis ist wunderbar zart und cremig.

1 In einer Schüssel 100 g weiße Schokolade im Wasserbad schmelzen. 50 ml heiße Crème double unterrühren. Abkühlen lassen, bis die Mischung leicht eindickt.

2 200 ml süße Sahne steif schlagen und unter die Schokoladenmischung heben. In Servierschalen füllen und kalt stellen.

*Kaffeetassen sind ideale Servierschalen für **Mousse aus dunkler** oder **weißer Schokolade**. Als raffiniert-kontrastreiche Dekoration eignen sich zum Beispiel dunkle Schokoladenspäne (S. 203) sowie Blätter aus weißer Schokolade.*

EINFACHE MOUSSE AUS FRÜCHTEN

Statt aus Crème pâtissière oder Schokolade kann man eine Mousse auch aus aromatischem Fruchtpüree (S. 113) zubereiten. Geschlagene Sahne sorgt für eine locker-cremige Konsistenz. Besonders locker und delikat wird die Mousse durch italienische Baisermasse (S. 68). Gelatine sorgt für Festigkeit.

1 1 EL (15 g) gemahlene Gelatine in Wasser quellen lassen und unter 450 ml gesüßtes Fruchtpüree rühren. Stehen lassen, bis das Püree fest wird und die geschlagene Sahne behutsam untergehoben werden kann.

2 300 ml Crème double steif schlagen, bis sich weiche Spitzen bilden. 2 EL unter das Püree rühren, den Rest unterheben. In Servierschalen füllen und kalt stellen. Mit Früchten garniert servieren. Für 4 Personen.

***Mousse** aus Fruchtpüree sollte man nur mit wenigen Früchten garnieren, damit sie nicht einsinken. Unser Vorschlag: zwei Himbeeren und ein Minzezweig.*

SERVIERVORSCHLÄGE

Mousse lässt sich auf vielfältige Weise einfach, aber wirkungsvoll servieren: in Schälchen aus Krümelteig oder Schokolade oder als Füllung für Torten und Pasteten.

- **Mousse in Krümelteig**
  Einen Flan-Ring mit Krümelteig aus Schokoladenplätzchen (S. 80) auskleiden und Zitronen-Mousse (S. 61) hineinfüllen. Für eine feine Limetten-Mousse die Zitrone durch 2 Limetten ersetzen. Zur Dekoration eignen sich Schokoladenspäne. Auch kleine Flan-Ringe und Tortelett-Förmchen können so gefüllt werden.
- **Mousses kombinieren**
  Mousses, die in Farbe und Aroma variieren, lassen sich in einzelnen Servierschalen gut kombinieren, etwa Mousses aus weißer Schokolade und Aprikosen, Mangos oder Himbeeren. Mousse au chocolat vor der Frucht-Mousse zubereiten und kalt stellen. Mit Schokoladenspänen oder Früchten dekorieren.
- **Mousse in Formen füllen**
  Frucht-Mousse kann man in Formen mit glattem oder gewelltem Rand füllen. Für eine hübsche Dekoration Fruchtstücke in Fruchtgelee auf dem Boden der Form verteilen. Die gekühlte Mousse auf eine Platte stürzen.

Nid d'abeille

Honig und ein Ring aus wabenartigen, rechteckigen Krokantplättchen verwandeln hier Biskuit, Sahne und Baiser in einen delikaten „Bienenkorb". Diese sommerliche Köstlichkeit wird durch eine Garnierung aus Früchten der Saison und zusätzlichen Krokantplättchen abgerundet.

ARBEITSPLAN

- Den Ofen auf 180 °C (Umluft 160 °C) vorheizen.
- Böden backen, Pfirsiche dünsten.
- Die Füllung zubereiten und den Kuchen zusammensetzen.
- Krokantplättchen herstellen, abgekühlten Kuchen dekorieren.

Für die Dacquoise-Böden

8 Eiweiß
80 g Zucker
100 g gemahlene Mandeln
150 g Puderzucker
50 g Mehl
50 g Butter
80 g Honig
500 g Pfirsiche (aus der Dose)

Für die italienische Baisermasse

150 g Honig
2 Eiweiß, geschlagen

Für die Honigcreme

2 ½ Blatt Gelatine
250 g Crème pâtissière (Konditorcreme, S. 116), erhitzt
750 ml süße Sahne
100 g Walderdbeeren oder Himbeeren
100 g rote Johannisbeeren

Für die Krokantplättchen

60 g Butter
50 ml süße Sahne
80 g Zucker
50 g Honig
60 g Mandelblättchen

Zum Garnieren

Aprikosenmarmelade

1 Für die Dacquoise-Böden das Eiweiß mit dem Zucker steif schlagen. Mandeln, Puderzucker und Mehl vermischen und vorsichtig unterheben. Ein Backblech mit Backpapier auslegen. Die Masse mit der Spritztülle in zwei runden Teigböden spiralförmig aufspritzen und 20 Minuten bei 180 °C (Umluft 160 °C) backen.

2 Die Butter mit dem Honig erhitzen. Die Pfirsiche mit dem Sirup hineingeben und bei schwacher Hitze etwa 5 Minuten dünsten. In Scheiben schneiden.

3 Die italienische Baisermasse und die Honigcreme zubereiten. Dafür den Honig auf 120 °C erhitzen und unter den Eischnee ziehen. Beiseite stellen. In einer Schale die Gelatine in kaltem Wasser einweichen. Die weiche Gelatine in die Crème pâtissière einrühren. Kalt stellen. Die süße Sahne halbsteif schlagen und unter die gekühlte Crème pâtissière heben. Die noch leicht warme Baisermasse unterziehen und die Creme sofort verarbeiten.

4 Um den Kuchen zusammenzusetzen, einen Dacquoise-Boden in einen Kuchenring setzen, den Boden eventuell zurechtschneiden. Vorsichtig mit der Hälfte der Honigcreme bestreichen. Mit einem Großteil der Pfirsiche und je 50 g der frischen Früchte belegen. Den zweiten Boden darauf legen und mit der restlichen Honigcreme bestreichen. Einige Pfirsichscheiben und frische Früchte vorsichtig in die Creme drücken (ein paar Früchte zum Dekorieren zurückbehalten). Die Oberfläche mit einem Palettmesser glatt streichen. Für 2 Stunden in das Tiefkühlfach oder für 6 Stunden in den Kühlschrank stellen.

5 Für die Krokantplättchen Butter, Sahne, Zucker und Honig in einem Topf erhitzen, bis der entstandene Sirup leicht karamellisiert. Die Mandeln hinzufügen und die Masse auf ein Backblech mit Backpapier gießen. Für 5 Minuten in den auf 170 °C (Umluft 150 °C) vorgeheizten Backofen schieben. Herausnehmen und sofort in Rechtecke von der Höhe des Kuchens schneiden. Zügig arbeiten, da der Krokant schnell fest wird.

6 Die Oberfläche des Kuchens mit der Marmelade bestreichen. Die Krokantplättchen leicht überlappend um den Kuchenrand anordnen. Den Kuchen mit den restlichen Früchten und Krokantplättchen dekorieren.

Baiser

Baiser oder Meringue besteht aus steif geschlagenem Eiweiß und Zucker und findet in vielen Desserts Verwendung – ob gebacken oder frisch zubereitet. Damit der Eischnee schön steif wird, darf er kein Eigelb enthalten und die Küchengeräte sollten fettfrei sein.

VERSCHIEDENE BAISERMASSEN

FRANZÖSISCHE BAISERMASSE

2 Eiweiß sehr steif schlagen. Dabei nach und nach 50 g Zucker einrieseln lassen. Weitere 65 g Zucker unterheben. Die Baisermasse eignet sich zum Verzieren, kann gebacken oder pochiert werden.

SCHWEIZER BAISERMASSE

In einer Schüssel 2 Eiweiß mit 125 g Zucker über schwach kochendem Wasser steif schlagen. Für ein gleichmäßiges Ergebnis die Schüssel drehen. Die Baisermasse eignet sich zum Aufspritzen und Verzieren.

ITALIENISCHE BAISERMASSE

Aus 250 g Zucker und 60 ml Wasser einen Sirup kochen, bis sich kleine Ballen bilden (S. 108). Leicht abkühlen lassen. 5 Eiweiß steif schlagen, langsam den Sirup zugießen. Diese Baisermasse eignet sich zum Aufspritzen, als schnell bräunender Belag und gibt Mousses eine lockere Konsistenz.

BAISERMASSE AUFSPRITZEN

DEN SPRITZBEUTEL FÜLLEN

Eine Spritztülle in den Beutel stecken, diesen über die Hand stülpen und die Baisermasse mit dem Löffel einfüllen. Den gefüllten Beutel zusammendrehen, damit die Luft entweicht.

KUGELN ODER OVALE

Eine Lochtülle verwenden und den Spritzbeutel leicht schräg halten. Um gleichmäßige Formen zu erhalten, den Spritzbeutel fest zusammendrücken und dabei kaum anheben.

FLACHE RUNDE PLATTEN

Auf Backpapier einen Kreis als Schablone aufzeichnen, das Papier umdrehen. Eine Spritztülle je nach benötigter Größe aussuchen. Den Beutel senkrecht halten und in der Mitte beginnend die Platte spiralförmig aufspritzen.

NESTCHEN

Mit einer kleinen Stern- oder Lochtülle kleine runde Platten aufspritzen. Um den Rand zu formen, rundum ein oder zwei Schichten kreisförmig aufspritzen. Für größere Nestchen mit breiterem Rand eine größere Spritztülle verwenden.

VERSCHIEDENE FORMEN FÜR BAISER

Für eine Schablone die gewünschte Form deutlich auf Backpapier aufzeichnen. Das Papier umdrehen, die Baisermasse in die Mitte geben und mit einem Metalllöffel verstreichen. Für Pavlova die Masse wie für ein Nestchen in der Mitte flachdrücken.

PAVLOVA

3 Eiweiß
175 g feiner Zucker
1 TL Weißwein- oder Obstessig
1 TL Maisstärke
300 ml Crème double, steif geschlagen
Verschiedene frische Früchte, etwa Erdbeeren, Himbeeren, Ananas und Kiwis

Aus Eiweiß und Zucker französische Baisermasse (S. 68) zubereiten. Essig und Maisstärke mit dem Zucker unterziehen. Ein Nestchen (siehe links) von 20 cm Durchmesser formen und bei 150 °C (Umluft 130 °C) 1 Stunde backen. Im ausgeschalteten Backofen abkühlen lassen. Frühestens 1 Stunde vor dem Servieren mit Sahne und Früchten füllen.

BAISER BACKEN ODER FEST WERDEN LASSEN

Baiser kann man bei hoher Temperatur (220–250 °C) sehr schnell im Ofen backen. Es bekommt dann eine gebräunte Oberfläche. Damit es langsam fest wird, je nach gewünschter Konsistenz 1–3 Stunden bei 100 °C oder mindestens 5 Stunden bei 60 °C backen. Damit die Temperatur längere Zeit sehr niedrig bleibt, lässt man die Ofentür mit Hilfe eines Holzlöffels einen Spalt offen stehen. Baiser in Metallförmchen oder auf einem Backblech mit Backpapier backen.

BAISER ÜBERZIEHEN

Gefülltes Baiser kann sehr weich werden. Wenn man Baiser jedoch überzieht, wird es nicht feucht und behält seine knusprig-luftige Konsistenz. Hier einige Tipps.

BESTREICHEN
Baiser-Nestchen auf der Unter- und Innenseite nach Bedarf mit heller oder dunkler geschmolzener Schokolade bestreichen.

TAUCHEN
Für einen gleichmäßigen Überzug und einen schönen farblichen Kontrast Baiser in geschmolzene dunkle Schokolade tauchen.

***Baiser-Nestchen** mit frischen Früchten. **Baiserformen**, mit Mousses aus dunkler und heller Schokolade gefüllt; mit Kakao oder Krokant verziert.*

Exotischer Kaiserin-Reis

Dieses Dessert ist wahrhaft kaiserlich!
Frische Früchte krönen die Spezialität aus cremigem Reispudding, Biskuit und exotischem Fruchtgelee im dekorativen gebräunten Baiser-Mantel mit einem Ring aus feinen Kokosplätzchen.

ARBEITSPLAN

- Fruchtgelee und Biskuit herstellen.
- Reispudding (S. 182) bereiten.
- Zutaten in die Form füllen und Plätzchen backen.
- Baisermasse aufspritzen und backen.

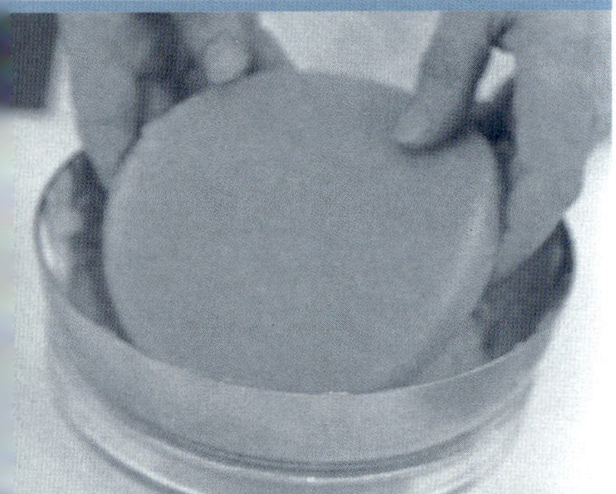

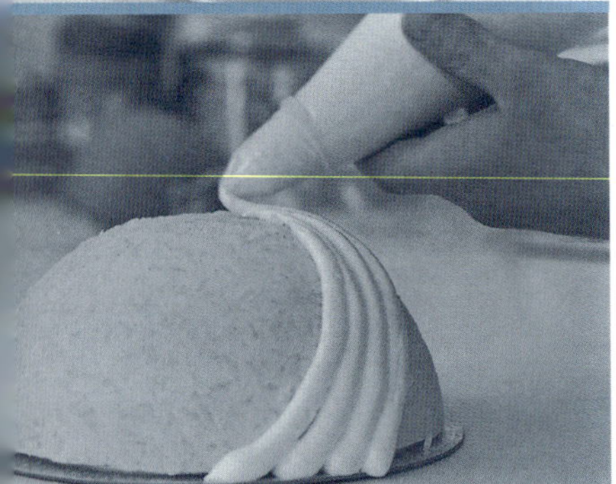

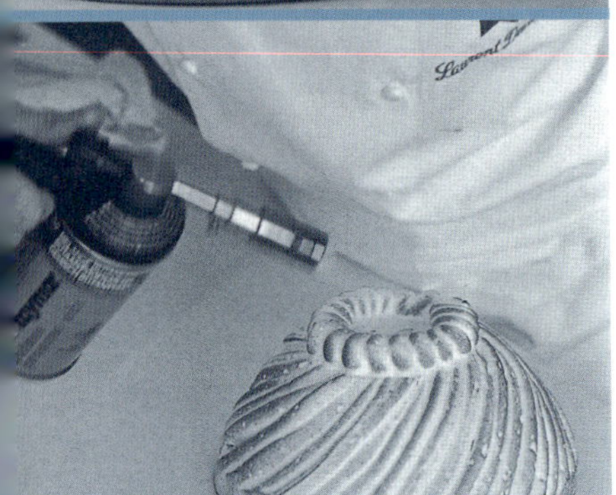

Für das exotische Fruchtgelee

Je 125 g Passionsfrucht und Mango (Fruchtfleisch), püriert
35 g Zucker
5 g gemahlene Gelatine

Für das Genueser Biskuit

4 Eier
125 g Zucker
125 g Mehl, gesiebt

Für die Reispudding-Creme

2 Blatt Gelatine
200 g Crème pâtissière (Konditorcreme, S. 116)
200 ml süße Sahne
100 g Reispudding

Für die Kokosplätzchen

2 Eiweiß
75 g Puderzucker
65 g Kokosraspeln
50 g Butter, zerlassen

Für die italienische Baisermasse

250 g Zucker
60 ml Wasser
5 Eiweiß

Zum Garnieren

Frische Früchte

1 Für das Fruchtgelee Fruchtfleisch und Zucker vermischen. Die Gelatine in Wasser einweichen, ins kochende Wasserbad stellen und ein Viertel der Fruchtmischung unterziehen. Heiß werden lassen und die restliche Fruchtmischung unterziehen. Auf einem Backblech verteilen und kalt stellen.

2 Für das Biskuit den Ofen auf 170 °C (Umluft 150 °C) vorheizen. Eier und Zucker in eine hitzebeständige Schüssel geben. Die Schüssel auf einen Topf mit heißem, aber nicht kochendem Wasser stellen und die Mischung schlagen, bis sie hell und dickflüssig ist. Herunternehmen und so lange weiterschlagen, bis sie erkaltet. Das Mehl mit einem großen Metalllöffel unterheben. Vorsichtig arbeiten, damit die Mischung luftig bleibt. Zwei runde Backformen (etwas kleiner als die spätere Puddingform) einfetten. Den Teig hineinfüllen und in etwa 25 Minuten hellgolden backen.

3 Die Gelatine für die Reispudding-Creme in kaltem Wasser einweichen und ins heiße Wasserbad stellen. Unter die gekühlte Crème pâtissière ziehen und verschlagen. Die Sahne hinzufügen, den Reispudding unterheben.

4 Eine halbkugelförmige Puddingform mit der Creme füllen, so dass die Ränder vollständig bedeckt sind und in der Mitte eine Mulde bleibt. Einen Biskuitboden mit Fruchtgelee bestreichen und in die Mulde setzen.

5 Aus dem fest gewordenen Gelee eine runde Platte (etwas kleiner als die Form) schneiden und auf das Biskuit setzen. Reispudding-Creme darüber verteilen und den zweiten bestrichenen Biskuitboden darauf setzen. Kalt stellen.

6 Um die Kokosplätzchen herzustellen, das Eiweiß in einer großen Schüssel cremig schlagen. Zucker und Kokosraspeln gleichmäßig untermischen. Die zerlassene Butter unterrühren. Alles gut vermischen. Die Masse auf ein gefettetes Backblech streichen und für 1 Stunde kalt stellen. Im vorgeheizten Ofen bei 160 °C (Umluft 140 °C) 3 Minuten backen. Herausnehmen. Solange der Teig noch warm ist, runde Pätzchen ausstechen. Abkühlen lassen.

7 Die italienische Baisermasse (S. 68) zubereiten und in einen Spritzbeutel mit Lochtülle füllen. Das Dessert auf eine runde Platte stürzen. Das Baiser am unteren Rand beginnend bis zur Spitze diagonal in Streifen aufspritzen. Oben einen Baiser-Kranz aufspritzen. Mit der Lötlampe vorsichtig bräunen. Den Kranz mit Früchten füllen und die Plätzchen rundum anordnen.

EINE BAISER-PYRAMIDE HERSTELLEN

Mit einer solch spektakulären Baiser-Pyramide beeindruckt man Familie und Gäste und erntet viel Lob. Trotz der großen Wirkung ist die Zubereitung relativ einfach. Man braucht nur eine ruhige Hand, um die Creme gleichmäßig aufzuspritzen. Die fertige Pyramide wird mit Kakaopulver bestäubt und mit einer Pekannuss gekrönt.

Aus Baisermasse 3–5 runde Platten von jeweils kleinerem Durchmesser herstellen. Die größte Platte auf einen Teller setzen und mit geschmolzener weißer Schokolade bestreichen. Ist diese fest, Kaffee-Creme dekorativ auf spritzen. Die zweite Platte mit Schokolade bestreichen, nach dem Festwerden auf die erste Platte setzen und wieder Creme aufspritzen. Mit den übrigen Platten ebenso verfahren.

Oeufs à la neige

4 Eiweiß
125 g feiner Zucker

Für den Sirup zum Pochieren
1,5 l Wasser
300 g Zucker

Crème anglaise (S. 116)
Minzezweige und Karamell (S. 109) zum Dekorieren

Wasser und Zucker erhitzen, bis sich der Zucker auflöst. Aufkochen und die Hitze reduzieren. Eiweiß steif schlagen. Dabei langsam den Zucker einrieseln lassen. Aus dem Baiser mit zwei Esslöffeln ovale Klößchen formen und im Sirup 3–4 Minuten pochieren. Mit einem Schaumlöffel herausnehmen, abtropfen lassen und auf Küchenpapier setzen. Gekühlte Crème anglaise auf Dessertteller verteilen. Klößchen darauf anrichten, mit Minze und Karamell dekorieren.

BAISER POCHIEREN

Zum Formen der ovalen Klößchen (Quenelles) mit einem Esslöffel etwas Baisermasse abstechen, mit einem zweiten das Klößchen formen und seitlich vom Löffel schieben, so dass es in den köchelnden Sirup fällt. 3–4 Minuten pochieren.

BAISER AROMATISIEREN

ZITRUSFRÜCHTE
Abgeriebene Schale von 1 Zitrone, 2 Limetten oder 1 Orange (unbehandelt) unter steife Baisermasse heben.

ESPRESSO
Kurz vor der Verarbeitung 1 TL Kaffee-Essenz unter die fertige Baisermasse ziehen.

VANILLE
½–1 TL natürliche Vanille-Essenz mit dem Zucker unter italienische oder Schweizer Baisermasse schlagen.

FRISCHKÄSE-DESSERTS

GESTÜRZTE FRISCHKÄSE-SPEZIALITÄTEN

▪

GEBACKENE KÄSEKUCHEN

▪

KÄSESAHNE-KUCHEN

Gestürzte Frischkäse-Spezialitäten

Aufgrund des hohen Wassergehalts lässt sich Frischkäse gut in Formen füllen – ein Großteil des Wassers tropft dann ab. Diese cremigen Frischkäse-Spezialitäten sind sowohl mit als auch ohne Dekoration beliebte Nachspeisen.

Crémet de Touraine

200 ml süße Sahne
300 g Doppelrahmkäse
Etwa 50 g Puderzucker

Himbeer-Coulis
400 g frische Himbeeren
80 g Puderzucker
Zitronensaft nach Geschmack

Für die Garnierung
Minzeblätter (nach Belieben)
Rote Beerenfrüchte, wie Johannis- oder Himbeeren

6 kleine, gelöcherte Herzformen mit Mull auskleiden. Die Sahne über Eiswürfeln schlagen, den Doppelrahmkäse dazugeben und weiterschlagen, bis eine glatte, cremige Masse entstanden ist. Mit Puderzucker süßen. Die Masse in die Förmchen füllen und für mindestens 1 Stunde oder über Nacht kalt stellen.

Aus Himbeeren, Puderzucker und etwas Zitronensaft das Fruchtpüree (Coulis, S. 113) zubereiten. Desserts auf Teller stürzen, mit Minze und Beeren garniert mit Coulis servieren.

*Das klassische Frischkäse-Dessert, **Crémet de Touraine**, kann man mit abgeriebener Zitronen- oder Orangenschale aromatisieren. Hier wird es mit Himbeer-Coulis und überzuckerten roten Johannisbeeren serviert.*

Frischkäse-Spezialitäten in einzelnen Formen

Für die Desserts benötigt man mit Löchern versehene Formen, damit das enthaltene Wasser abtropfen kann. Sehr hübsch sind Herzformen. Den Mull schneidet man in passende Quadrate.

1 Die Formen mit Mull auskleiden, der an den Rändern überstehen darf. Auf eine Platte oder in eine größere Schüssel stellen.

2 Die Sahne in einer Schüssel über Eiswürfeln leicht schlagen. Mit dem Doppelrahmkäse zu einer cremigen Masse schlagen.

3 Puderzucker untermischen und die Masse in die Formen füllen. Mindestens für 1 Stunde, am Besten aber über Nacht kalt stellen.

4 Die Desserts auf Teller stürzen, den Mull vorsichtig abziehen. Mit Fruchtpüree (Kiwis, Aprikosen oder Johannisbeeren) oder frischen Früchten servieren.

PASCHKA ZUBEREITEN

Die beliebte russische Osterspezialität wird traditionell in eine große, mit Mull ausgekleidete Pyramidenform gefüllt. Ein geeigneter Ersatz ist ein gut gereinigter neuer Blumentopf. Für Paschka benötigt man 2 Eigelb, 150 g Puderzucker, 1/2 TL natürliche Vanille-Essenz, 500 g Doppelrahmkäse, 150 ml saure Sahne, 50 g grob gehackte Sultaninen sowie 300 g gemischte kandierte Früchte, etwa Zitronat, Orangeat, kandierte Kirschen, Ananas und Engelwurz, die auch zum Dekorieren dienen.

1 Eigelb, Zucker und Vanille-Essenz im nicht zu heißen Wasserbad schlagen, bis die Masse hell und dick ist.

***Paschka** kann man mit kandierten Früchten, Fruchtschalen oder Engelwurz dekorieren.*

2 Masse aus dem Wasserbad nehmen und weiterschlagen, bis sie kalt ist. Frischkäse und saure Sahne unterschlagen.

3 Früchte untermischen. Ein Sieb in eine Schüssel hängen, mit Mull auskleiden und die Masse hineinfüllen.

4 Damit enthaltenes Wasser abtropfen kann, einen Teller auf die Masse setzen und beschweren.

VARIANTEN

Frischkäse-Desserts kann man aus verschiedenen Arten von Frischkäse zubereiten. Sie sollten einen zarten Geschmack und eine cremige Konsistenz haben. Die Produkte, aus Kuhmilch sowie aus Ziegenmilch, können sich im Fettgehalt, im Geschmack und in der Konsistenz beträchtlich unterscheiden. Probieren Sie folgende Arten:

- Hüttenkäse
- Doppelrahmkäse
- Speisequark
- Fromage frais
- Mascarpone
- Ricotta

5 Über Nacht kalt stellen. Wird das Dessert in kleine Förmchen gefüllt, diese ebenfalls beschweren. Für 1 1/2–2 Stunden kalt stellen. Paschka auf einen Teller stürzen, Form entfernen und Mull vorsichtig abziehen.

Mascarpone-Feigen

Käse und Früchte werden gern als Abschluss einer Mahlzeit gewählt; unser Rezept bietet eine exotische Variation. Die cremige Konsistenz des Mascarpone harmoniert wunderbar mit den süßen Feigen, die feinen Zimtplätzchen steuern eine knusprige Note bei.

ARBEITSPLAN

- Die Zimtplätzchen nach Belieben bis zu zwei Tage vor dem Verzehr backen.
- Die Feigen mit einem feuchten Tuch säubern.

Für die Zimtplätzchen

150 g Butter
100 g Zucker
30 g fein gemahlene Mandeln
1 großes Ei
250 g Mehl
1 TL gemahlener Zimt

Für die Mascarpone-Creme

250 ml Crème double
50 g Zucker
125 g Mascarpone
1 Prise gemahlener Zimt

Für die karamellisierten Feigen

150 g Zucker
1 Zimtstange
2 Rosmarinzweige
6 frische Feigen
Frisch gepresster Saft von 1 Zitrone

Zum Garnieren

Rosmarin

1 Für die Zimtplätzchen Butter und Zucker cremig rühren. Zuerst die gemahlenen Mandeln, dann das Ei unterrühren. Mehl und Zimt darüber sieben und untermischen, bis eine cremige Masse entsteht. In den Kühlschrank stellen. Den gekühlten Teig 2–3 mm dick ausrollen und 8 Rechtecke (8 x 5 cm) ausschneiden. Im vorgeheizten Backofen bei 160 °C (Umluft 140 °C) in etwa 15 Minuten goldbraun backen.

2 Für die Mascarpone-Creme die Crème double und den Zucker gut vermischen. Nach und nach den Mascarpone unter die Mischung arbeiten, bis eine cremige, glatte Masse entsteht. Zuletzt den Zimt untermischen. Bis zur Verwendung beiseite stellen.

3 Zuletzt die Feigen vorbereiten. Dafür in einer Pfanne den Zucker mit der Zimtstange erhitzen. Wenn die Mischung zu karamellisieren beginnt, den Rosmarin hinzufügen. Die Feigen hineingeben und den Zitronensaft dazugießen. Unter häufigem Rühren schwach erhitzen, bis die Feigen leicht braun werden. Vom Herd nehmen. Die Feigen zunächst nicht halbieren, damit sie heiß bleiben.

4 Mit zwei Esslöffeln aus der Mascarpone-Creme acht gleichgroße Klößchen (Quenelles) formen. Zwei Klößchen auf ein Zimtplätzchen setzen und ein weiteres Plätzchen darauflegen. Mit den restlichen Plätzchen ebenso verfahren.

5 Die Feigen der Länge nach halbieren und jeweils drei Feigenhälften auf eine Plätzchenschnitte legen. Die Mascarpone-Feigen-Schnitten auf kleine Teller setzen und darüber sowie rundum etwas Karamell aus der Pfanne träufeln. Mit Rosmarin dekorieren und sofort servieren.

Mascarpone

Mascarpone, der gehaltvolle Doppel- oder Dreifachrahmkäse aus Kuhmilch, stammt aus der Lombardei in Norditalien. Seine Konsistenz erinnert an cremige saure Sahne oder sogar ungekühlte Butter.

Meist wird der Frischkäse ohne weitere Aromen angeboten. In der italienischen Region Friaul stellt Mascarpone mit Sardellen, Senf und Gewürzen eine besondere Spezialität dar, häufiger bekommt man ihn aber gesüßt mit Früchten. Dank seines feinen Aromas passt Mascarpone zu vielen Geschmacksrichtungen, doch ebenso gut schmeckt er ohne weitere Zutaten oder einfach mit Früchten.

Gebackene Käsekuchen

Käsekuchen sollte eine leicht trockene Konsistenz haben und nicht zu feucht oder schwer sein. Klassische Zutaten für einen gehaltvollen Käsekuchen sind pochierte oder gedünstete Früchte und eine großzügige Portion saure Sahne.

***Gebackenen Käsekuchen** mit Puderzucker bestäuben und mit frischen Früchten sowie etwas Fruchtpüree, etwa Himbeer-Coulis (S. 113), servieren.*

Gebackener Käsekuchen

Sandteig (S. 122) aus
200 g Mehl, 130 g Butter,
80 g Zucker und 1 Eigelb

Für die Füllung
4 Eier, getrennt
100 g Zucker
250 g Doppelrahmkäse
250 g Speisequark
Abgeriebene Schale von 1
unbehandelten Zitrone
60 g Mehl, gesiebt
4 EL saure Sahne
Puderzucker zum Bestäuben

Sandteig zubereiten und den Boden einer gefetteten Springform (25 cm Durchmesser) damit auslegen. Mehrmals mit einer Gabel einstechen, für 30 Minuten kalt stellen. Im vorgeheizten Ofen 10 Minuten bei 170 °C (Umluft 150 °C) blindbacken.

Eigelb und Zucker schaumig schlagen. Nach und nach Doppelrahmkäse, Speisequark und Zitronenschale unterschlagen. Mehl und saure Sahne unterziehen.

Eiweiß steif schlagen und unterheben. Die Füllung auf dem Teigboden verteilen und bei 160 °C (Umluft 140 °C) in 1 ½ Stunden goldgelb backen. In der Form auskühlen lassen, für einige Stunden kalt stellen. Mit Puderzucker bestäuben.

Käsekuchen zubereiten

Ein einfacher Käsekuchen ist eine echte Gaumenfreude, doch wer zusätzliches Aroma schätzt, kann vor dem Eischnee 75 g fein gehackte Zitrusschale und 100 g Sultaninen untermischen.

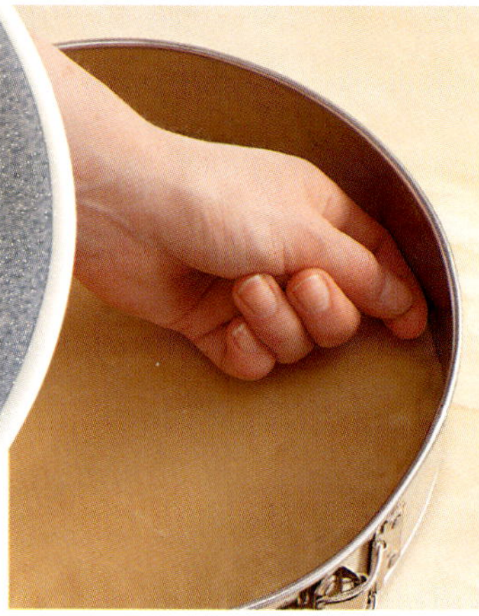

1 Eine Springform einfetten. Den Boden mit Sandteig auslegen, am Rand gut festdrücken. Mit einer Gabel mehrmals einstechen, kalt stellen. Den Boden blindbacken.

2 Die Füllung zubereiten. Den Eischnee erst ganz zum Schluss unterheben. Die Käsefüllung sollte eine weiche und lockere Konsistenz haben.

3 Die Füllung gleichmäßig auf dem Teigboden verteilen. Die Füllung geht beim Backen auf, wird goldgelb und fest und in der Mitte leicht elastisch.

4 Den Kuchen aus dem Backofen nehmen und auf einem Kuchengitter in der Form auskühlen lassen. Beim Auskühlen sinkt diese Art von Käsekuchen wieder leicht ein.

EINZELNE KLEINE KÄSEKUCHEN

Nach dem Grundrezept für Käsekuchen kann man auch einzelne kleine Küchlein in Pasteten- oder Muffinförmchen backen. Ersatzweise eignen sich kleine Metallringe, die man auf ein Backblech setzt. Für 12 Muffinförmchen benötigt man 1 Portion Sandteig (S. 78) zum Auskleiden der Förmchen und die Hälfte der angegebenen Füllung (S. 78).

1 Die Muffinförmchen gut einfetten und mit Sandteig auskleiden, so dass auch die Ränder bedeckt sind. Etwa 10 Minuten bei 160 °C (Umluft 140 °C) vorbacken.

2 Die Förmchen zu zwei Dritteln mit Käsemischung füllen. Etwas schwarze Johannisbeermarmelade darauf geben. Bei 160 °C (Umluft 140 °C) 25–30 Minuten backen.

VARIANTEN

- Sandteig dünn ausrollen und die Förmchen damit auskleiden, so dass der Teig übersteht. Die Füllung hineingeben und den überstehenden Teig zu geschlossenen Küchlein darüber klappen.
- In den Formen eine dünne Schicht Biskuit (S. 118) vorbacken.
- Eine dünne Schicht Hefeteig (S. 147) in den Formen vorbacken.

MANDEL-RICOTTA-KÄSEKUCHEN

Sandteig (S. 122) aus 225 g Mehl, 100 g gemahlenen Mandeln, etwas Bittermandelöl, 130 g Butter, 80 g Zucker und 1 Eigelb

Für die Füllung

4 Eier, getrennt
100 g Zucker
500 g Ricotta
Frisch gepresster Saft und abgeriebene Schale von 1 unbehandelten Zitrone
1 TL natürliche Vanille-Essenz
60 g Mehl, gesiebt
100 g gemahlene Mandeln
150 g gemischte kandierte Früchte
Mandelblättchen und Puderzucker zum Dekorieren

Zum Sandteig 100 g gemahlene Mandeln mit dem Mehl und einige Tropfen Bittermandelöl mit dem Eigelb hinzufügen. Eine Springform (25 cm) einfetten und mit dem Teig auslegen.

Für die Füllung Eigelb und Zucker schaumig schlagen. Ricotta, Zitronensaft und -schale sowie Vanille-Essenz nach und nach unterschlagen. Das Mehl untermischen. Mandeln und kandierte Früchte hinzufügen. Das Eiweiß steif schlagen und unterheben. Die Mischung in die Form füllen, mit Mandelblättchen bestreuen und bei 170 °C (Umluft 150 °C) in 1 1/4 Stunden goldgelb backen. Auskühlen lassen, kalt stellen. Mit Puderzucker bestäuben.

Käsesahne-Kuchen

Gehaltvolle Käsekuchen, die nicht gebacken, sondern durch Gelatine fest werden, gehören zu den moderneren Varianten der Frischkäse-Desserts. Sehr beliebt ist ein Belag aus Früchten.

KRÜMELTEIG

Der Boden für Käsesahne-Kuchen wird gern aus zerkrümelten Plätzchen zubereitet. Dafür vermischt man die zerkrümelten Plätzchen mit zerlassener Butter, drückt die krümelige Masse auf dem Boden der Form fest und stellt sie kalt. Butterkekse sind hierfür besonders gut geeignet, denn sie sind nicht zu süß und haben eine krümelige Konsistenz. Man kann aber auch viele andere Plätzchen verwenden oder mit Butterkeksen kombinieren. Probieren Sie einmal Mandelmakronen oder Plätzchen mit Schokoladenüberzug.

1 Die Plätzchen in einen Plastikbeutel geben und mit dem Nudelholz zerkrümeln. Als Alternative die Plätzchen in der Küchenmaschine zerkleinern.

2 Die Butter in einem Topf zerlassen und die zerkrümelten Plätzchen einrühren. Die Mischung in eine Form geben, festdrücken und glattstreichen. Kalt stellen.

KÄSESAHNE-KUCHEN ZUBEREITEN

Dieser Kuchen lässt sich wunderbar mit verschiedenen Früchten belegen. Zerkleinerte frische Früchte kann man auch gleich zu der cremigen Käsemischung geben.

1 Wasser und Zucker kochen, bis sich kleine Ballen bilden. In dünnem Strahl zum Eigelb gießen, dabei schlagen, bis die Mischung abkühlt.

2 Doppelrahmkäse, Zitronenschale und -saft vermischen. Aufgelöste Gelatine einrühren. Mit der Eigelbmischung cremig rühren.

3 Die geschlagene Sahne unterheben. Die Käsemasse auf dem Teig verteilen. Für einige Stunden kalt stellen, bis der Kuchen fest ist.

Zitronen-Käse-sahne-Kuchen

250 g Butterkekse
125 g Butter
160 g Zucker
125 ml Wasser
6 Eigelb
15 g gemahlene Gelatine
500 g Doppelrahmkäse
Abgeriebene Schale und frisch gepresster Saft von 1 unbehandelten Zitrone
400 ml süße Sahne

Aus Plätzchen und Butter einen Krümelteig zubereiten (siehe links). Die Mischung in eine Springform (25 cm) geben, festdrücken und kalt stellen.

Aus dem Zucker und 80 ml Wasser einen Sirup kochen, bis sich kleine Ballen bilden (S. 108). In einer hitzebeständigen Schüssel das Eigelb verschlagen. Unter ständigem Schlagen den Sirup in dünnem Strahl dazugießen, bis eine helle, cremige Mischung entstanden ist. Weiter schlagen, bis die Mischung abgekühlt ist.

Die Gelatine im restlichen Wasser auflösen. Doppelrahmkäse, Zitronenschale und –saft vermischen und die aufgelöste Gelatine unterrühren. Die Käsemasse nach und nach unter die Eigelbmischung rühren.

Die Sahne steif schlagen, bis sich weiche Spitzen bilden, und unter die Käsemasse heben. Auf dem Krümelboden in der Springform verteilen, die Oberfläche glattstreichen. Für einige Stunden kalt stellen, bis der Kuchen fest ist.

BELAG AUS FRISCHEN FRÜCHTEN

Pfirsiche, Beeren und exotische Früchte sind ein idealer Belag für Käsesahne-Kuchen mit Zitronenaroma. Zum Belegen gleich große Fruchtstücke oder Früchte verwenden.

1 Am Kuchenrand beginnen. Dünne Pfirsichspalten einander überlappend kreisförmig auf den Kuchen legen, bis er fast ganz bedeckt ist.

2 Die Pfirsiche zur Mitte hin immer dichter legen. Abschließend den Fruchtbelag mit Aprikosen- oder roter Johannisbeerglasur bestreichen.

BELAG AUS POCHIERTEN FRÜCHTEN

Verschiedene Früchte werden in leichtem Sirup pochiert und nach dem Abkühlen auf dem Kuchen verteilt. Den Sirup dickt man zum Beträufeln mit Pfeilwurzelstärke ein.

1 Geschlagene Sahne rundum am Kuchenrand dekorativ aufspritzen, damit der Sirup nicht herunterläuft.

2 Die kalten Früchte auf dem Kuchen verteilen und den abgekühlten, noch nicht festen Sirup darüber träufeln.

KÄSESAHNE-KUCHEN AROMATISIEREN

FRUCHTPÜREE

Statt der Eigelbmischung kann man für den Kuchen auch Fruchtpüree verwenden. 160 g Zucker mit Doppelrahmkäse und Zitronensaft vermischen. Zitronenschale weglassen. Vor Zugabe der Gelatine nach und nach 300 ml Fruchtpüree (etwa aus Aprikosen, Erdbeeren oder Himbeeren) unterschlagen. Zuletzt geschlagene Sahne unterheben.

LIMETTE ODER ORANGE

Statt der Zitrone eignet sich auch eine unbehandelte Limette oder Orange.

Tiefrote Kirschen sorgen für einen schönen Kontrast zum cremefarbenen ***Käsesahne-Kuchen.***

EINZELNE KÄSESAHNE-KÜCHLEIN

Zu unserem Käsesahne-Kuchen (S. 80) passt auch ein leichter Biskuitboden wie etwa für Biskuitrollen (S.118/119). Für einzelne gekühlte Küchlein schneidet man das Biskuit für kleine Formen, etwa Metallringe, zurecht.

1 Metallringe (7,5 cm Durchmesser) mit Mandelöl bestreichen. Aus dem Biskuitboden runde Teigböden ausstechen, in den Ringen belassen und auf eine Platte setzen.

2 Biskuitböden mit etwas Kirschwasser oder anderem Obstbranntwein beträufeln.

3 Frische Früchte, etwa halbierte Erdbeeren, auf dem Biskuit verteilen.

4 Zitronen-Käsesahne-Masse auf die Früchte geben, so dass diese vollständig bedeckt sind. Kalt stellen. Die Küchlein mit einem dünnen Messer von den Metallringen lösen und die Ringe abziehen. Mit einem Palettmesser auf Teller setzen.

Zum Dekorieren: Etwas Schlagsahne aufspritzen. Erdbeeren vierteln, mit warmem Johannisbeergelee glasieren und mit Orangenschalenstreifen schmücken.

CRÊPES, EIERKUCHEN & BEIGNETS

CRÊPES & PFANNKUCHEN
▪
WAFFELN
▪
KUCHEN AUS GEBACKENEM EIERTEIG
▪
BEIGNETS
▪
OMELETTS

Crêpes & Pfannkuchen

Damit Crêpes und Pfannkuchen gut gelingen, benötigt man zweierlei: einen Eierteig von perfekter Konsistenz und die richtige Temperatur zum Ausbacken.

„HAUCHDÜNNE" CRÊPES ZUBEREITEN

Für die feinen französischen Crêpes ist ein dünnflüssiger Teig unerlässlich. Die Pfanne muss so heiß sein, dass der Teig schnell stockt, jedoch auch nicht zu heiß, da die Crêpes sonst zu früh braun werden. Es ist nicht einfach, die ideale Temperatur schon für die erste Crêpe zu erreichen, die meist braun wird, ehe man sie wenden kann.

1 Etwas geklärte Butter oder Öl in einer Pfanne erhitzen. Überschüssiges Fett abgießen. Die Pfanne schräg halten und ein wenig Teig hineingießen.

2 Die Pfanne beim Eingießen schwenken, damit der Teig verläuft und sich eine gleichmäßige, dünne Schicht bildet.

3 Ist die Unterseite goldgelb gebacken, die Crêpe mit einem Palettmesser lösen und vorsichtig wenden. Falls nötig, die Pfanne leicht schwenken.

4 Crêpe von der zweiten Seite goldgelb backen und auf Backpapier gleiten lassen. Fertige Crêpes mit Backpapier getrennt stapeln.

Crêpe-Teig

100 g Mehl
½ TL Salz
3 Eier
1 Eigelb
175 ml Milch
75 ml Wasser
25 g geklärte Butter, zerlassen, oder 1 EL Öl

Den Crêpe-Teig nach der Grundtechnik für Eierteige auf S. 125 herstellen. Die zerlassene Butter zum Schluss hinzufügen. Den Teig zugedeckt für 30 Minuten kalt stellen. (Wird der Teig sofort gebacken, geht er meist auf oder wirft Blasen.) Ist der gekühlte Teig zu dickflüssig, etwas Milch hinzufügen.

Serviervorschläge für Crêpes & Pfannkuchen

Für die feinen Crêpes sollte man zarte Füllungen auswählen, für die dickeren Pfannkuchen etwas kräftigere. Hier einige Vorschläge:

- Zitronensaft zum Beträufeln und Zucker zum Bestreuen.
- Fruchtkompott oder -sauce.
- Gegrilltes Obst.
- Pochierte oder pürierte Früchte.
- Crème pâtissière (Konditorcreme, S. 116), mit oder ohne Fruchtaroma.
- Geschmolzene Schokolade und fein gehackte geröstete Haselnüsse.
- Ahornsirup.
- Erhitzter, eingedickter Sirup von Kompott.
- Crème anglaise (S. 116).
- Kalter Ingwersirup (aus einem Glas mit Ingwer in Sirup).
- Heiße Schokoladensauce (S. 115).

Crêpes falten oder rollen

Crêpes werden in der Regel zu Dreiecken gefaltet. Dafür klappt man sie in der Mitte zusammen und faltet sie dann nochmals in der Mitte. Bei dieser Methode bleibt die Füllung sichtbar. Um diese ganz einzuschließen, kann man die Crêpes aufrollen oder zu Pannequets falten.

PANNEQUETS
Für Quadrate oder Pannequets zwei gegenüberliegende Seiten über die Füllung klappen, so dass sie sich in der Mitte berühren. Die restlichen Seiten zur Mitte falten, bis sie sich überlappen.

CRÊPES AUFROLLEN
Für aufgerollte Crêpes zwei gegenüberliegende Seiten nicht ganz bis zur Mitte falten. An einer Schmalseite beginnend die Crêpes vorsichtig aufrollen. Darauf achten, dass die Füllung nicht austritt.

Dreiecke

Quadrate

Rollen

Crêpes mit Obst füllen

Weiche Früchte wie Erdbeeren sollte man vor dem Füllen mit Puderzucker bestreuen. Probieren Sie gegrilltes oder pochiertes Obst (S. 14 und 16) — etwa gegrillte Bananenscheiben oder sautierte Ananasstücke. Ideal eignen sich pochierte und pürierte Früchte (S. 113). Gefüllte Crêpes in einer feuerfesten Form mit Puderzucker bestäuben und vor dem Servieren kurz im Ofen erhitzen.

GEGARTE FRÜCHTE
Die Füllung, hier Kirschkompott (S. 15), je auf ein Viertel der Crêpes geben. Crêpes vorsichtig zu Dreiecken falten.

GANZE FRÜCHTE ODER FRUCHTSTÜCKE
Mit einem Löffel die zu Dreiecken gefalteten Crêpes kurz vor dem Servieren mit den Früchten füllen. Auf diese Weise kann der Fruchtsaft die Crêpes nicht aufweichen.

Crêpe-Pfannen

Pfannen für Crêpes, Pfannkuchen oder Blini (S. 87) haben einen niedrigen, schrägen Rand, der das Wenden erleichtert. Sie sind aus schwerem Gusseisen, das sich gleichmäßig erhitzt. Die Pfannen dürfen nicht gewaschen werden. Stattdessen gießt man anfänglich etwas Öl hinein, reibt sie mit Salz ein, wischt sie aus, erhitzt sie mit etwas Öl und wischt sie abermals aus. Gereinigt werden sie mit Öl und Küchenpapier oder etwas Salz.

GESCHICHTETER CRÊPE-GÂTEAU

Mit Füllung übereinander geschichtete Crêpes ergeben einen herrlichen Crêpe-Gâteau. Die kompakte Füllung wird dünn auf die Crêpes gestrichen und trägt zur Stabilität bei. Damit die Crêpes nicht verrutschen, kann man sie auch in einem Metallring oder einer Springform übereinander schichten. (Die Crêpes müssen jedoch die richtige Größe für die Form haben.) Die Crêpes wie beschrieben ausbacken. Die letzte Crêpe heller backen und den Gâteau damit abschließen.

1 Die Crêpes mit einer kompakten Füllung, etwa Ricotta mit kandierten Früchten, dünn bestreichen. In eine Springform oder auf ein Backblech schichten.

2 Die letzte Crêpe heller backen und den Gâteau damit abschließen. Er sieht dadurch sehr luftig aus und die Dekoration kommt schön zur Geltung.

3 Ehe man den Gâteau kurz in den Backofen schiebt, die oberste Crêpe mit heißer Glasur bestreichen. Dafür eignet sich Zitronen-Amaretto-Glasur.

*Die Dekoration für einen **Crêpe-Gâteau** sollte mit der Füllung harmonieren. In unserem Beispiel werden Ricotta und kandierte Früchte mit gerösteten Mandelblättchen und Puderzucker kombiniert.*

SOUFFLÉ-CRÊPES

Soufflé und Crêpes passen wunderbar zusammen. Dieses Dessert sieht sehr beeindruckend aus. Die Crêpes werden im Voraus gebacken, die Soufflé-Füllung in letzter Minute zubereitet.

Jeweils 2–3 EL Soufflé-Füllung seitlich auf die Crêpes geben und diese etwa in der Mitte zusammenfalten. Die gefüllten Crêpes in eine flache, gefette Auflaufform setzen, leicht mit Puderzucker bestäuben. Bei 220 °C (Umluft 200 °C) im vorgeheizten Ofen etwa 5 Minuten backen, bis das Soufflé aufgegangen und fast fest ist. Die Soufflé-Crêpes sofort servieren.

FÜLLUNGEN FÜR CRÊPE-GÂTEAUX & SOUFFLÉ-CRÊPES

- Gesüßtes Fruchtpüree; mit Crème Chantilly oder Crème anglaise servieren.
- Gesüßtes Maronenpüree mit 2 EL Rum und geschlagener Crème double; mit Schokoladensauce servieren.
- Ricotta mit frischen zerkleinerten oder kandierten Früchten; mit Fruchtsauce oder aromatisiertem Sirup servieren.
- Soufflé-Crêpes mit Vanille-Soufflé (S. 60): Damit die Mischung nicht zu flüssig ist und von den Crêpes läuft, nur 300 ml Milch und 4 Eier hinzufügen. (Jedes aromatisierte Soufflé mit veränderten Mengen passt zu den Crêpes.) Dazu eine Fruchtsauce oder heißes Frucht-Kompott servieren.

Buttermilch-Pfannkuchen

225 g Mehl
1 TL Backpulver
1/2 TL Natron
25 g Zucker
2 Eier
Etwa 300 ml Buttermilch, ersatzweise Milch oder Sahne
50 g Butter, zerlassen

Das Mehl mit dem Backpulver und dem Natron in eine Schüssel sieben. Den Zucker untermischen. Eine Mulde in die Mitte drücken. Die Eier hineingeben und nach und nach mit der Buttermilch und der zerlassenen Butter unter das Mehl arbeiten, bis ein glatter, dickflüssiger Teig entsteht. Den Teig sofort verarbeiten (siehe rechts).

BUTTERMILCHPFANNKUCHEN ZUBEREITEN

Die kleinen, dicken Pfannkuchen, auch als „Scones aus der Pfanne" bekannt, reicht man traditionell mit Butter und Zucker zur Teestunde. Zum Frühstück oder als Dessert werden sie mit glasiertem pochierten, eher säuerlichem Obst serviert: Probieren Sie glasierte Apfelspalten mit Crème anglaise oder Crème Chantilly, bestreut mit gemahlenem Zimt.

1 Geklärte Butter auf eine heiße gusseiserne Pfanne streichen. Einen Dessertlöffel mit Teig hoch über die Pfanne halten. Senkrecht stellen, so dass der Teig in einem Kreis in die Pfanne läuft.

2 Den Pfannkuchen von einer Seite backen, bis sich Blasen bilden und der Teig gerade fest, aber noch leicht feucht ist. Pfannkuchen wenden und von der anderen Seite goldbraun backen.

3 Damit sie warm bleiben, bis der ganze Teig verbraucht ist, eine vorgewärmte Schüssel mit einem Küchentuch auslegen, die Pfannkuchen hineingeben und bedecken.

4 225 g Cranberrys in 4 EL Portwein weich garen. 175 g Zucker und 2 geschälte, gewürfelte Tafeläpfel unterrühren. Weitergaren, bis die Äpfel weich sind.

5 Die Pfannkuchen jeweils mit etwas Fruchtkompott aus Cranberries und Äpfeln belegen. Mit Zucker oder Puderzucker bestäuben und servieren.

Blini

125 g Mehl
15 g Backpulver
1 Ei
30 g Zucker
125 ml Milch
30 g weiche Butter

Mehl und Backpulver in eine Schüssel sieben, Ei und Zucker dazugeben. Alles vermischen und dabei nach und nach Milch und Butter hinzufügen. Etwas Öl in einer Pfanne erhitzen und mit einem Esslöffel etwas Teig hineinlaufen lassen. Ebenso wie die Buttermilchpfannkuchen backen. Mit Zucker oder Fruchtzubereitung servieren.

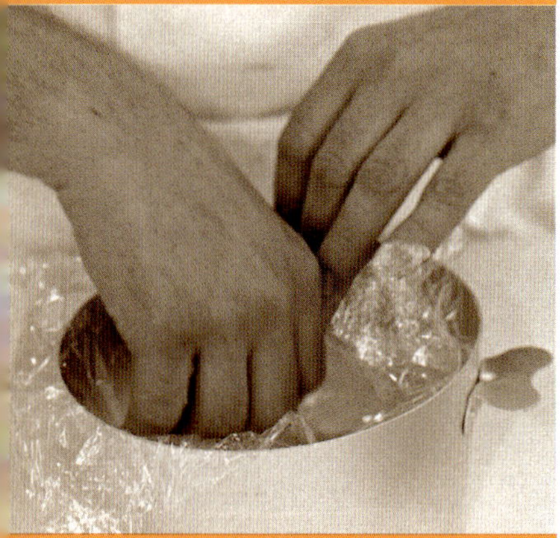

Orangen-Crêpe-Gâteau

Dieser eindrucksvolle Kuchen wird aus einzelnen Crêpes zusammengesetzt, die man in eine Form schichtet, mit feiner Cointreau-Orangencreme füllt und mit Aprikosenglasur bestreicht. Als krönender Abschluss wird der Gâteau mit Cointreau beträufelt und flambiert.

ARBEITSPLAN

- Den Crêpe-Teig im Voraus zubereiten und für bis zu 24 Stunden vor der Verwendung kalt stellen.
- Für die Creme die Schale von einer der Orangen verwenden und diese in Plastikfolie wickeln, damit sie nicht austrocknet.

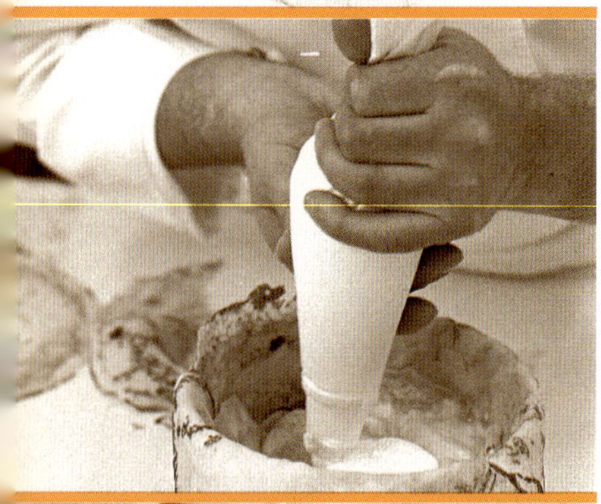

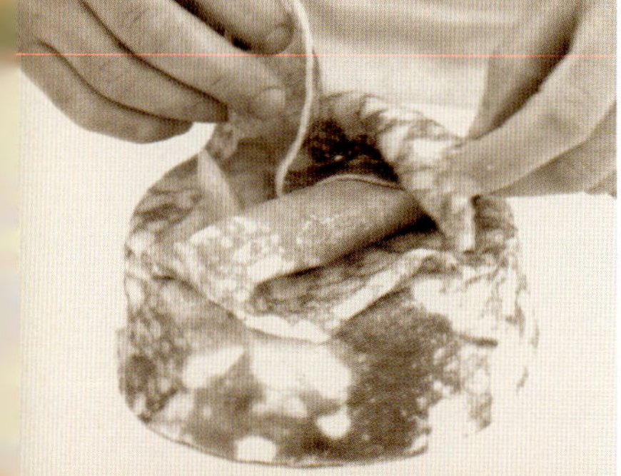

Für den Crêpe-Teig

100 g Mehl
4 Eier
1 Prise Salz
70 g Zucker
200 ml Milch
100 ml Crème double
30 g Butter, zerlassen
2 EL Bier

Für die Orangencreme

200 ml süße Sahne
20 g Puderzucker
Abgeriebene Schale von ½ unbehandelten Orange
1 EL Cointreau

Für die Aprikosenglasur

100 g Aprikosenmarmelade
50 ml Wasser

Zum Garnieren

4 unbehandelte Orangen
2 EL Cointreau

1 Für den Crêpe-Teig Mehl, Eier, Salz und Zucker vermischen. Nach und nach Milch und Crème double und zuletzt die zerlassene Butter untermischen. Das Bier gründlich unterrühren. Beiseite stellen.

2 Die Sahne für die Orangencreme in eine gekühlte Schüssel gießen und den Puderzucker unterschlagen. Kurz bevor die Sahne feste Spitzen bildet, die Orangenschale und den Cointreau hinzufügen. Alles vermischen und kalt stellen.

3 Die Orangen schälen, die einzelnen Spalten trennen und diese aus den Häutchen lösen. Mit einem Küchentuch bedecken und beiseite stellen.

4 Die Crêpes in einer beschichteten Pfanne backen. Ist der Teig zu dickflüssig, vor dem Backen etwas Milch hinzufügen. Ein wenig Butter in der Pfanne zerlassen und 1–2 El Crêpe-Teig in die heiße Pfanne laufen lassen. Die Pfanne schwenken, damit sich der Teig gleichmäßig verteilt. 2–3 Minuten backen, bis der Rand der Crêpe sich leicht von der Pfanne löst und die Unterseite goldbraun ist. Die Crêpe wenden und weitere 2–3 Minuten backen, bis sie von beiden Seiten goldbraun ist. Mit dem restlichen Teig ebenso verfahren und mindestens 12–14 Crêpes herstellen. Während die Form vorbereitet wird, die Crêpes im Backofen warm halten.

5 Einige Orangenspalten und 3–4 Crêpes zum Dekorieren beiseite stellen. Eine Charlottenform (12 cm Durchmesser) mit Plastikfolie auskleiden, so dass diese reichlich überhängt, um den Gâteau abzudecken. Die Form mit zwei Crêpes auskleiden und die Ränder ebenfalls überhängen lassen.

6 Die Orangencreme in einen Spritzbeutel füllen und eine Schicht Creme in die Form spritzen. 3–4 Orangenspalten in die Creme drücken, mit einer Crêpe bedecken und ihren Rand in die Form schlagen. Auf diese Weise Crêpes und Creme in die Form schichten, bis sie gefüllt ist. Mit einer Schicht Creme enden und die Ränder der ersten zwei Crêpes darüber klappen. Die Plastikfolie darüber falten und den Gâteau für 2–3 Stunden kalt stellen.

7 Kurz vor dem Servieren die Aprikosenglasur zubereiten. Dafür die Aprikosenmarmelade in einem Topf leicht erhitzen, bis sie flüssig wird. Das Wasser dazugießen und die Mischung unter ständigem Rühren zum Kochen bringen. Vom Herd nehmen und leicht abkühlen lassen. In der Zwischenzeit den Gâteau aus der Form nehmen und die Plastikfolie entfernen. Die Aprikosenglasur durch ein Sieb abgießen und die Hälfte davon über den Crêpe-Gâteau träufeln. Die beiseite gestellten Crêpes nacheinander in die Glasur tauchen oder damit bestreichen, dekorativ falten und auf den Gâteau setzen. Die zurückbehaltenen Orangenspalten in die gefalteten Crêpes stecken. Den Gâteau am Tisch mit Cointreau beträufeln und flambieren.

PFANNKUCHEN MIT FRÜCHTEN

Pfannkuchen mit Früchten sollten leicht aufgehen, außen knusprig und je nach verwendeter Frucht angenehm saftig oder säuerlich sein. Eischnee macht den Teig locker. Die Früchte werden untergehoben. Man bereitet sie je nach Sorte vor und entfernt harte Schalen, Kerngehäuse und Steine. Verwendet werden 225 g Früchte, wie Äpfel, Pflaumen, Ananas, Kirschen oder Heidelbeeren, 75 g Mehl, 2 El Zucker, 100 ml süße Sahne und 1 Ei, getrennt. Die Pfannkuchen werden mit Zucker und Zimt oder mit Puderzucker bestreut und sofort serviert.

1 Das Mehl in eine Schüssel sieben, den Zucker hinzufügen und untermischen. Mit Sahne und Eigelb zu einem dickflüssigen Teig verarbeiten. Das steif geschlagene Eiweiß zu diesem Zeitpunkt nur leicht unterheben.

2 Die vorbereiteten Früchte unterheben und darauf achten, dass sie gleichmäßig verteilt sind. So wird auch der Eischnee richtig untergearbeitet.

3 Geklärte Butter in einer Pfanne erhitzen und je einen Dessertlöffel Teig in die heiße Pfanne laufen lassen. Die Früchte mit dem Löffel gleichmäßig verteilen, ehe der Teig fest wird.

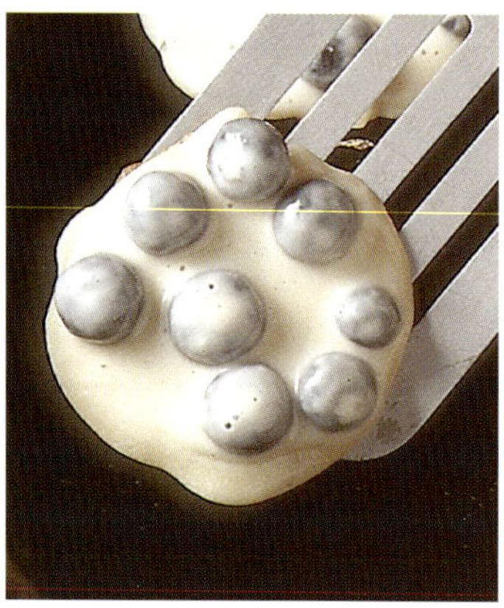

4 Die Hitze je nach Frucht variieren. Feste Früchte brauchen genügend Zeit zum Garen, bevor der Teig fest und auf der Unterseite gebräunt ist. Weiche Früchte wie Heidelbeeren gart man schnell. Pfannkuchen vorsichtig wenden.

FRÜCHTE FÜR PFANNKUCHEN

ZITRUSFRÜCHTE

Zitrusfrüchte passen gut zu diesem Teig. Früchte schälen, die Spalten von Häutchen und Kernen befreien und in kleine Stücke schneiden. Man kann Zitronen mit Limetten oder Orangen kombinieren. Pfannkuchen mit Tangerinen schmecken zur Winterszeit besonders gut. Für mehr Säure etwas Zitronensaft an den Teig geben.

TROCKENOBST

Trockenobst in kleine Stücke schneiden. Für zusätzliches Aroma vor dem Backen in Alkohol einweichen. Probieren Sie Rosinen und Sultaninen, Aprikosen und Äpfel sowie Mangos und Papaya.

FRISCHE FRÜCHTE

Große Früchte werden in kleine Stücke geschnitten, damit man sie gleichmäßig im Teig verteilen kann. Äpfel und Pflaumen schneidet man zum Beispiel in dünne Scheiben, Ananas in kleine Stücke, Kirschen werden halbiert. Kleine Beeren – Heidelbeeren und Himbeeren – kann man ganz verwenden.

Waffeln

Ähnlich wie Pfannkuchenteig geht auch der Teig für Waffeln mit Hilfe von Backpulver oder durch Zugabe von Eischnee auf. Das Resultat sind wunderbar knusprige, lockere Waffeln.

Waffelteig

175 g Mehl
2 TL Backpulver
1/2 TL Salz
2 TL Zucker
2 Eier, getrennt
225 ml Milch
100 g Butter, zerlassen

Das Mehl mit dem Backpulver in eine Schüssel sieben, Salz und Zucker untermischen. In einer weiteren Schüssel Eigelb, Milch und Butter verschlagen. Zu den trockenen Zutaten gießen und alles gut vermischen. Das Eiweiß steif schlagen und unterheben. Der Waffelteig sollte glatt und dickflüssig sein.

Waffeln zubereiten

In Skandinavien verfeinert man Waffelteig oft mit saurer Sahne und serviert die Waffeln mit Beeren und zusätzlicher saurer Sahne. Amerikaner essen Waffeln mit Sirup zum Frühstück. Zum Aromatisieren des Teigs eignen sich auch gemahlener Kardamom oder Zimt.

1 Das Waffeleisen auf der Unterseite zu zwei Dritteln mit Teig füllen, den Teig mit einem Löffel verteilen. Das Eisen schließen und erhitzen. Wird das Waffeleisen auf dem Herd erhitzt, wenden Sie es nach zwei Minuten.

2 Das Waffeleisen vorsichtig öffnen und die Waffel, falls nötig, mit einem Plastiklöffel lösen. (Das beschichtete Eisen darf nicht mit einem Messer oder Metallgegenstand zerkratzt werden.) Die Waffel auf einen Teller geben.

„Heiß-kalte" Kombination: Servieren Sie heiße ***Waffeln*** *mit Vanille-Eiscreme, gehackten Nüssen und Schokoladensauce. Sehr gut passen auch glasierte, mit Rum flambierte Tangerinen mit geschlagener Sahne und kandierter Zitrusschale. Oder versuchen Sie delikates Erdbeerkompott mit saurer Sahne und etwas Minze.*

Waffeleisen

Die Küchengeräte mit den beidseitigen wabenartigen Vertiefungen verleihen Waffeln das typische Wabenmuster. Tradtionelle gusseiserne Waffeleisen erhitzt man auf dem Ofen oder Herd und wendet sie nach der Hälfte der Backzeit. Inzwischen werden fast nur noch elektrische Waffeleisen benutzt, die aus zwei antihaftbeschichteten Hälften mit Heizelementen bestehen. Sobald das Eisen geschlossen ist, wird der Teig gleichmäßig gebacken. Bei der Reinigung die Angaben des Hersteller beachten.

Kuchen aus gebackenem Eierteig

Große oder kleine Kuchen aus gebackenem Eierteig mit farbenfrohen Früchten lassen sich leicht und schnell zubereiten. In den angelsächsischen Ländern sind sie als Puddings bekannt, und in Frankreich gilt der Clafoutis, ein Kirschkuchen oder -auflauf, als Spezialität.

KLEINE KUCHEN AUS EIERTEIG

Wer einzelne Portionen zubereitet, sollte bedenken, dass der Eierteig in kleinen Förmchen schneller bäckt. Feste Früchte, etwa Birnen, werden darum zuvor pochiert. Für ein leicht säuerliches Aroma gibt man an den Sirup (S. 108) zum Pochieren fein geschnittene Schale und Saft von 1 unbehandelten Orange. Den Teig über die Früchte in die Förmchen gießen und bei 180 °C (Umluft 160 °C) 30 Minuten backen. Bei der Wahl der Früchte kann man ruhig kreativ sein.

1 Birnen pochieren, bis sie gerade weich sind (mit einem Messer prüfen) und abtropfen lassen.

2 Birnen bis kurz unter den Stielansatz in Scheiben schneiden. Jeweils 1 Birne in ein feuerfestes Förmchen geben und auffächern. Teig darüber gießen und backen.

CLAFOUTIS ZUBEREITEN

Clafoutis, das klassische französische Eierteig-Dessert, schmeckt warm am besten, da sich das Aroma der Kirschen dann voll entfalten kann. Statt der traditionellen Kirschen eignen sich auch andere Früchte.

1 Teig über die Kirschen in eine gefettete feuerfeste Form gießen.

2 Das gebackene Dessert noch heiß mit Zucker bestreuen.

Clafoutis

125 g Mehl
1 Prise Salz
2 Eier
25 g Zucker
300 ml Milch
½ TL natürliche Vanille-Essenz
500 g Kirschen, entsteint

Den Eierteig wie auf S. 125 beschrieben zubereiten und die Vanille-Essenz einrühren. Die Kirschen in eine gefettete feuerfeste Form geben und den Teig darüber gießen. Vorsichtig arbeiten, damit die Kirschen gleichmäßig verteilt sind. Bei 180 °C (Umluft 160 °C) 1–1 ½ Stunden backen, bis der Teig aufgegangen, fest und goldbraun ist. Den noch heißen Kuchen mit Zucker bestreuen. Vor dem Servieren leicht abkühlen lassen.

KLEINE KUCHEN DEKORATIV ANRICHTEN

Feine Eiercremes oder säuerliche Fruchtsaucen und Sirups harmonieren bestens mit Küchlein aus Eierteig und sind sehr dekorativ. Eiscreme sorgt für einen „heiß-kalten“ Kontrast. Hier werden knusprige Apfelküchlein in Muffinformen gebacken.

1 1 Apfel schälen, vom Kerngehäuse befreien, vierteln und in Scheiben schneiden. Mit Zitronensaft beträufeln, damit die Scheiben sich nicht verfärben.

2 Apfelstücke in gefetteten Muffinformen verteilen, den Clafoutis-Teig (S. 92) darüber gießen. Bei 180 °C (Umluft 160 °C) 20–25 Minuten backen.

3 In der Zwischenzeit einen ungeschälten Apfel in Scheiben schneiden und in Karamell (S. 109) tauchen. Auf Backpapier fest werden lassen.

***Apfelküchlein** bestreut man mit Puderzucker und serviert dazu in Karamell getauchte Apfelscheiben. **Aprikosenküchlein** werden in Gratinpfännchen gebacken und mit Eiercreme und Aprikosen-Coulis (S. 113) serviert.*

GEEIGNETE FRÜCHTE

- Äpfel: schälen, vom Kerngehäuse befreien und halbieren, vierteln oder in Scheiben schneiden.
- Frische Aprikosen: halbieren und entsteinen.
- Backpflaumen: entsteinen, in Weinbrand einweichen und abgießen.
- Stachelbeeren ganz oder geschält verwenden.
- Rhabarber: zarte Stengel in kurze Stücke schneiden.
- Pflaumen: halbieren und entsteinen.

Beignets

Je nach Zutaten und Zubereitungsart
erhält man eine abwechslungsreiche Auswahl verführerischer Beignets oder Krapfen.
Hefeteig-Beignets haben eine ganz besonders lockere, zarte Konsistenz.

BEIGNETS ZUBEREITEN

Aus 300 g Mehl, 2 EL Kartoffelmehl, 1 Prise Salz, 250 ml Exportbier und 2 Eiern einen dünnflüssigen Teig (S. 125) zubereiten. 1 EL Öl unterrühren. Mit einer Küchengabel jeweils ein vorbereitetes Fruchtstück in den Teig tauchen. Überschüssigen Teig abtropfen lassen. Speiseöl in einem Topf auf 190 °C erhitzen und die Beignets darin ausbacken. Abtropfen lassen und in Zucker wälzen.

1 Früchte vorbereiten und in Stücke schneiden. Auf Küchpapier abtropfen lassen. In den Teig tauchen.

2 Beignets 2–3 Minuten goldgelb und knusprig frittieren. Auf Küchenpapier gut abtropfen lassen.

3 Die noch heißen Beignets gleichmäßig in Zucker wälzen und sofort servieren.

Eine Auswahl verschiedener ***Beignets*** *mit Aprikosen-Coulis (S. 113) ergeben ein delikates Dessert.*

BEIGNETS MIT KARAMELL-SESAM-KRUSTE

Karamell herstellen (S. 109). Die Früchte (traditionell Äpfel und Bananen) schälen und in Stücke schneiden. Fruchtstücke in den Teig tauchen und frittieren. Abtropfen lassen. Den Karamell in Eiswasser stellen, damit er nicht mehr kocht. Beignets in den Karamell tauchen, abtropfen lassen, mit Sesamsamen bestreuen und sofort servieren.

GEFÜLLTE BEIGNETS

Getrocknete Pflaumen oder Aprikosen, in Weinbrand eingeweicht, eignen sich besonders gut. Gemahlene Mandeln, Puderzucker, einige Tropfen Rosenwasser und Sherry zu einer Paste verarbeiten. Kleine Kugeln formen und in die Früchte stecken. Diese in gemahlenen Mandeln wälzen, in den Teig tauchen und frittieren. Sofort servieren.

BEIGNETS AUS HEFETEIG

Lockere Beignets aus Hefeteig sind außen wunderbar knusprig und goldgelb. Herrlich süßer Honigsirup rundet das Dessert ab. Die Griechen nennen ihre Version Loukoumanthes, die türkische Variante heißt Lokma, und die Italiener aromatisieren ihre Beignets mit Vanille, Zitrone und kandierten Früchten. Der Teig wird traditionell mit der Handfläche geschlagen.

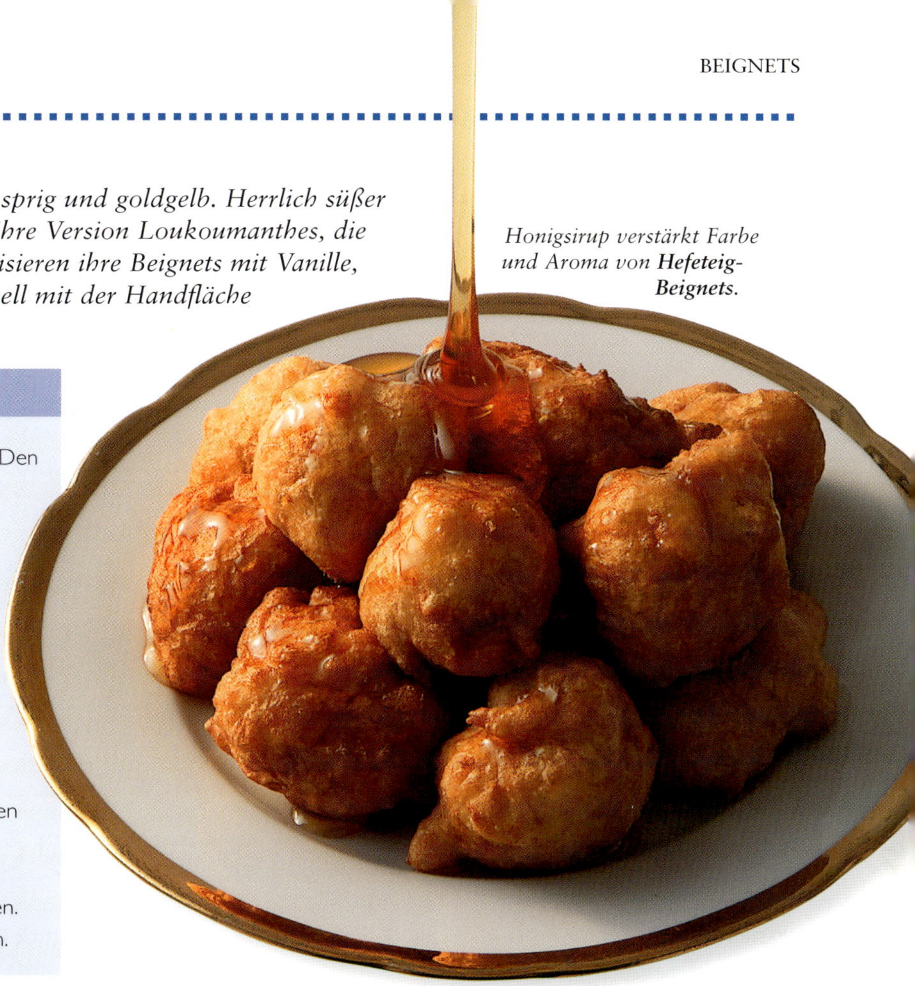

Honigsirup verstärkt Farbe und Aroma von ***Hefeteig-Beignets.***

HEFETEIG FÜR BEIGNETS

175 g hartes Mehl
1 EL Zucker
1/2 TL Salz
1 EL Instant-Trockenhefe
100 ml Wasser
100 ml Milch
1/2 TL natürliche Vanille-Essenz

Mehl, Zucker, Salz und Hefe in einer Schüssel vermischen und eine Mulde in die Mitte drücken. Das Wasser hineingießen und die Mehlmischung vom Rand nach und nach unter das Wasser arbeiten. Dabei allmählich die Milch zugießen. Mit der Milch zuletzt auch die Vanille-Essenz hinzufügen. Den Teig schlagen, bis er glatt und elastisch ist. Mit Plastikfolie oder einem feuchten Küchentuch bedeckt gehen lassen, bis sich das Teigvolumen verdoppelt hat.

Honigsirup

100 g Zucker in 100 ml Wasser auflösen. 2 Minuten kochen lassen. Frisch gepressten Saft von 1/2 Zitrone und 175 g klaren Honig hinzufügen. Aufkochen und vom Herd nehmen. Die Beignets damit überziehen.

1 Den Teig kräftig schlagen, bis er glatt und elastisch ist. Er sollte langsam vom Löffel laufen. Zugedeckt an einem warmen Ort gehen lassen, bis sich das Teigvolumen verdoppelt hat.

HEFETEIG-BEIGNETS AROMATISIEREN

ZITRONENSCHALE
Die abgeriebene Schale von 1 unbehandelten Zitrone, 50 g fein gehacktes Zitronat und zusätzlich 1 EL Zucker vor dem Gehen unter den Teig mischen. Gebackene Beignets vor dem Servieren in Zucker wälzen.

KORINTHEN
50 g Korinthen und die abgeriebene Schale von 1 unbehandelten Zitrone vor dem Gehen unter den Teig mischen. Beignets in Zucker wälzen und mit Zitronenspalten servieren. Zitronensaft verstärkt die Aromen.

2 Das Öl zum Frittieren auf 190 °C erhitzen. Zwei Esslöffel in kaltes Wasser tauchen, überschüssiges Wasser abschütteln. Mit einem Löffel etwas Teig aufnehmen, mit dem anderen den Teig abstreifen und ins Öl gleiten lassen.

3 Die Beignets ausbacken, bis sie aufgegangen und außen knusprig und goldgelb sind. Auf Küchenpapier gut abtropfen lassen. Heiße Beignets sofort mit warmem Honigsirup überziehen und gleich servieren.

Omeletts

Ein Omelett mit süßer Füllung aus Früchten,
Frischkäse oder Marmelade ergibt ein großzügiges Dessert.
Damit das Omelett schön locker wird, muss es zügig gebacken werden.

OMELETT MIT SÜSSER FÜLLUNG ZUBEREITEN

Ehe man das Omelett bäckt, wird die Füllung zubereitet. Zum Backen geklärte Butter verwenden und die Pfanne gut erhitzen. Für 3 Eier, mit 1 EL Wasser verrührt, benötigt man eine Pfanne von 20 cm Durchmesser. Für 2 Eier reicht eine kleine Pfanne. Das gebackene Omelett sofort servieren.

1 Eier und Wasser verschlagen. In eine sehr heiße Pfanne mit schäumender Butter gießen, durch Schwenken verteilen.

2 Das Omelett bei starker Hitze backen. Dabei seitlich leicht anheben, damit noch flüssiges Ei an den heißen Pfannenboden gelangt.

3 Ist das Omelett fest, aber an der Oberfläche noch feucht, die Füllung darauf verteilen. Zusammenklappen und sofort servieren.

SOUFFLÉ-OMELETT

Ein Soufflé-Omelett wird aus getrennten Eiern zubereitet. Dafür hebt man Eischnee unter die Eigelbmischung. Unter dem heißen Grill stockt die Oberseite.

*Geeignete Füllungen für **Omeletts** sind Fruchtkompott, Fruchtpüree, Marmelade, frische Früchte, Frischkäse oder Honig.*

1 In einer Schüssel 2 Eigelb, 10 g Zucker, 1 EL Wasser und ½ TL natürliche Vanille-Essenz verschlagen. Das Eiweiß steif schlagen. Dann 1 EL vom Eischnee unter das Eigelb schlagen und den Rest unterheben.

2 Das Omelett in geklärter Butter bei mittlerer Hitze von der Unterseite goldbraun backen. Die Oberseite unter dem heißen Grill stocken und leicht bräunen lassen. Omelett füllen, zusammenklappen und sofort servieren.

GRUNDTECHNIKEN & GRUNDREZEPTE

KÜCHENGERÄTE
▪
FRÜCHTE & NÜSSE
▪
ZUCKERSIRUP
▪
SCHOKOLADE
▪
GLASUREN, PÜREES & COULIS
▪
EIERCREMES & FÜLLCREMES
▪
BISKUIT
▪
BLÄTTERTEIG, MÜRBETEIG, BRANDTEIG
▪
EIERTEIG
▪
PLÄTZCHEN
▪
GELEES & GELATINE

KÜCHENGERÄTE FÜR DIE DESSERTZUBEREITUNG

Es ist schwierig, aus der Vielzahl von Küchengeräten eine besondere Auswahl für die Herstellung von Desserts zu treffen, obwohl viele Geräte speziell für die Zubereitung von Nachspeisen und Früchten entwickelt wurden. Ausgefallene Küchengeräte werden in Verbindung mit den in Frage kommenden Rezepten in den einzelnen Kapiteln beschrieben, vor allem in den Kapiteln über Kuchen, Schokolade und Zucker. Die folgende Darstellung soll jedoch bereits beim Auswählen der Grundausstattung für die Dessertzubereitung helfen.

MESSGERÄTE

Zum Kochen benötigt man stets genaue Waagen und Messgeräte, etwa ein durchsichtiges Messgefäß mit deutlicher Skala für Flüssigkeiten. Ein solches Gefäß muss stets auf einer ebenen Fläche stehen, damit man die eingefüllte Menge genau ablesen kann. Weitere nützliche Geräte:

LINEAL AUS METALL Ein 30–45 cm langes Lineal sollten Sie zur ausschließlichen Verwendung in der Küche bereithalten. Für verschiedene Backwaren und Plätzchen ist es ein unerlässliches Messgerät und es eignet sich gut zur Herstellung von Schokoladendekorationen. Mit einem Lineal kann man außerdem Blechkuchen portionieren sowie in rechteckigen Formen zubereitete Desserts.

MESSLÖFFEL AUS METALL Für die meisten Zutaten eignen sich zwar auch Messlöffel aus Plastik, bei Sirup und Honig erweisen sich Metalllöffel jedoch als besonders nützlich. Damit klebrige Zutaten leicht vom Metalllöffel gleiten, diesen zuvor in kochendes Wasser halten und abtrocknen.

THERMOMETER Ein Zuckerthermometer ist beim Sirupkochen von Nutzen. Das Thermometer sollte einen Haken besitzen, mit dem man es am Topfrand befestigen kann, so dass es nicht den Topfboden berührt.

TORTENPORTIONIERER bestehen entweder aus konzentrischen Kreisen oder besitzen die Form eines Tortenhebers. Mit ihrer Hilfe kann man eine runde Torte gleichmäßig portionieren, Portionen auf dem Zuckerguss markieren, aber auch symmetrische Dekorationen anfertigen.

VIELSEITIGE GERÄTE

Wir haben aus dem großen Angebot von Küchengeräten eine kleine Auswahl getroffen. Es empfiehlt sich, hochwertige Geräte zu kaufen, die vielleicht etwas teuer erscheinen, mit denen man jedoch dauerhaft gute Ergebnisse erzielt.

APFELAUSSTECHER Die zylindrische Klinge mit Stiel und Griff ermöglicht, Kerngehäuse von Äpfeln sauber zu entfernen.

BACKPINSEL Eine gute Auswahl an Backpinseln ist unerlässlich. Verwenden Sie einen Pinsel ausschließlich zum Einfetten, andere zum Überziehen, etwa von Kuchen.

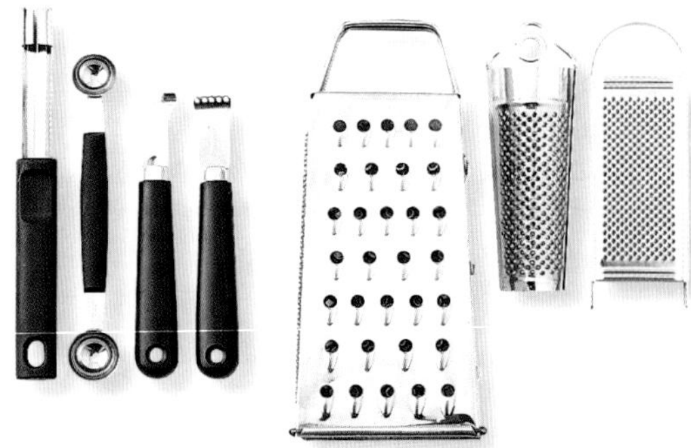

EISPORTIONIERER Es gibt zwei verschiedene Typen: Aus dem halbkugelförmigen Portionierer mit einem feinen, gefederten Blatt im Innern lässt sich die Eiscreme gut herauslösen. Hierdurch erhält man sehr gleichmäßige, halbkugelförmige Portionen. Mit einem flacheren, löffelförmigen Portionierer werden die Formen weicher. Mit etwas Übung lassen sich damit allerdings schöne runde Kugeln formen. Der Eisportionierer sollte sehr stabil sein, damit man ihn auch für festes Eis verwenden kann.

ENTSTEINER dienen zum Entsteinen von Kirschen oder Oliven. Die kirschgroße Halterung hat in der Mitte ein Loch, durch das beim Zusammendrücken der Griffe der Stein gedrückt wird.

HOLZLÖFFEL sind äußerst nützlich und nicht teuer. Dunkel gewordene oder beschädigte Löffel sollte man auf alle Fälle wegwerfen.

KUGELAUSSTECHER Mit diesem Gerät werden aus Melonen oder anderen Früchten sowie aus Sorbets oder Eiscremes Kugeln ausgestochen. Man bekommt sie in verschiedenen Größen.

MARMORPLATTE Die Anschaffung lohnt sich, wenn Sie häufig Schokoladenornamente oder Fondant herstellen. Eine große Arbeitsfläche eignet sich auch bestens zum Bearbeiten von Feingebäck.

MÖRSER UND STÖSSEL bekommt man in verschiedenen Größen zum Zerreiben von Kräutern und Gewürzen. Als Material sind Marmor, Porzellan und Stein am besten geeignet. (Holz kann verschiedene Aromen absorbieren, Metall einen metallischen Geschmack verleihen.)

MUSKATREIBE Eine kleine, feine Reibe, die bei manchen Modellen am oberen Ende ein Fach zur Aufbewahrung ganzer Muskatnüsse besitzt. Muskatmühlen (sie werden wie Pfeffermühlen mit Muskatnüssen gefüllt und auch ähnlich bedient) funktionieren oft nur mangelhaft.

NUDELHOLZ Das klassische Nudelholz besteht aus schwerem Holz. Rollen aus Marmor oder Stein sind kühler und erleichtern darum die Verarbeitung mancher Teige.

ROHKOSTREIBE Zu empfehlen ist eine kastenförmige Rohkostreibe oder -raspel, die fest auf einem Brett steht. Sie sollte unterschiedliche Reibflächen haben, um die Zutaten grob oder fein reiben zu können.

SCHAUMLÖFFEL erleichtern das Abseihen. Hat der Griff ein Loch, lässt sich der Löffel leicht aufhängen.

SCHNEEBESEN Der Schneebesen ist ein wichtiges Küchengerät. Er sollte stabil sein und einen dicken Griff haben, der gut in der Hand liegt. Ein kleiner Schneebesen ist ebenfalls nützlich.
SIEB Kaufen Sie am besten ein feines Sieb aus rostfreiem Edelstahl. Ein grobes Sieb eignet sich zum Passieren von Früchten und um Schalen und Kerne zurückzuhalten.
SPARSCHÄLER Der Schäler sollte bewegliche Messer besitzen, mit denen man Früchte dünn schälen kann.
STREUER Eine Dose, gewöhnlich aus Metall, mit gelochtem Deckel, um Mehl, Zucker, Kakaopulver oder Ähnliches zu streuen. Ersatzweise eignet sich auch ein Sieb.
TEIGSCHABER Mit einem flexiblen Kunststoff- oder Gummischaber können Sie verschiedenste Mischungen vom Schüsselrand entfernen.
ZESTEUR Die flache Klinge des Zesteurs weist am abgekanteten Ende eine Reihe kleiner Löcher auf. Man zieht den Zesteur über Zitrusfrüchte, um kurze, feine Streifen Zitrusschale zu erhalten.
ZITRONEN- ODER ORANGENPRESSE Ein Kegel mit Rillen, auf dem man halbierte Zitrusfrüchte auspresst. Am besten eignen sich Pressen mit kleinen Löchern, die die Kerne zurückhalten, und mit einem großen Behälter, um den Saft aufzufangen.

MESSER UND SCHNEIDEWERKZEUGE

Ein Sortiment guter, scharfer Messer gehört zur notwendigen Grundausstattung einer Küche. Zum Schneiden und Hacken benötigt man unbedingt ein großes und ein mittelgroßes Küchenmesser.

AUSSTECHFORMEN Es gibt eine Vielzahl unterschiedlichster Motive. Traditionelle Ausstechformen finden möglicherweise häufiger Verwendung als exotische Tier- und Blütenmotive, obwohl sich Letztere auch für interessante Kuchendekorationen eignen.
FILIER- ODER FILETIERMESSER (klein) Ein kleines Messer mit dünner, flexibler Klinge, mit dem man dekorative Muster in Früchte und Fruchtschalen schneiden, aber auch die Segmente von Zitrusfrüchten filetieren kann. Achten Sie beim Kauf auf gute Qualität.
GEMÜSEMESSER Zum Schneiden und Putzen von Früchten ist ein kleines, scharfes Küchenmesser unerlässlich. Das Messer sollte gut in der Hand liegen und stets leicht zu handhaben sein, wenn man etwa Apfelviertel vom Kerngehäuse befreit.
KANNELIERMESSER Mit diesem Messer kann man Fruchtschalen (etwa von Zitrusfrüchten) in dünnen Streifen abschälen oder Äpfel und Birnen verzieren.
KÜCHENSCHERE Eine Küchenschere sollte scharf sein, gut in der Hand liegen und aus Edelstahl bestehen. Ebenso wie gute Messer sind auch gute Scheren nicht billig.

PALETTMESSER (groß und klein) Ein Palettmesser hat eine stumpfe Klinge und ist am Ende abgerundet. Es eignet sich zum Verstreichen von Cremes und man kann damit Plätzchen von einem Backblech heben.
TEIGRÄDCHEN dienen zum Schneiden langer Teigstreifen.
TORTENMESSER Kaufen Sie sowohl ein großes als auch ein kleines Messer, denn ein großes Stück Torte lässt sich nur schwer auf einem kleinen Messer balancieren.
WELLENSCHLIFFMESSER (groß) benötigt man, um Biskuitböden für Torten horizontal aufzuschneiden. Das Messer sollte eine lange, gerade Klinge mit abgerundetem Ende haben. Ideal ist ein großes Brotmesser.

SCHÜSSELN

Professionelle Köche bevorzugen Schüsseln aus rostfreiem Edelstahl, doch hitzebeständige Glasschüsseln, die klassische Alternative, eignen sich ebenfalls. Je nach Verwendungszweck benötigt man große, breite oder auch kleine, tiefe Schüsseln. Für traditionelle britische Puddingspezialitäten verwendet man am besten eine Schüssel mit kleinem, leicht abgerundetem Boden und hohem, schrägem Rand. Die handelsüblichen modernen Schüsseln haben einen etwas breiteren Boden und keinen ganz so hohen und schrägen Rand.

FORMEN

FORMEN UND BEHÄLTER AUS PLASTIK können qualitativ stark variieren. Hochwertige feste Behälter mit fest verschließbarem Deckel sind vorzuziehen, während zu dünne Behälter die Form verlieren. Manche Plastikarten sind nicht geschmacksneutral.
GLASFORMEN verleihen Desserts zwar eine dekorative Note, doch Metallformen sind wesentlich praktischer: Sie können erhitzt werden, um ein Dessert herauszulösen.

SPRITZBEUTEL UND SPRITZTÜLLEN

SPRITZBEUTEL Ein Beutel aus wasserfestem Stoff oder Kunststoff. Ist er von guter Qualität, kann man ihn nach Gebrauch sterilisieren oder auskochen und trocknen und viele Jahre verwenden. Für die verschiedenen Spritztüllen benötigt man mitunter mehrere Beutel mit unterschiedlich großen Öffnungen.
SPRITZTÜLLEN Glatte Lochtüllen in zwei oder drei Größen eignen sich zum Aufspritzen von Brandteig oder Baisermasse. Stern-

oder gezackte Bandtüllen eignen sich zum Dekorieren von Torten und Desserts. Kleine Spritztüllen zum Dekorieren verwendet man eher mit Spritztüten aus Papier als mit Stoffbeuteln.
SPRITZTÜTEN aus Papier dienen zum Aufspritzen von Schokolade oder Eiweißglasur. Außerdem kann man damit Saucen dekorativ auftragen.

BACKFORMEN UND OFENGESCHIRR

Das Angebot ist groß, doch lohnt es sich, beim Kauf auf gute Qualität zu achten. Hochwertige Backformen aus Weiß- oder Stahlblech halten bei richtiger Verwendung ein Leben lang. Nach dem Gebrauch sollte man sie spülen und gut trocknen; heiße Formen niemals sofort in kaltes Wasser tauchen.

AUFLAUFFÖRMCHEN Kleine runde Soufflé-Förmchen mit einem geraden Rand.
AUFLAUFFORMEN In diesen Formen kann man Aufläufe, hohe gebackene Puddings oder Fruchtdesserts mit Streuseln zubereiten.
BACKBLECH Kaufen Sie am besten ein schweres Backblech, das sich bei starker Hitze nicht verzieht. Besitzt das Blech keinen oder nur einen flachen Rand, kann man feines Gebäck einfach heruntergleiten lassen und muss es nicht vom Blech heben. Ein Rand erleichtert wiederum das Herausnehmen aus dem Ofen.
BACKFORM FÜR BISKUITKUCHEN Eine flache, rechteckige Backform, in der man dünne Biskuitböden backen kann, wie sie zum Beispiel für Biskuitrollen benötigt werden.
BACKFÖRMCHEN Das Angebot verschiedener Backförmchen ist groß und reicht von Tortelett-Förmchen für kleine Torten oder Kuchen bis zu Brioche-Formen. Darüber hinaus gibt es zum Beispiel noch die amerikanischen Muffinformen, die man einzeln oder in einem Blech bekommt.
BOHNEN ZUM BLINDBACKEN Zum „Blindbacken" belegt man einen Kuchenboden mit Backpapier, das man mit kleinen Bohnen aus Keramik beschwert. Die Bohnen erhält man in Haushaltsgeschäften. Ersatzweise eignen sich auch getrocknete Bohnen oder Linsen, keinesfalls jedoch Kidney-Bohnen, denn sie sind roh giftig.
GRATINPFÄNNCHEN Sie lassen sich ebenso vielfältig einsetzen wie die Gratinpfannen für pikante Speisen, zum Beispiel für gebackene Früchte und kleine Kuchen aus Eierteig.

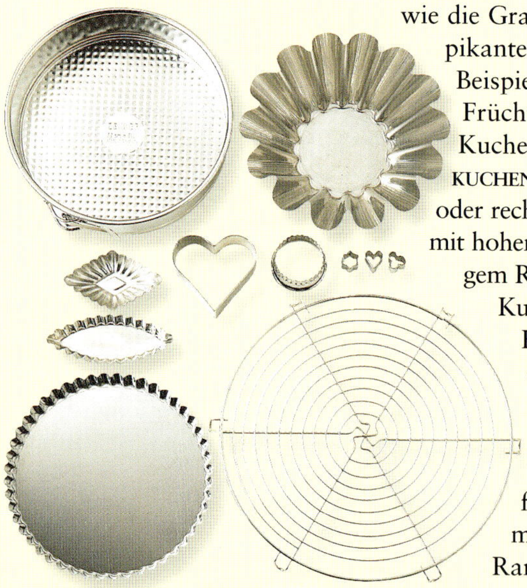

KUCHENFORM Runde oder rechteckige Formen mit hohem oder niedrigem Rand für einfache Kuchen und Böden; auch in dekorativen Formen erhältlich.
OBSTKUCHENFORM Runde flache Backform mit gewelltem Rand, je nach Modell auch mit herausnehmbarem Boden. Aus Weißblech oder dunklem Stahlblech; auch aus Keramik. Zum Backen sogenannter Tortenböden für Obstkuchen und -tartes.
PASTETENFÖRMCHEN Die Formen können in der Größe leicht variieren. Sie haben einen flachen Boden und einen hohen, geraden Rand.
PIE-FORM Eine meist ovale feuerfeste Schüssel für süße englische *pies* (Schüsselpasteten). Wichtig ist der breite Rand, auf dem der Teigdeckel ruht.
PUDDINGFÖRMCHEN Die Förmchen sind etwas größer als Gratinpfännchen, am Boden abgerundet und besitzen einen leicht schrägen Rand.
RINGFORM Zum Backen von Savarin oder ringförmigen Kuchen. Man kann auch geeiste Desserts darin fest werden lassen.
SOUFFLÉ-FORMEN Die runden Formen mit geradem Rand variieren in der Größe zwischen kleinen Soufflé-Förmchen (etwas größer als Auflaufförmchen) und großen, tiefen Soufflé-Formen.
SPRINGFORM Die Form besteht aus einem Metallring mit Schnappverschluss und einem auswechselbaren flachen Boden. Wird der Verschluss geöffnet, lässt sich der Metallring entfernen und der Kuchen muss nicht gestürzt werden. Die Form eignet sich besonders gut für Käse- oder Obstkuchen. Statt des flachen Bodens gibt es auch einen Einsatz für Kranz- oder Ringkuchen.

ELEKTRISCHE KÜCHENGERÄTE

EISMASCHINEN Es gibt sowohl elektrische als auch handbetriebene Eismaschinen. Die Eisherstellung mit handbetriebenen Maschinen ist etwas mühsam. Kleinere elektrische Eismaschinen passen ins Gefrierfach des Kühlschranks und erlauben die Herstellung einiger Liter Eiscreme. In großen Eismaschinen mit eigenem Kühlaggregat kann man dagegen eine große Menge bester Eiscreme herstellen. Die Geräte sind in Spezialgeschäften erhältlich.
HANDRÜHRGERÄT Das Handrührgerät gehört zur Grundausstattung elektrischer Küchengeräte. Man schlägt damit Eiweiß oder süße Sahne, und es eignet sich zum Quirlen oder Rühren verschiedenster Cremes.
KÜCHENMASCHINE Eine Küchenmaschine erfüllt viele Aufgaben. Man kann damit pürieren, mixen oder kneten und auch trockene Zutaten vermischen. Zusätzliche Aufsätze dienen zum Entsaften und Schlagen.
MIXER In einem Standmixer werden mit einem Messersatz Pürees und Saucen hergestellt; er eignet sich außerdem zum Mahlen und Zerkleinern trockener Zutaten. Ein Handmixer oder Pürierstab kann das Pürieren, etwa von pochierten Früchten, erheblich erleichtern, da das Umfüllen in einen Mixbecher wegfällt. Bei entsprechenden Aufsätzen dient der Handmixer auch zum Schlagen kleinerer Mengen süßer Sahne oder Eiweiß oder zum Zerkleinern von Nüssen.

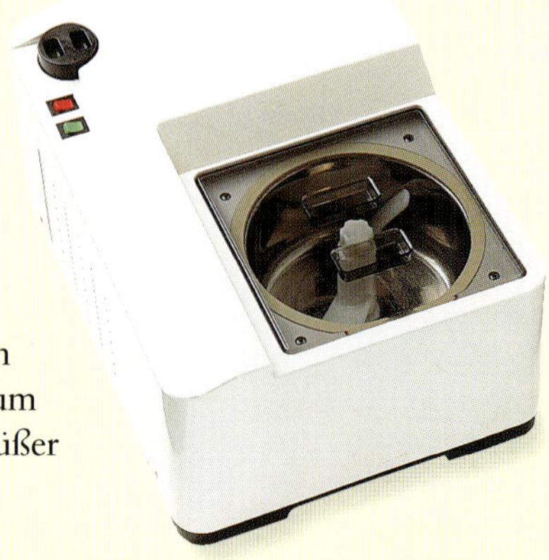

ÄPFEL UND BIRNEN VORBEREITEN

Früchte mit festem Fruchtfleisch wie Äpfel, Birnen und Quitten werden in der Regel geschält und vom Kerngehäuse befreit, ehe man sie für Desserts verwendet. Alle Früchte sollten jedoch zunächst gewaschen werden. Damit sich aufgeschnittene Äpfel und Birnen nicht verfärben, beträufelt man sie mit Zitronensaft und verarbeitet sie so schnell wie möglich. Die Küchengeräte sollten aus rostfreiem Edelstahl bestehen, da andere Metalle anlaufen und die Früchte verfärben können.

GANZE FRÜCHTE AUSHÖHLEN
Apfelausstecher am Stielansatz eines Apfels oder Blütenansatz einer Birne in die Frucht drücken und zum anderen Ende herausschieben. Drehen und vorsichtig herausziehen.

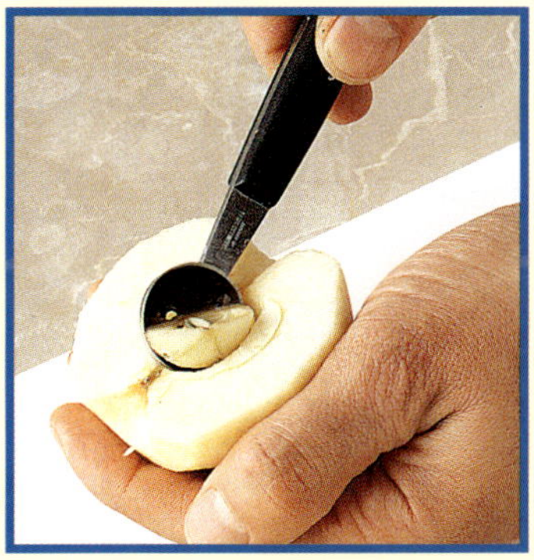

FRUCHTHÄLFTEN ENTKERNEN
Stiel- und Blütenansatz mit einem Messer herausschneiden. Frucht halbieren. Mit der Messerspitze um das Kerngehäuse fahren und dieses mit dem Kugelausstecher herauslösen.

FRÜCHTE SCHÄLEN
Die ganzen Früchte zunächst aushöhlen. Mit einem Sparschäler die Schale rundum von einem Ende zum anderen abschälen. Die Früchte dabei vorsichtig drehen.

VERZIERUNGEN
Mit einem Kanneliermesser die Schale von Äpfeln und Birnen rundum in einem dünnen Streifen von einem Ende zum anderen abschälen.

RINGE
Ganze Früchte vom Kerngehäuse befreien und schälen. Seitlich halten und in gleichmäßige Ringe schneiden.

HALBRINGE
Ganze Früchte schälen, entkernen und halbieren. Die Fruchthälften auf die Schnittfläche legen und senkrecht in Halbringe schneiden.

WÜRFEL
Früchte entkernen, schälen und in Ringe schneiden. Mehrere Ringe aufeinander legen, senkrecht in Stücke, dann quer in Würfel schneiden.

BIRNENFÄCHER
Birnen mit den Stielen schälen, halbieren und entkernen. Hälften bis kurz unter den Stielansatz längs in Scheiben schneiden und auffächern.

VERFÄRBUNGEN VERMEIDEN
Mit einem Backpinsel das aufgeschnittene Fruchtfleisch so schnell wie möglich vollständig mit Zitronen-, Limetten- oder Orangensaft bestreichen.

ÄPFEL UND BIRNEN GAREN

Nicht alle Apfel- und Birnensorten eignen sich gleichermaßen zum Pochieren, Sautieren und Backen. Geeignete Sorten sind eher säuerlich und besitzen festeres Fleisch. Gewöhnlich werden Äpfel und Birnen in „Tafelobst" – für den Frischverzehr – und in „Koch- oder Wirtschaftsobst" unterteilt. Die beliebtesten Sorten Kochobst für Desserts sind unten angegeben, einige davon zählen außerdem zum Tafelobst.

Äpfel
Granny Smith, Bramley, Gravensteiner, Grimes Golden, Glockenapfel, Grenadier.

Birnen
Anjou, Seckel, Boscs Flaschenbirne, Conférence, Gellerts Butterbirne, Grieser Wildeman.

KIRSCHEN ENTSTEINEN

Ein Entsteiner besitzt eine Halterung mit Loch, auf die man die Kirsche setzt. Durch Zusammendrücken der Griffe wird der Stein herausgedrückt.

Steine in einer Schüssel auffangen. Kirsche mit der Vertiefung nach oben in den Entsteiner geben. Vorsichtig zusammendrücken, damit wenig Saft verloren geht.

APRIKOSEN, PFIRSICHE UND NEKTARINEN ENTSTEINEN

Steinobst wie Aprikosen, Pfirsiche, Nektarinen und Pflaumen lässt sich meist auf einfache Weise ensteinen. Beim Kauf sollten Sie auf festes, aber reifes Fruchtfleisch achten. Kaufen Sie weder harte noch überreife, sehr weiche Früchte. Wie leicht sich die Steine herauslösen lassen, hängt einerseits vom Reifegrad, andererseits von der ausgewählten Sorte ab.

1 Die Frucht rund um den Stein entlang der Fruchtnaht einschneiden. Darauf achten, dass das Fleisch bis zum Stein eingeschnitten ist.

2 Die Frucht gut festhalten und die Fruchthälften gegeneinander drehen, damit sich das Fleisch vom Stein löst.

3 Eine Fruchthälfte abheben und den Stein vorsichtig aus der anderen Hälfte herauslösen.

PFIRSICHE UND NEKTARINEN ENTHÄUTEN

Pfirsiche und Nektarinen werden enthäutet, nachdem man sie kurz blanchiert hat. Dabei nur wenige Früchte zusammen blanchieren und jedes Mal das Wasser erneuern. Gibt man zu viele Früchte gleichzeitig in den Topf, werden sie weich.

1 Früchte am Blütenansatz kreuzförmig einritzen. Mit einem Schaumlöffel für 10–12 Sekunden in kochendes Wasser geben. Sofort in Eiswasser abkühlen.

2 Am eingeritzten Kreuz sollte sich die Haut der Früchte leicht einrollen. Hier beginnend die Haut vorsichtig abziehen. Sie sollte sich leicht lösen.

TRAUBEN ENTHÄUTEN UND ENTKERNEN

Werden für ein Dessert ganze Trauben verwendet, sollte man Schale und Kerne entfernen, da diese bitter schmecken. Mit den unten gezeigten Techniken ist das kein Problem.

ENTHÄUTEN

Werden Trauben einige Sekunden blanchiert, kann man sie gut enthäuten. Mit einem scharfen Messer lässt sich die Schale leicht abziehen.

ENTKERNEN

Eine aufgebogene Büroklammer über einer Flamme sterilisieren. Am Stengelansatz in die Traube einführen, um die Kerne legen und herausziehen.

GANZE DATTELN

Ganze Datteln sehen ansprechend aus. Vor dem Verzehr die Kerne entfernen.

Dattel festhalten und den Kern am Stielende herausziehen. Eventuell mit der Spitze eines Messers nachhelfen.

MANGOSTANE

Die Schale rundum mit einem Messer einschneiden, ohne das Fleisch zu beschädigen.

Das weiße Fruchtfleisch im Innern mit einem kleinen Löffel herauslösen. Die enthaltenen Kerne werden nicht verzehrt.

GRANATAPFEL

Die Samen des Granatapfels löst man mit den Fingern aus den Samenscheidewänden.

Frucht halbieren. Das Innere der Hälften über einem Sieb in einer Schüssel nach außen biegen, Samen herauslösen.

KARAMBOLE

Die Süße der Früchte variiert, darum sollte man sie vor der Zubereitung kosten.

Ungeschälte Früchte mit einem kleinen Messer quer in Scheiben schneiden. Die Samen in der Mitte entfernen.

LITSCHIS

Das durchscheinende weiße Fleisch der Litschis enthält einen großen Kern.

Die harte Schale mit einem kleinen Messer am Stielansatz beginnend vorsichtig abschälen.

DEKORATIVE FEIGEN

Feigen kann man dekorativ aufschneiden und mit oder ohne Füllung servieren.

Das Stielende abschneiden. Die obere Hälfte der Feige kreuzweise einschneiden und sternförmig öffnen.

JOHANNISBEEREN VON DER RISPE ABSTREIFEN

Rote und schwarze Johannisbeeren gehören zu den einfachsten, aber auch dekorativsten Zutaten für Desserts: Wählen Sie nur beste Früchte aus, sie sollen reif und makellos sein.

Die Johannisbeeren, wie auf der Abbildung gut zu sehen, mit einer Gabel von den Rispen abstreifen. Dabei über einer Schüssel oder einem tiefen Teller arbeiten.

ERDBEEREN PUTZEN UND HALBIEREN

Erdbeeren verwandeln viele Desserts in wahre Köstlichkeiten. Ein herrliches Sommerdessert sind frische Erdbeeren gekrönt mit süßer Schlagsahne.

ERDBEEREN PUTZEN

Den Stielansatz mit den Fingerspitzen oder der Spitze eines Messers mit einer Drehbewegung aus der Frucht lösen.

ERDBEEREN HALBIEREN

Die Früchte zur Dekoration mit den Stielansätzen halbieren.

ZITRUSFRÜCHTE SCHÄLEN UND IN SCHEIBEN SCHNEIDEN

Orangen, Zitronen, Limetten, Grapefruits und Kumquats sowie andere, aromatisch säuerliche Zitrusfrüchte bilden das Herzstück vieler Süßspeisen. Wie man die beliebten Früchte schält, ist allseits bekannt, doch erst mit der richtigen Technik entfernt man auch die innere weiße Schicht, die den Geschmack beeinträchtigt.

1 Am Blüten- und Stengelansatz eine dickes Stück Schale abschneiden. Die Frucht auf ein Brett setzen und die Schale mit der weißen Schicht und der Fruchthaut von oben nach unten in breiten Streifen abschneiden.

2 Die Frucht quer in beliebig dicke Scheiben schneiden. Beim Aufschneiden alle Kerne in den Scheiben entfernen und wegwerfen.

3 Wird die Frucht im Ganzen serviert, die Scheiben wieder aufeinander legen und mit einem Cocktailspieß fixieren. Soll die Frucht mit heißem Karamell überzogen werden, einen Holzspieß verwenden, da Plastik schmilzt.

ZITRUSFRÜCHTE FILETIEREN

Die Frucht wie oben beschrieben schälen und dabei die innere weiße Schicht und die Fruchthaut entfernen. Die Frucht über eine Schüssel halten, um den austretenden Saft aufzufangen.

1 Mit einem scharfen Messer am Trennhäutchen eines Fruchtsegments entlangfahren, das Häutchen dabei nicht einschneiden. Auf der anderen Seite des Segments ebenso verfahren und das Segment danach vorsichtig herauslösen.

2 Auf diese Weise alle Fruchtsegmente zwischen den Trennhäutchen herauslösen. Die einzelnen Segmente dekorativ auf einem Teller anrichten, eventuelle Kerne entfernen.

3 Zuletzt die Trennhäutchen über dem Teller kräftig ausdrücken, so dass der Fruchtsaft über die Segmente läuft. Die bitter schmeckenden Häutchen wegwerfen.

ZITRUSSCHALEN ABREIBEN

Die äußere Zitrusschale enthält ein ätherisches Öl, das den Früchten ihr herrliches Aroma verleiht. Man kann sie mit einer Rohkostreibe abreiben oder einen Zesteur benutzen. Die bittere innere Schicht wird nicht verwendet.

VERWENDUNG EINES ZESTEURS

Um feine Streifen Zitrusschale zu erhalten, den kleinen Küchenhelfer (S. 99) über ungeschälte Zitrusfrüchte ziehen. Mit gleichmäßigem Druck arbeiten. Lange Streifen langsam, kurze Streifen schnell ablösen.

VERWENDUNG EINER ROHKOSTREIBE

Die Reibfläche nach dem benötigten Feinheitsgrad der Zitrusschale auswählen. Beim Abreiben nicht zu fest drücken, um nicht an die bittere innere Schicht zu gelangen.

ZITRUSFRÜCHTE AUSPRESSEN

Zum Auspressen von Zitrusfrüchten gibt es viele Geräte – vom Spezialaufsatz für die Küchenmaschine bis zur kegelförmigen, gerillten Zitruspresse aus Glas. Eine Zitruspresse aus Holz, die man in der Hand hält, eignet sich für kleine Mengen Zitronensaft. Für größere Früchte braucht man eine größere Presse.

Die Frucht halbieren und eine Hälfte über eine Schüssel halten. Die Zitruspresse fest in das Fruchtfleisch drücken und hin und her drehen, bis die Fruchthälfte ausgepresst ist.

RHABARBER VORBEREITEN

Botanisch betrachtet gehört Rhabarber nicht zum Obst, sondern zum Gemüse, doch wird er weitgehend wie Obst zubereitet und für Süßspeisen verwendet. Die Stangen sind roh leicht giftig, doch ein gelegentliches Stück Rhabarber, in Zucker getaucht, richtet keinen Schaden an. Bei der Vorbereitung werden die giftigen Blätter entfernt. Junge, zarte Stangen muss man nicht schälen, sondern nur waschen und die Enden abschneiden.

1 Ältere Rhabarberstangen haben meist eine harte, faserige Schale. Diese wird mit einem Sparschäler oder einem Messer mit dünner Klinge entfernt. Den geschälten Rhabarber anschließend in etwa gleich große Stücke schneiden, damit sie gleichmäßig garen.

2 Den Rhabarber mit einem scharfen Messer diagonal in gleich große Stücke schneiden. Die Rhabarberstücke je nach Rezept pochieren oder in der Pfanne garen und für die Verwendung in Pies zuvor mit einer Glasur überziehen.

MELONEN DEKORATIV AUFSCHNEIDEN

Früchte wie Melonen lassen sich dekorativ aufschneiden: Für das abgebildete Muster die Frucht mit einem schmalen Messer mit kurzen, zackenartigen Schnitten rundum aufschneiden und die Hälften trennen. Anschließend die Kerne entfernen und die Früchte ohne weitere Zugabe servieren. Die Fruchthälften eignen sich aber auch als dekorative Servierschalen: Dafür das Fruchtfleisch herauslösen, für ein Dessert verwenden und in den Hälften servieren.

1 Auf der Melonenschale mit einem spitzen Messer rundum ein Zickzachmuster vorzeichnen. Dem Muster folgend die Melone aufschneiden, dabei mit dem Messer jeweils bis zur Mitte einstechen.

2 Die Melonenhälften vorsichtig trennen. Mit einem kleinen Löffel Samen und faseriges Fleisch aus der Mitte herauskratzen und wegwerfen. Nun die Melonenhälften servieren oder füllen.

MELONEN AUSHÖHLEN

Das Fleisch einer Melone kann man in kleinen Kugeln ausstechen – zum Dekorieren oder für Fruchtsalate.

Melone halbieren, die Samen entfernen. Einen Teelöffel oder Kugelausstecher seitlich in das Fleisch drücken und durch Drehen Kugeln ausstechen.

VERSCHIEDENE ZUCKERMELONEN

Kantalupe
Eine beliebte Zuckermelone mit duftendem, orangegelbem Fleisch.
Honigmelone
Das gelbe Fleisch wird bei der Reifung grün und herrlich süß.
Galia
Weniger süß als die beiden anderen Sorten, mit hellgrünem, festem Fleisch.

EINE ANANAS AUSHÖHLEN

Beim Kauf sollten Sie bedenken, dass eine süße und saftige Ananas meist eine tiefgolden schimmernde Schale besitzt. Für das Aushöhlen einer Ananas – etwa als Behälter für einen Obstsalat – gibt es zwei verschiedene Methoden. Man kann die Frucht der Länge nach durch die Blattkrone halbieren und das Fruchtfleisch herauslösen oder, wie unten gezeigt, die ganze Ananas aushöhlen, die so intakt bleibt. Die zweite Methode eignet sich besonders für kleine Früchte.

1 Die Ananas seitlich auf ein Brett legen. Mit einem großen, scharfen Messer die Blattkrone abschneiden. Soll die ausgehöhlte Ananas als Behälter verwendet werden, die Krone als „Deckel" aufbewahren.

2 Mit einem scharfen, spitzen Messer das Fruchtfleisch an der Schale rundum bis zum Strunkende einschneiden. Für ausreichend Stabilität sollte an der Schale noch eine Schicht Fruchtfleisch haften.

3 Die Ananas umdrehen und das Strunkende kappen. Die Fruchtschale lässt sich nun aufrecht hinsetzen und das Fruchtfleisch kann problemlos herausgehoben werden.

4 Die Fruchtschale festhalten, eine Gabel in das Fruchtfleisch stecken und dieses herausziehen. Das Fleisch von der harten Mitte befreien, würfeln und in der Fruchtschale servieren.

ANANAS SCHÄLEN

Wird eine Ananas dünn geschält, ist es unerlässlich, anschließend die harten „Augen" zu entfernen, die den Genuss des schmackhaften Fruchtfleischs stark einschränken würden. Will man dabei zügig arbeiten, geht leider viel Fruchtfleisch verloren.

1 Blattkrone und Strunkende der Ananas kappen und diese aufrecht auf ein Brett setzen. Die Schale von oben nach unten in Streifen abschneiden. Dabei die meisten „Augen" entfernen.

2 Mit der Spitze eines kleinen, scharfen Messers die übrigen „Augen" nacheinander herausschneiden. Nicht zu tief schneiden, um so wenig Fruchtfleisch wie möglich zu verlieren.

ANANASRINGE

HOLZIGE MITTE AUSSTECHEN
Die geschälte Ananas quer in gleichmäßige Scheiben schneiden. Die Scheiben auf ein Brett legen und mit einer runden Ausstechform die holzige Mitte ausstechen.

RINGE GRILLEN ODER SAUTIEREN
Ananasringe kann man mit verschiedenen Aromen grillen oder sautieren. Dafür eignen sich Kokosraspeln, Rum, Orangensaft, Zimt, Gewürznelken, Sternanis oder Limettenschale.

EINE MANGO SCHÄLEN UND AUFSCHNEIDEN

Eine geschälte Mango schneidet man am besten in gleichmäßigen Scheiben vom Kern ab. Die Mango sollte gerade reif sein, eine weiche Frucht lässt sich nur schwer halten und schneiden.

SCHÄLEN
Die Mango dünn abschälen. Dabei von einem Ende zum anderen arbeiten, um die Form zu erhalten.

AUFSCHNEIDEN
Die Mango gut festhalten. Mit einem scharfen, kleinen Messer das Fruchtfleisch in dünnen Spalten vom Kern schneiden. An der flachen Seite des Kerns lassen sich gleichmäßige Spalten abschneiden, an den schmalen Seiten werden die Spalten etwas unregelmäßig.

MANDELN BLANCHIEREN UND ENTHÄUTEN

Die Haut von Mandeln und Pistazien schmeckt leicht bitter und kann das feine Aroma der Nüsse beeinträchtigen. Am besten lassen sich Mandeln enthäuten, wenn man sie vorher blanchiert. Dabei löst sich die Haut und kann von den noch warmen Mandeln abgezogen werden.

1 Mandeln mit kochend heißem Wasser bedecken und 10–15 Minuten stehen lassen, bis das Wasser lauwarm ist.

2 Eine Mandel zwischen Daumen und Zeigefinger nehmen und die Haut abziehen. Sie sollte sich leicht ablösen.

NÜSSE RÖSTEN UND ENTHÄUTEN

Manche Nüsse, etwa Haselnüsse und Paranüsse, sollte man vor dem Enthäuten lieber rösten als blanchieren. Man kann sie entweder im Backofen oder unter Rühren bei schwacher Hitze 2–4 Minuten ohne Fett in der Pfanne rösten.

1 Die Nüsse auf einem Backblech verteilen und bei 175 °C (Umluft 165 °C) 10 Minuten rösten, gelegentlich rütteln.

2 Die heißen Nüsse für einige Minuten in ein festes Küchentuch wickeln. Im Tuch aneinander reiben, damit sich die Haut löst.

MANDELN STIFTELN UND HACKEN

Zwar bekommt man im Handel bereits gehackte oder gestiftelte Mandeln, doch schmecken sie sehr viel aromatischer, wenn sie erst kurz vor der Verwendung zerkleinert werden. Nach Möglichkeit sollte man die benötigten Mandeln stets selbst zerkleinern oder mahlen.

MANDELSTIFTE
Mandeln mit der flachen Seite auf ein Brett legen und längs in Stifte schneiden.

MANDELBLÄTTCHEN
Mandeln mit der Schmalseite auf einem Brett festhalten, in dünne Blättchen schneiden.

MANDELN HACKEN
Gestiftelte Mandeln auf einem Brett hacken. Das Messer dabei hin und her wiegen.

ZUCKERSIRUP HERSTELLEN

Sirup ist eine wichtige Zutat für viele Desserts und Konfektspezialitäten. Fruchtsäften kann man damit eine leichte Süße verleihen, und aus gezogenem Sirup entstehen spektakuläre Dekorationen für Torten. Was man auch aus dem Sirup bereiten möchte, zuerst muss man Zucker in Flüssigkeit auflösen. Ein leichter Sirup enthält weniger Zucker, ist nicht so süß und von dünnerer Konsistenz. Bei der Herstellung wird der Zucker in einer Flüssigkeit zunächst bei schwacher Hitze unter leichtem Rühren aufgelöst. Die Mischung sollte nicht kochen. Hat sich der Zucker vollständig aufgelöst, den Sirup zum Kochen bringen und nicht mehr rühren.

1 In einem Topf Zucker und Wasser unter Rühren schwach erhitzen, bis sich der Zucker vollständig aufgelöst hat.

2 Den Sirup zum Kochen bringen. Sich am Topfrand absetzende Zuckerkristalle mit einem feuchten Backpinsel auflösen.

ZUCKERTHERMOMETER

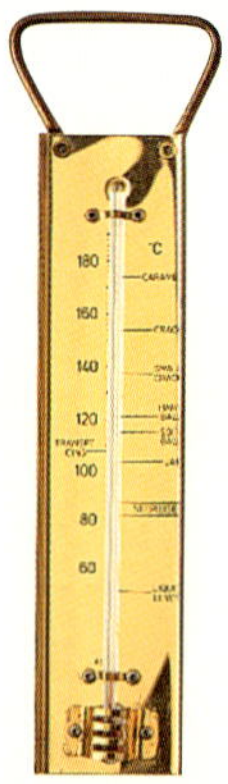

Beim Sirupkochen erreicht man verschiedene „Stadien", die unterschiedlich genutzt werden. Die jeweilige Temperatur weist auf diese Kochstadien hin, die durch eine bestimmte Zuckerkonzentration gekennzeichnet sind: „kleiner Ballen", „großer Ballen", „kleiner Bruch" oder „großer Bruch" (siehe rechts). Vor und nach der Verwendung das Thermometer in heißem Wasser erhitzen bzw. spülen (heißen Sirup niemals in kaltem Wasser abspülen). Das Thermometer darf den Topfboden nicht berühren. Er ist heißer und verfälscht die Temperaturangabe.

SIRUPE

Leichter Sirup: 250 g Zucker in 500 ml Wasser (Mengenverhältnis 1:2) auflösen. Für Obstsalate und zum Pochieren von Früchten.
Stärkerer Sirup: 250 g Zucker in 250 ml Wasser auflösen. Zum Konservieren von Früchten, hält sich einige Tage.
Stark konzentrierter Sirup: 250 g Zucker in 225 ml Wasser auflösen.

KOCHSTADIEN DES SIRUPS

Wird stark konzentrierter Sirup einige Zeit gekocht, verdampft das Wasser, die Zuckerkonzentration erhöht sich und der Sirup wird dickflüssiger. Die unterschiedlichen Zuckerkonzentrationen verleihen dem Sirup bestimmte Eigenschaften. Abgekühlter Sirup ist formbar, kocht man ihn lange genug, wird er brüchig. Bevor Sirup fest wird, kann man ihn vielfältig bearbeiten, etwa den Zucker für eine Paste teilweise kristallisieren lassen oder aus gesponnenem Zucker hübsche Dekorationen herstellen.

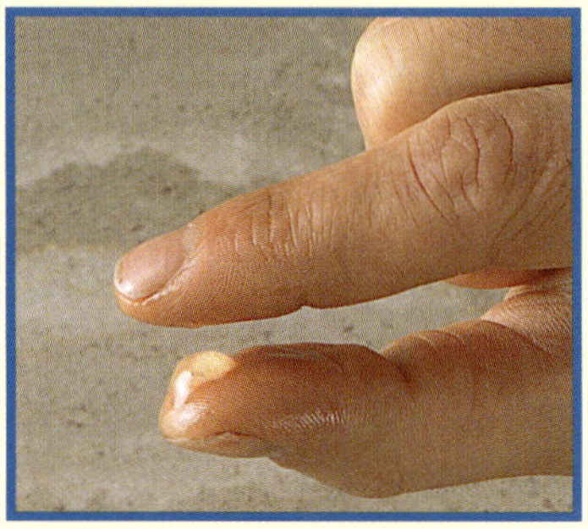

KLEINER BALLEN (116–118 °C)
Ein wenig Sirup (mit den Fingern in Eiswasser getaucht, S. 117) bildet eine kleine, weiche Kugel. Für italienische Baisermasse und Buttercreme.

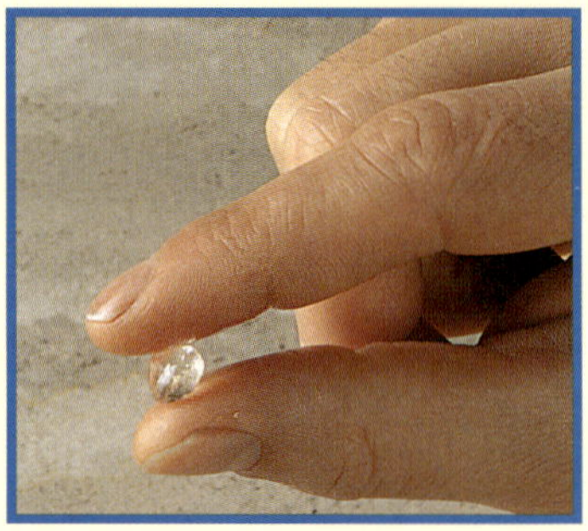

GROSSER BALLEN (125 °C)
Der Sirup bildet nun eine festere, größere Kugel, ist aber geschmeidig. Dieser Sirup eignet sich für Marzipan und Fondant.

KLEINER BRUCH (134 °C)
Dieser Sirup wird spröde, lässt sich in diesem Stadium jedoch noch formen. Man verwendet ihn hauptsächlich für Konfekt.

GROSSER BRUCH (145 °C)
Sehr spröder, brüchiger Sirup zum Glasieren von Früchten und für gesponnenen Zucker. Das nächste Stadium: Karamell (nicht von Hand prüfen!).

KRISTALLISATION

Beim Kochen von stark konzentriertem Sirup muss man unbedingt darauf achten, dass der Zucker aufgelöst bleibt. Bilden sich am Topfrand Zuckerkristalle, setzt schnell eine zunehmende Kristallisation ein und der Sirup wird zu einer festen Masse. Kochenden Sirup darf man nicht mehr rühren, da er sonst kristallisiert. Zuckerkristalle am Topfrand löst man mit einem feuchten Backpinsel auf – dies verhindert weitere Kristallbildung.

KARAMELL

Wird Sirup über das Stadium des großen Bruchs hinaus weiter erhitzt, bildet sich Karamell. Er ist anfänglich hell, verfärbt sich dann hellgolden und wird schnell dunkler. Die jeweilige Farbe gibt Aufschluss über den Geschmack: Sehr heller Karamell hat ein sehr schwaches, hellgoldener Karamell ein warm-nussiges Aroma, sehr dunkler Karamell schmeckt stark nussig und leicht bitter. Heller Karamell verfärbt sich schnell. Erhitzt man den Karamell zu stark, verfärbt er sich, wird sehr dunkel, schmeckt bitter und brennt schließlich an. Fertiger Karamell muss sofort verarbeitet werden, denn er wird schnell fest. Soll er flüssig bleiben, muss man den Topf (besser ist eine Kasserolle) vom Herd nehmen: Hand und Arm unbedingt schützen! Den Topf in einiger Entfernung halten und etwas kochend heißes Wasser hineingießen. Vorsichtig arbeiten, da der Karamell bei der Wasserzugabe stark zu spritzen beginnt. Der Karamell ist nun leicht verdünnt, besitzt jedoch das volle Aroma und wird nicht fest.

1 Den Sirup so lange kochen lassen, bis er sich verfärbt. Weiterkochen, bis er das gewünschte Stadium erreicht. Dabei nicht rühren. Wir zeigen die Zubereitung eines dunklen, sehr aromatischen Karamells.

2 Ist das gewünschte Stadium erreicht, den Topf vom Herd nehmen und in eine Schüssel mit Eiswasser setzen. Auf diese Weise wird der Topf sofort abgekühlt und der Karamell kann nicht zu dunkel werden oder anbrennen.

KROKANT

Krokant besteht aus Karamell und Nüssen, die man vor dem Festwerden zugibt. Klassisch sind leicht geröstete, blanchierte Mandeln; auch Hasel-, Pekan- oder Cashewnüsse, enthäutete Pistazien und gehackte Paranüsse eignen sich. Walnüsse können bitter schmecken. Abgekühlter Krokant wird gemahlen.

1 Die Nüsse in den Karamell geben und die Mischung sofort vom Herd nehmen.

2 Die Krokantmasse auf ein gefettetes Backblech oder ein Blech mit Backpapier gießen. Mit einem eingefetteten Palettmesser zügig zu einer dünnen, gleichmäßigen Schicht verstreichen.

NOUGAT

Soll Nougat formbar bleiben, fügt man Glukose hinzu: Aus 100 ml Wasser, 1 kg Zucker und 400 g Glukose einen Karamell herstellen. 500 g blanchierte Mandeln (S. 107) rösten, stifteln oder grob hacken und dazugeben.

1 Die Nougatmasse auf eine geölte Arbeitsfläche (am besten eine Marmorplatte) gießen und leicht abkühlen lassen. Mit einem Nudelholz aus Metall oder Marmor etwa 5 mm dick ausrollen.

2 Den abgekühlten, gerade noch warmen Nougat nach Belieben in Stücke schneiden und fest werden lassen.

SCHOKOLADE HACKEN UND REIBEN

Vor dem Hacken oder Reiben sollte man Schokolade für kurze Zeit in den Kühlschrank geben. Zum Reiben verwendet man eine Rohkostreibe mit grober Reibfläche oder eine Küchenmaschine mit entsprechendem Aufsatz. Das Hacken erfordert Geschick: Die Schokolade sollte gekühlt, aber nicht zu fest sein. Am besten ein großes Küchenmesser hin und her wiegen.

HACKEN
Schokolade in kleine Stücke brechen und für kurze Zeit kalt stellen. Gekühlte Schokolade auf ein Schneidbrett geben. Ein großes Messer mit gebogener Klinge vorsichtig hin und her wiegen.

REIBEN
Die gröbste Reibfläche der Rohkostreibe auswählen und die gekühlte Schokolade darauf reiben. Wird die Schokolade zu weich, diese kurz kalt stellen.

SCHOKOLADE SCHMELZEN

Tafelschokolade muss vor der Verwendung nicht temperiert werden. Doch auch sie wird behutsam im heißen Wasserbad geschmolzen: Kommt Schokolade mit Wasser in Berührung, „stockt" sie, wird fest und unbrauchbar. Dasselbe geschieht bei zu starker Hitze. Zum Schmelzen eine hitzebeständige Schüssel auf einen Topf (nicht hinein) setzen.

Etwas Wasser in einem Topf leicht zum Kochen bringen. Hitze reduzieren, so dass das Wasser etwas abkühlt. Den Topf bei schwacher Hitze auf dem Herd belassen (bei Bedarf herunternehmen), eine Schüssel mit zerkleinerter Schokolade darauf setzen. Die Stücke sollten klein und gleichmäßig sein, damit sie schnell schmelzen.

SCHOKOLADENSORTEN

Tafelschokolade
Glänzende, feste Schokolade, zum direkten Verzehr bestimmt. Die Qualität kann stark variieren, darum auf den Anteil an Kakaobutter achten.

Kuvertüre
Diese Schokolade dient als Überzug für Kuchen und Feingebäck. Kuvertüre vor der Verwendung temperieren (siehe unten).

Bäckerschokolade
Diese hochwertige Kuvertüre wird hauptsächlich zum Dekorieren und Verzieren verwendet.

SCHOKOLADE TEMPERIEREN

Erstarrt die Kakaobutter in Schokolade zu unstabilen Fettkristallen, bilden sich auf der Oberfläche unschöne graue Streifen. Durch Temperieren lässt sich dies vermeiden: Die Schokolade wird erhitzt, gerührt und abgekühlt. Anschließend kann sie geschmolzen und nach Bedarf verwendet werden. Das Resultat ist eine glänzende, feste Schokolade, die einen schönen Überzug ergibt. Erfahrene Köche arbeiten nur mit temperierter Kuvertüre.

1 Die Schokolade in eine Schüssel geben und über einem Topf mit heißem, nicht kochendem Wasser schmelzen. Vorsichtig glattrühren, bis sie 45 °C erreicht hat.

2 Hat die Schokolade die benötigte Temperatur erreicht, die Schüssel sofort in eine Schale mit Eis setzen. So lange rühren, bis die Schokolade 25 °C erreicht hat. Wieder auf den Topf setzen.

3 Die Schokolade nun auf 32 °C erhitzen. Bei dieser Temperatur kann temperierte Schokolade verarbeitet werden.

GANACHE

300 g Zartbitterschokolade
150 ml Crème double

Schokolade in gleichmäßige Stücke hacken. In einer Schüssel auf einem Topf mit heißem Wasser schmelzen. Die Schüssel beiseite stellen. Crème double erhitzen, aber nicht aufkochen, und zu der Schokolade gießen.

Schokolade und Crème double so lange verrühren, bis eine gleichmäßige Mischung enstanden ist. Weiterrühren, bis die Mischung abgekühlt ist und eine glatte Konsistenz hat.

Die Ganache kann man nun zum Überziehen von Desserts verwenden oder halbsteif schlagen und aufspritzen.

SCHOKOLADEN-GANACHE HERSTELLEN

Ganache ist eine feine Mischung aus Schokolade und Sahne und vielseitig verwendbar. Sie schmeckt köstlich und eignet sich zum Überziehen oder Füllen von Torten. Darüber hinaus dient sie als „Zutat" für aufwendige Desserts. Abgekühlte Ganache kann man zu einer lockeren Schokoladencreme schlagen, die sich aufspritzen lässt. Zum Aromatisieren eignen sich Weinbrand und Crème de Cacao.

CRÈME DOUBLE HINZUFÜGEN
Die Crème double sollte heiß sein, aber nicht kochen. Ist sie zu heiß, kann die Schokolade Klumpen bilden.

GLATT RÜHREN
Die Schokolade mit der Crème double gründlich verrühren. Dafür einen Holzlöffel verwenden.

SCHLAGEN
Die Mischung kräftig schlagen, damit sie abkühlt und einen schönen Glanz bekommt.

EINFACHE SCHOKOLADENORNAMENTE

Bei der Herstellung von Schokoladenornamenten arbeitet man auf einem mit Backpapier ausgelegten Brett oder Blech. Die Schokolade wird gleichmäßig aufgetragen und eine zweite Schicht Backpapier darüber gelegt. Schokolade mit dem Backpapier umdrehen, so dass das obere Blatt zuunterst liegt. Fest werden lassen und das obere Backpapier abziehen. Die Schokoladenschicht hat nun eine glatte Oberfläche. Man sollte die Schokolade ausstechen oder formen (S. 198–203), ehe sie ganz fest geworden ist.

1 Die geschmolzene Schokolade auf Backpapier gießen. Temperierte Kuvertüre eignet sich besonders gut, da sie schön fest wird und glänzende Ornamente ergibt.

2 Mit einem großen Palettmesser die Schokolade zu einer Dicke von etwa 2 mm glatt streichen. Dabei das Palettmesser hin und her bewegen.

3 Mit einer Ausstechform oder einem Messer Ornamente ausstechen. Form oder Messer stets in heißes Wasser tauchen und trockentupfen. Ornamente auf Backpapier setzen.

SCHOKOLADENSCHÄLCHEN

Die Schälchen werden in kleinen Papierförmchen für Konfekt oder in größeren Muffinförmchen hergestellt. Für mehr Stabilität 2 Papierförmchen ineinander stecken.

Das Papierförmchen von innen dünn mit geschmolzener Schokolade bestreichen. Ist die Schokolade fast fest, eine zweite Schicht darüber streichen.

GLASUREN

Glasuren sind beliebte Überzüge für viele Desserts. Manche bestechen durch klassische Aromen wie Aprikose oder Schokolade, doch meist bestimmt die Konsistenz die Verwendung. Eine einfache, streichfähige Puderzuckerglasur eignet sich zum Überziehen von Kuchen, mit dickflüssigem Fondant hingegen überzieht man Früchte und beträufelt Feingebäck. Im Gegensatz zu anderen Glasuren, die man am besten sofort verwendet, sollte Fondant 1–2 Tage durchziehen. In Frischhaltefolie gewickelt hält er sich im luftdichten Behälter bis zu 2 Wochen.

PUDERZUCKERGLASUR

175 g Puderzucker
1–2 EL lauwarmes Wasser
oder eine andere Flüssigkeit

Den Puderzucker in eine Schüssel sieben. Etwas Flüssigkeit, jedoch nicht die gesamte Menge auf einmal, hinzufügen.

Nach und nach die Flüssigkeit (Wasser, Fruchtsaft oder Likör) mit einem Schneebesen oder Löffel unter den Zucker rühren. Die anfänglich dicke Paste wird schnell dünner und bekommt eine dickflüssige Konsistenz.

Die süße Mischung wird durch etwas Zitronen- oder Limettensaft angenehm säuerlich.

PUDERZUCKERGLASUR HERSTELLEN

Puderzuckerglasur sollte sofort verwendet werden, da sich schnell eine dünne Haut bildet. Die Mischung ergibt einen glatten, wunderschön glänzenden, weichen Überzug.

PUDERZUCKER SIEBEN
Für eine glatte Mischung Puderzucker in die Schüssel sieben. Klumpen mit einem Löffel durch das Sieb streichen.

GLASUR HERSTELLEN
Nur kleine Mengen Flüssigkeit auf einmal zugießen, so dass man die Konsistenz der Glasur kontrollieren kann.

FONDANT

250 g Zucker
150 ml Wasser
1 EL Glukose,
in 1 EL Wasser aufgelöst

Aus Zucker, Wasser und Glukose einen Sirup herstellen. Den Sirup kochen, bis sich kleine Ballen bilden (S. 108). Eine Marmorplatte mit kaltem Wasser bestreichen und den Sirup darauf gießen. 1 Minute abkühlen lassen, bis der Sirup fest zu werden beginnt. Die Sirupmasse mit einem Palettmesser oder Metallspachtel bearbeiten (abwechselnd verstreichen und von den Seiten nach innen falten), bis eine durchscheinende Paste entsteht. Der abgekühlte Zucker kristallisiert und bildet eine weiße, krümelige Mischung. Die Mischung zu einer glatten Paste verkneten und in Frischhaltefolie aufbewahren.

Fondant sollte 1–2 Tage ruhen. Zum Überziehen Fondant in kleinen Stücken im Wasserbad schmelzen.

SCHOKOLADENGLASUR

150 g Zucker
150 ml Wasser
300 g Schokoladenplättchen
oder gehackte Tafelschokolade

Aus Zucker und Wasser einen Sirup herstellen. Die Schokolade hinzufügen. Bei mittlerer Hitze so lange mit dem Schneebesen rühren, bis die Schokolade geschmolzen ist und die Mischung eine glatte Konsistenz hat.

Die Mischung auf 110 °C erhitzen, bis sich schwache Fäden bilden (siehe rechts). Das Kochstadium entweder mit den Fingern prüfen, die man kurz in Eiswasser taucht (S. 117), oder ein Zuckerthermometer verwenden (S.108).

Besitzt die Sirup-Schokoladenmischung die richtige Konsistenz, den Topf vom Herd nehmen. Damit Luftbläschen entweichen, mit dem Topf auf die Arbeitsfläche klopfen und die Glasur sofort verwenden.

Sie reicht für einen Kuchen von 25 cm Durchmesser.

SCHOKOLADENGLASUR HERSTELLEN

Schokoladenglasur aus gekochtem Sirup besitzt einen schönen Glanz. Man kann sie aber auch als heiße Dessertsauce servieren. Unerlässlich ist Schokolade von guter Qualität.

SCHOKOLADE SCHMELZEN
Schokolade in den heißen Sirup geben. Damit sie nicht „stockt" und klumpig wird, rühren, bis sie schmilzt.

KOCHSTADIUM PRÜFEN
Daumen und Zeigefinger in Eiswasser, dann in die Mischung tauchen und auseinander ziehen. Es sollte sich ein dünner Faden bilden.

LUFTBLÄSCHEN „HERAUSKLOPFEN"
Den Topf leicht auf ein Küchentuch auf der Arbeitsfläche klopfen, damit eingeschlossene Luftbläschen entweichen können. Bleiben sie in der Glasur, entstehen im späteren Überzug des Kuchens unschöne Risse.

EINEN KUCHEN ÜBERZIEHEN

Vor dem Überziehen den Kuchen mit Marmeladenglasur (siehe unten) bestreichen. So wird er saftig und die zweite Glasur lässt sich gut auftragen. Auf ein Gitter über Backpapier stellen.

1 Die warme Glasur (in unserem Beispiel wird Schokoladenglasur verwendet) in die Mitte des Kuchens gießen. Dabei mehr Glasur verwenden, als zum Überziehen nötig ist. Zügig arbeiten, damit ein gleichmäßiger Überzug entsteht.

2 Glasur mit einem warmen Palettmesser verstreichen, aber nicht zu häufig hin und her bewegen. Überschüssige Glasur auf das Papier laufen lassen.

3 Mit dem Kuchengitter vorsichtig auf die Arbeitsfläche klopfen, damit Luftbläschen entweichen. Die Glasur 5–10 Minuten fest werden lassen.

APRIKOSENGLASUR

100 g Aprikosenmarmelade
(oder eine größere Menge)
50 ml Wasser
(auf je 100 g Marmelade)

Reichlich Marmelade in einem kleinen Topf erhitzen, da sich beim Passieren die Menge verringert. Durch ein Sieb in einen sauberen Topf passieren, um Fruchtstücke zu entfernen. Wasser hinzufügen. Unter ständigem Rühren erhitzen. Sprudelnd aufkochen und vom Herd nehmen. Leicht abkühlen lassen, zum Glasieren allein oder unter einer anderen Glasur verwenden.

MARMELADENGLASUREN

Marmeladen kann man aufkochen und als Glasur für Kuchen und Torten verwenden.

GLASUR AUFTRAGEN
Vor dem Überziehen die Glasur mit einem Pinsel großzügig auf den Kuchen streichen.

PÜREES UND COULIS

Fruchtpürees lassen sich vielseitig verwenden, ob für einfache Saucen oder aufwendige Soufflés. Wie man Früchte püriert, hängt von ihrer Beschaffenheit ab. Weiches Obst, Beeren und Bananen gibt man gleich in den Mixer. Festere Früchte, etwa Äpfel, werden zuvor sautiert. Beerenpüree sollte zu einem Viertel aus vollreifen, sehr süßen Früchten bestehen und zu einem weiteren Viertel aus gerade reifen Exemplaren, die Farbe und Fruchtsäure beisteuern.

1 Soll das Püree schnell fertig werden, einen Mixer oder eine Küchenmaschine verwenden. Die Mischung nicht zu stark pürieren, da sich sonst viel Schaum bildet.

2 Die Mischung durch ein feines Metallsieb passieren, um Samen, Fasern und Schalenreste zu entfernen. Das passierte Püree kann sofort verwendet werden.

EIN PASSIERGERÄT VERWENDEN
Die Früchte in das Sieb des Passiergeräts füllen und die Drehkurbel betätigen. Fruchtfleisch und Saft werden so durch das eingesetzte Metallsieb in eine darunter gestellte Schüssel gepresst. Schalen und Samen bleiben im Sieb.

COULIS HERSTELLEN
Das dünnflüssige Fruchtpüree eignet sich gut als Dessertsauce. Zum Süßen je nach Geschmack Puderzucker unterrühren. Ein Spritzer Zitronensaft sorgt für einen säuerlichen Geschmack, etwas Likör für zusätzliches Aroma.

SÜSSE SAUCEN

Eine süße Sauce kann wesentlicher Bestandteil eines Desserts sein oder als zusätzliche Beigabe den Charakter einer Speise vollständig verändern. Ob einzeln serviert oder mit einer anderen Sauce für eine Kombination von Aromen und Farben – Saucen machen aus einem einfachen Gericht stets ein vielfältiges Geschmackserlebnis. Eine süße Sauce auf Milchbasis wird zum Beispiel mit Maisstärke angedickt, mit Butter und Sahne verfeinert und mit Branntwein und Schokolade aromatisiert. Sie passt zu heißen Puddings – etwa zu Plumpudding als Alternative zu englischer Weinbrandbutter. Den Weinbrand kann man durch Rum oder Grand Marnier ersetzen.

BUTTERSCOTCH-SAUCE

85 g Butter
175 g dunkelbrauner Zucker
2 EL heller Rohrzuckersirup
85 ml Crème double

Butter, Zucker und Sirup bei niedriger Temperatur erhitzen, bis die Butter geschmolzen ist. Crème double einrühren und die Mischung erhitzen, bis sie zu kochen beginnt. Die Sauce sofort vom Herd nehmen.

SÜSSE MILCHSAUCE

2 EL Maisstärke
2 EL Zucker
500 ml Milch
30 g Butter
½ TL natürliche Vanille-Essenz
100 ml süße Sahne

Die Maisstärke mit dem Zucker und ein wenig Milch in einer größeren Schüssel zu einer glatten Paste verrühren. Die übrige Milch erhitzen und unter Rühren zu der Paste gießen. Die Sauce wieder in den Topf gießen und zum Kochen bringen, dabei ständig rühren. 1 Minute schwach köcheln lassen. Butter und Vanille-Essenz unterschlagen. Vom Herd nehmen und die Sahne unterrühren. Sofort servieren.

SCHOKOLADEN-SAHNE-SAUCE

250 ml süße Sahne
250 g Zartbitterschokolade oder beste weiße Schokolade

Die süße Sahne in einem kleinen Topf heiß werden lassen, aber nicht zum Kochen bringen. Vom Herd nehmen und die Schokolade in kleinen Stücken hineingeben. So lange rühren, bis sich die Schokolade vollständig aufgelöst und mit der Sahne verbunden hat. Warm oder kalt servieren.

SABAYON ZUBEREITEN

Die feine Weinschaumsauce basiert auf dem italienischen Dessert Zabaione und besteht ebenfalls aus Eigelb, Zucker und Weißwein. Ihre charakteristische lockere Konsistenz erhält sie durch ununterbrochenes Schlagen. Statt des Weins kann man auch Fruchtsaft verwenden.

EIGELB-ZUCKER-MISCHUNG
Eigelb und Zucker sollten bei nicht allzu großer Hitze verschlagen werden, da das Eigelb sonst gerinnt und sich Klumpen bilden.

SAUCE ANDICKEN
Durch das ständige Schlagen, während man den Wein hinzufügt, gelangen Luftbläschen in die Sauce und sie wird dickflüssig.

LOCKER AUFSCHLAGEN
Wurde die Sabayon ausreichend aufgeschlagen, hinterlässt der Schneebesen beim Herausziehen in der Sauce eine feine Spur.

SABAYON-SAUCE

6 Eigelb
100 g Zucker
150 ml süßer Weißwein
1 EL Madeira oder Sherry

Eigelb und Zucker in eine hitzebeständige Schüssel geben und diese auf einen Topf mit heißem, aber nicht kochendem Wasser setzen. Die Mischung mit dem Schneebesen schaumig schlagen.

Unter ständigem Schlagen nach und nach den süßen Weißwein dazugießen.

Die Sauce weiterschlagen, bis sie sehr hell wird und eine dickflüssige, aber lockere Konsistenz bekommt. Den Madeira oder Sherry unterschlagen und die Sauce sofort servieren.

SCHOKOLADEN-SAUCE

60 g Zucker
4 EL Wasser
225 g Zartbitterschokolade
½ TL natürliche Vanille-Essenz
30 g Butter

Für diese Sauce auf Sirupbasis nur beste Zartbitterschokolade verwenden. Zucker und Wasser erhitzen, bis sich der Zucker aufgelöst hat. Den Sirup sprudelnd aufkochen und vom Herd nehmen. Die Schokolade in Stücke brechen und in den Sirup rühren, bis sie sich vollständig aufgelöst hat. Vanille-Essenz und Butter unterschlagen. Die Sauce warm oder kalt servieren.

SAUCE AUS WEISSER SCHOKOLADE

60 g Zucker
4 El Wasser
350 g beste weiße Schokolade
100 ml süße Sahne

Zucker und Wasser erhitzen, bis sich der Zucker aufgelöst hat. Den Sirup sprudelnd aufkochen und vom Herd nehmen. Die Schokolade in kleine Stücke brechen und in den Sirup rühren, bis auch sie sich vollständig aufgelöst hat. Anschließend die Sahne unterrühren. Die Sauce sofort servieren.

KAFFEE-SAUCE

60 g geröstete Kaffeebohnen
500 ml Milch
2 EL Maisstärke
2 EL Zucker
45–60 g Rosinen
4 EL weißer Rum

Die Kaffeebohnen in der Milch bis kurz vor dem Siedepunkt erhitzen. Vollständig abkühlen lassen. Etwas Milch mit der Maisstärke und dem Zucker verrühren. Restliche Milch stark erhitzen, aber nicht kochen. Milch abseihen, Kaffeebohnen wegwerfen. Die Sauce wie süße Milchsauce zubereiten. Eventuell Rum oder Kaffeelikör hinzufügen. Rosinen ca. 30 Minuten im weißen Rum einweichen und zu der Sauce geben.

WEINBRAND-BUTTER

175 g Butter
100 g Puderzucker
4 EL Weinbrand

Die Butter und den Puderzucker schaumig schlagen. Nach und nach den Weinbrand unterschlagen. Die Weinbrandbutter kalt stellen, bis sie fest geworden ist.

MELBA-SAUCE

250 g Himbeeren
Etwa 3 EL Puderzucker
1–2 EL Himbeergeist

Die Himbeeren pürieren und durch ein Sieb passieren, um die Samen zu entfernen. Nach Geschmack mit Puderzucker süßen und den Himbeergeist nach Belieben unterrühren. Vor dem Servieren für kurze Zeit kalt stellen.

KOKOSMILCH-SAUCE

250 ml Mich
250 ml Kokosmilch aus der Dose
6 Eigelb
150 g Zucker
100 ml süße Sahne

Milch und Kokosmilch in einen Topf gießen und leicht erhitzen. Langsam zum Kochen bringen. Eigelb und Zucker in einer größeren Schüssel schaumig schlagen. Die heiße Milch unter ständigem Rühren in die Eigelbmischung gießen und alles wieder in den Topf füllen. Unter Rühren schwach erhitzen, bis die Sauce dickflüssig wird. Vom Herd nehmen und die Sahne unterrühren. Die Sauce vor dem Servieren abseihen.

FRÜCHTE FLAMBIEREN

Zum Flambieren benötigt man hochprozentige alkoholische Getränke, etwa Weinbrand, Rum oder Obstbranntwein. Früchte wie Trauben oder Kirschen eignen sich hierfür am besten. Der verbrannte Alkohol ergibt eine einfache Sauce.

1 Früchte in einem Topf sautieren. In einem weiteren Topf den Alkohol erhitzen. Vom Herd nehmen, in Flammen setzen und über die Früchte gießen. So können die Früchte nicht anbrennen.

2 So lange der Alkohol brennt, die Früchte immer wieder gleichmäßig damit begießen. Darauf achten, dass die Früchte selbst nicht brennen. Zur Sicherheit mit einem langen Metalllöffel arbeiten.

EIERCREMES UND FÜLLCREMES

Viele delikate Füllungen und Eiscremespezialitäten bestehen aus einfachen Milchprodukten, die in herrliche Eiercremes und Füllcremes verwandelt werden. Bei der Zubereitung dieser süßen Klassiker ist es sehr wichtig, die Temperatur genau zu prüfen.

CRÈME CHANTILLY

250 ml Crème double
30–40 g Puderzucker
1/2 TL natürliche Vanille-Essenz (nach Belieben)

Die Crème double mit dem Puderzucker steif schlagen, bis sich weiche Spitzen bilden. Auf Wunsch mit Vanille-Essenz aromatisieren. Nach Belieben verwenden oder sofort servieren.

SAHNE SCHLAGEN
Crème Chantilly besteht aus gesüßter geschlagener Sahne. Für eine schnelle Zubereitung Sahne und Zucker mit dem Handrührgerät steif schlagen. So gelangen reichlich Luftbläschen in die lockere Mischung.

CRÈME ANGLAISE

1 Vanillestange
500 ml Milch
6 Eigelb
150 g Zucker
100 ml süße Sahne

Die Vanillestange der Länge nach aufschneiden und in einen Topf geben. Die Milch dazugießen und langsam zum Kochen bringen. Eigelb und Zucker in einer größeren Schüssel schaumig schlagen. Die Vanilleschote entfernen und die Milch unter ständigem Rühren zu der Eigelbmischung gießen. Alles wieder in den Topf füllen. Unter Rühren schwach erhitzen, bis die Mischung dickflüssig wird und am Rücken eines Holzlöffels haften bleibt. Die Creme nicht zu heiß werden lassen oder kochen, da das Eigelb sonst gerinnt. Vom Herd nehmen und die süße Sahne unterrühren. Die Creme abseihen. Ergibt etwa 650 ml.

CREME ERHITZEN
Die Mischung unter ständigem Rühren schwach erhitzen. Wird sie zu heiß oder beginnt sogar zu kochen, gerinnt das Eigelb und setzt sich ab. Indem man süße Sahne unterrührt, wird der Kochprozess unterbrochen und die Mischung verfeinert. Sobald die Creme am Rücken eines Holzlöffels haften bleibt, den Topf vom Herd nehmen und die Sahne einrühren. Abseihen und servieren.

CRÈME PÂTISSIÈRE

500 ml Milch
1/2 Vanillestange
5 Eigelb
125 g Zucker
25 g Mehl
25 g Maisstärke

Milch mit der Vanillestange bis kurz vor dem Siedepunkt erhitzen. Vom Herd nehmen, leicht abkühlen lassen. Eigelb und Zucker schaumig schlagen und Mehl und Maisstärke unterrühren. Vanillestange entfernen. Die Milch nach und nach unter die Eigelbmischung rühren. Alles wieder in den Topf gießen, unter ständigem Schlagen langsam erhitzen, bis die Mischung dickflüssig wird und zu kochen beginnt. 1 Minute kochen lassen, dabei ständig rühren. In eine große Schüssel gießen, mit Frischhaltefolie oder Backpapier abdecken. Abkühlen lassen. Vor der Verwendung cremig schlagen.

CREME AUFSCHLAGEN
Crème pâtissière, auch Konditorcreme genannt, wird mit Mehl und Maisstärke angedickt. Damit sich keine Klümpchen bilden, muss die Mischung während des Kochens ständig geschlagen werden. Auf diese Weise lösen sich entstehende Klümpchen beim Kochen gleich wieder auf. Zum Verfeinern geschlagene Sahne unter die abgekühlte Creme ziehen.

CRÈME CHIBOUST

250 ml Milch
4 Eier, getrennt
250 g Zucker
20 g Maisstärke
3 Blatt Gelatine
6 El Wasser
1 TL natürliche Vanille-Essenz

Aus Milch, Eigelb, 50 g Zucker und Maisstärke eine Crème pâtissière zubereiten. Mit Frischhaltefolie abdecken und lauwarm abkühlen lassen. Die Gelatine in Wasser einweichen oder alternativ gemahlene Gelatine in 2 EL auflösen. Aus dem restlichen Zucker, dem Wasser und dem Eiweiß italienische Baisermasse (S. 68) herstellen. Die Vanille-Essenz unter die Crème pâtissière schlagen und die Gelatine unterrühren. Zuletzt die Baisermasse unterheben. Nach Bedarf verwenden oder kalt stellen und fest werden lassen.

BAISERMASSE UNTERHEBEN
Die italienische Baisermasse macht diese Variante von Crème pâtissière lockerer. Sie wird untergehoben, sobald die Creme abgekühlt ist. Durch Gelatine wird die Creme fest.

CRÈME AU BEURRE

150 g Zucker
85 ml Wasser
1 Ei
2 Eigelb
250 g weiche Butter
1/4–1/2 TL natürliche Vanille-Essenz

Aus Zucker und Wasser einen Sirup kochen, bis sich kleine Ballen bilden (S. 108). Ei und Eigelb im Mixer schaumig schlagen. Weiterschlagen und dabei nach und nach den Sirup in dünnem Strahl dazugießen. So lange schlagen, bis die Mischung abgekühlt und eine dickflüssige, helle Creme entstanden ist.

Zuletzt die Butter in kleinen Stücken hinzufügen und jeweils gründlich mit der Creme vermischen. Vanille-Essenz unterschlagen. Nach Bedarf verwenden.

STADIUM DES SIRUPS PRÜFEN
Französische Buttercreme oder Crème au beurre dient zum Füllen von Torten und Feingebäck. Die Basis bildet eine Creme aus Ei, Eigelb und Sirup, die mit Butter verfeinert wird. Um das richtige Kochstadium des Sirups zu prüfen, Daumen und Zeigefinger in Eiswasser tauchen, dann kurz in den Sirup und sofort wieder in das Eiswasser tauchen. Beim Verreiben sollten kleine, weiche Ballen entstehen.

EINFACHE BUTTERCREME

100 g Puderzucker, gesiebt
100 g weiche Butter
1 EL Zitronensaft
1/2 TL natürliche Vanille-Essenz

Puderzucker und Butter schaumig schlagen. Zitronensaft und Vanille-Essenz unterschlagen.

Für aromatische Varianten mit Branntwein, Zitronenschale, Kaffee-Extrakt oder Kakaopulver abschmecken.

EINFACHE BUTTERCREME ZUBEREITEN

Einfache Buttercreme eignet sich zum Bestreichen von Schichten Biskuit für eine Torte oder kleiner Biskuitböden für Petits Fours.

BUTTERCREME AUFSCHLAGEN
Jeweils die gleiche Menge weiche Butter und gesiebten Puderzucker schlagen, bis eine schaumige, helle Masse entstanden ist.

SPRITZBEUTEL VERWENDEN

Zum Füllen eines Spritzbeutels stülpt man sich diesen über die Hand (siehe Abbildung 2). Alternativ kann man ihn auch über ein hohes Glas stülpen.

1 Eine Spritztülle in den Beutel stecken und diesen darüber zusammendrehen, damit die Füllung nicht austritt.

2 Die obere Hälfte des Spritzbeutels über die Hand stülpen und die Füllung mit einem Löffel hineingeben.

3 Den Spritzbeutel oben zusammendrehen, bis Luft entweicht und die Füllung in der Tülle erscheint.

BISKUIT AUS GANZEN EIERN

4 Eier
125 g Zucker
125 Mehl, gesiebt
1 Prise Salz

Eine runde Kuchenform (20 cm Durchmesser) einfetten und mit Mehl ausstreuen. Den Backofen auf 170 °C (Umluft 150 °C) vorheizen.

Die Eier in eine hitzebeständige Schüssel geben und den Zucker hinzufügen. Die Schüssel auf einen Topf mit schwach köchelndem Wasser setzen. Eier und Zucker zu einer lockeren Schaummasse verschlagen. Die Schüssel vom Topf nehmen und die Masse so lange weiterschlagen, bis sie abgekühlt ist.

Mehl und Salz vermischen und portionsweise mit einem Teigschaber unter die Eiermasse heben. Vorsichtig arbeiten, damit die Mischung locker bleibt.

Den Biskuitteig in die vorbereitete Form füllen und etwa 25 Minuten im Ofen backen. Das fertige Biskuit sollte schön aufgegangen und hellgelb sein. Er sollte auf Druck elastisch nachgeben.

Für 6–8 Personen.

BISKUIT AUS GANZEN EIERN ZUBEREITEN

Damit Biskuit schön locker wird, schlägt man die Eiermasse über schwach köchelndem Wasser. Kochen darf es jedoch nicht, da die Eier sonst gerinnen. Meisterköche benutzen zum Schlagen einen großen Schneebesen, schneller arbeitet man aber mit dem Handrührgerät.

1 Eier und Zucker (von Raumtemperatur) in eine hitzebeständige Schüssel geben und zunächst leicht verschlagen.

2 Die Schüssel auf einen Topf mit heißem Wasser stellen. Mischung schaumig schlagen, bis sie bandartig vom Schneebesen fließt.

3 Die Schüssel vom Topf nehmen. Weiterschlagen, bis die Mischung abgekühlt ist.

4 Mehl und Salz vermischen. Mit einem Teigschaber in zwei bis drei Portionen vorsichtig unter die Eiermasse heben.

5 Den Teig in die vorbereitete Form füllen und warten, bis sie gleichmäßig verlaufen ist. Wird eine eckige Form benutzt, den Teig eventuell mit einer Messerspitze in den Ecken verteilen.

6 Das gebackene Biskuit kurz in der Form ruhen lassen. Zum Auskühlen auf ein Kuchengitter stürzen. Damit sich das Gittermuster nicht in das Biskuit drückt, das Kuchengitter mit einem Küchentuch abdecken.

BACKFORMEN UND BACKZEITEN (VARIANTEN)

Hochwandige quadratische Form
Teig in einer tiefen quadratischen Form (17 cm lang) wie beschrieben backen.
Runde Backformen für mehrere Biskuitböden
Zwei flache runde Backformen (20 cm Durchmesser) verwenden, Biskuits bei 180 °C (Umluft 160 °C) 20–25 Minuten backen.
Rechteckige Backform (für Biskuitrolle)
Für eine Biskuitrolle 3 Eier verwenden. Rechteckige Form (20 x 30 cm) mit Backpapier auslegen. Backen: 190–200 °C (Umluft 170–180 °C), 4–5 Minuten.
Madeleine-Form
Das Grundrezept ergibt etwa 24 Madeleines. Muschelförmige Vertiefungen einfetten, mit Mehl ausstreuen. Madeleines bei 200 °C (Umluft 180 °C) 5–7 Minuten backen.

BISKUIT AUS GANZEN EIERN AROMATISIEREN

SCHOKOLADE
2–3 EL Kakaopulver zusammen mit dem Mehl sieben.

KAFFEE
In 2 EL heißem Wasser 2 EL Instant-Kaffeepulver auflösen. Mit Eiern und Zucker vermischen.

ROSEN-/ORANGENBLÜTENWASSER
1 TL zu Eiern und Zucker geben.

ZITRUSSCHALE
Abgeriebene Schale von 1 Orange, Zitrone oder Limette zu Eiern und Zucker geben.

KARDAMOM
Die Samen von 6 grünen Kardamomkapseln im Mörser zu einem feinen Pulver zerreiben. Dann mit dem Mehl unter die Masse heben.

BISKUIT MIT BUTTER VERFEINERN

Biskuitmasse kann man mit Butter verfeinern. Dafür 20 g Butter zerlassen und abkühlen lassen. Die Butter darf nicht zu heiß sein, da die Eier sonst gerinnen. Den Biskuitteig nach unserem Grundrezept (S. 118) herstellen, Butter unterheben und den Teig in die Form füllen. Sofort backen.

BUTTER UNTERHEBEN
Die zerlassene Butter gleichmäßig über den Biskuitteig träufeln. Mit einem Teigschaber die Butter vorsichtig unterziehen. Sie sollte zügig untergearbeitet werden, doch darf man den Teig dabei nicht rühren.

LÖFFELBISKUITS HERSTELLEN

Obwohl Löffelbiskuits an knusprig gebackenes Biskuit erinnern, besteht der Teig doch eher aus einer verfeinerten Baisermasse. Vor dem Backen werden sie mit zwei Schichten gesiebtem Puderzucker bestäubt, wodurch sie die charakteristische Zuckerkruste erhalten.

1 Die aufgespritzten Löffelbiskuits sollten gleich lang sein: etwa 10 cm, wie in unserem Beispiel, oder etwa die benötigte Länge zum Auskleiden einer Charlottenform haben. Ausreichend Platz zwischen den Löffelbiskuits lassen. Für einen Streifen Löffelbiskuits (S. 52) die Stränge nebeneinander aufspritzen.

2 Die aufgespritzten Löffelbiskuits mit Puderzucker bestäuben. Stehen lassen, bis sich der Zucker aufgelöst hat, dann nochmals bestäuben.

3 Das Backpapier festhalten und das Blech leicht neigen, um den übrigen Puderzucker abzuschütteln. Er könnte beim Backen anbrennen.

LÖFFELBISKUITS

3 Eier, getrennt
100 g Zucker
75 g Mehl
Puderzucker zum Bestäuben

Ein Backblech mit Backpapier auslegen.

Das Eiweiß schlagen, bis sich weiche Spitzen bilden. Nach und nach 50 g Zucker unterschlagen, bis der Eischnee steif und glänzend ist.

In einer weiteren Schüssel Eigelb und restlichen Zucker schaumig schlagen. Mit einem Löffel oder Teigschaber die Eigelbmischung unter den Eischnee heben. Das Mehl sieben und ebenfalls unterheben.

Eine große Lochtülle in einen Spritzbeutel stecken und den Teig in den Beutel füllen. Auf das Backblech 10 cm lange Stränge spritzen, dabei jeweils 5 cm Abstand lassen.

Bei 180 °C (Umluft 160 °C) etwa 10 Minuten backen, bis die Löffelbiskuits goldbraun und an der Oberfläche fest sind. Auf ein Kuchengitter setzen. Mit Puderzucker bestäuben. Ergibt 10–12 Löffelbiskuits.

BISKUITROLLE HERSTELLEN

Für eine Biskuitrolle wird der Biskuitteig in einer rechteckigen Form gebacken. Anschließend stürzt man ihn auf Backpapier, verteilt die Füllung darauf und rollt ihn ein. Für den Teig 3 Eier, 100 g Zucker und 75 g Mehl verwenden. Nach der Anleitung auf S. 118 vorgehen. In einer flachen, rechteckigen Form (20x30 cm) bei 190–200 °C (Umluft 170–180 °C) etwa 4–5 Minuten backen.

1 Biskuit mit dem Backpapier auf ein Kuchengitter heben. Backpapier mit Puderzucker bestäuben. Biskuit darauf stürzen und oberes Backpapier abziehen.

2 Biskuit mit dem Papier auf ein Küchentuch ziehen. Füllung auf dem Biskuit verteilen. Längs einen Streifen Biskuit umklappen, mit Hilfe des Papiers einrollen.

3 Um das Biskuit fest einzurollen, ohne ihn zu beschädigen, ein Palettmesser zwischen Biskuit und Backpapier schieben. Papier in entgegengesetzte Richtung ziehen.

BLÄTTERTEIG HERSTELLEN

Beim Backen wird Blätterteig aufgrund der enthaltenen Butter in vielen lockeren Schichten in die Höhe getrieben. Man verwendet ihn als Teighülle für Desserts, als feinen Boden für Kuchen oder verarbeitet ihn mit unterschiedlichsten Füllungen in Schichten. Die Herstellung geschieht in drei Stufen: Zutaten für den Grundteig mischen; Butter einschlagen; schließlich den Teig ausrollen und zusammenlegen. So entstehen die vielen lockeren Teigschichten.

1 75 g Butter zerlassen, abkühlen lassen. Mehl mit Salz auf die Arbeitsfläche sieben. Eine Mulde in die Mitte drücken. Wasser und Butter hineingießen, mit den Fingern leicht untermischen.

2 Die Zutaten mit einer Teigkarte oder mit den Fingern unterarbeiten, bis ein glatter Teig entsteht. Bei Bedarf mehr Wasser hinzufügen. Zu viel Wasser macht den Teig jedoch klebrig.

3 Den Teig zu einer Kugel formen und auf bemehltes Backpapier setzen. Die Teigkugel oben kreuzweise einschneiden. Das Backpapier um die Kugel wickeln und diese für 30 Minuten kühlen.

BUTTER EINSCHLAGEN

Die einzelnen Stufen der Herstellung sollte man keinesfalls abkürzen. Wird der Teig nicht lange genug gekühlt, schmilzt die Butter. Die benötigte Butter wird in einen 2 cm dicken Quader geschnitten und kalt gestellt. Die Buttermenge ist entscheidend: Zu wenig macht den Teig zu schwer, nimmt man zu viel, wir er fettig. Manche Chefkonditoren wiegen darum den Grundteig und verwenden dann das halbe Teiggewicht an Butter.

1 Die Arbeitsfläche mit Mehl bestäuben. Den Teig so ausrollen, dass er in der Mitte dicker ist. Zu vier Seiten kreuzförmig ausrollen.

2 Die Butter in die Mitte setzen und die ausgerollten Seiten des Teigs darüber schlagen, bis sie ganz bedeckt ist. Falls nötig, Teig über die Butter ziehen.

3 Teig und Nudelholz mit Mehl bestäuben. Das Teigpaket fest zusammendrücken. Rechteckig ausrollen, eingewickelt 30 Minuten kühlen.

LUFTIGER BLÄTTERTEIG

Bei der Herstellung von Blätterteig wird die Bedeutung der „Ruhephasen" oft unterschätzt. Blätterteig gelingt jedoch nur, wenn man genügend Geduld aufbringt. Die Herstellung darf ruhig einen Tag lang dauern, damit der Teig sorgsam zubereitet wird und lange genug kalt steht. Zutaten und Küchengeräte müssen kühl sein, das gilt auch für die Hände.

Hartes Mehl enthält viel Protein und hat einen festen Kleber, der für Blätterteig sehr wichtig ist: Beim Backen schmilzt die Butter und die einzelnen Teigschichten werden voneinander getrennt. Das enthaltene Wasser verdampft, treibt sie in die Höhe und sorgt für die lockere Konsistenz.

Vor und nach dem letzten Arbeitsgang wird der Teig nochmals gekühlt. Die Backtemperatur muss sehr hoch sein (200-220 °C), damit der Teig gut aufgeht und luftig wird.

BLÄTTERTEIG

375 g Butter
500 g hartes Mehl
2 TL Salz
250 ml eiskaltes Wasser

75 g Butter zerlassen und abkühlen lassen. Mehl und Salz auf der Arbeitsfläche vermischen und eine Mulde in die Mitte drücken. Wasser und Butter hineingießen, Mehl mit den Fingern untermischen. Einen glatten Teig kneten und eine Kugel formen. In Backpapier gewickelt 30 Minuten kühlen.

Übrige Butter zu einem Quader von etwa 2 cm Dicke formen. Den Teig kreuzförmig ausrollen, in der Mitte sollte er dicker sein. Die Butter in die Mitte legen und die Seiten des Teigs darüberschlagen. Mit dem Nudelholz flach drücken.

Den Teig sechs Mal ausrollen, zusammenlegen und drehen (als „Touren" bezeichnet). Nach jeder Tour 30 Minuten kalt stellen. Vor der Verwendung nochmals kühlen.

Ergibt 1,25 kg.

BLÄTTERTEIG AUSROLLEN UND ZUSAMMENLEGEN

Beim Ausrollen und Zusammenlegen des Teigs sollten die Teigränder unbedingt gerade aufeinander liegen bleiben. Darum faltet man das Teigrechteck wie einen Brief zusammen. Die einzelnen Schichten des Blätterteigs gehen dann beim Backen schön gleichmäßig auf.

1 Den Teig zu einem langen Rechteck ausrollen, so dass die Ränder gerade bleiben. Ein Drittel des Rechtecks von der Schmalseite über die Mitte schlagen.

2 Das letzte Drittel darüber schlagen.

3 Die gefalteten Teigstreifen ergeben nun ein gleichmäßiges Quadrat.

BLÄTTERTEIG DREHEN UND RUHEN LASSEN

Das Teigquadrat wird nach jeder Tour in Frischhaltefolie oder mit Mehl bestäubtes Backpapier gewickelt und für 30 Minuten kalt gestellt. Das beschriebene Verfahren wiederholt man insgesamt sechs Mal. Durch die sechs Touren entstehen viele Teigschichten, die beim Backen luftig aufgehen.

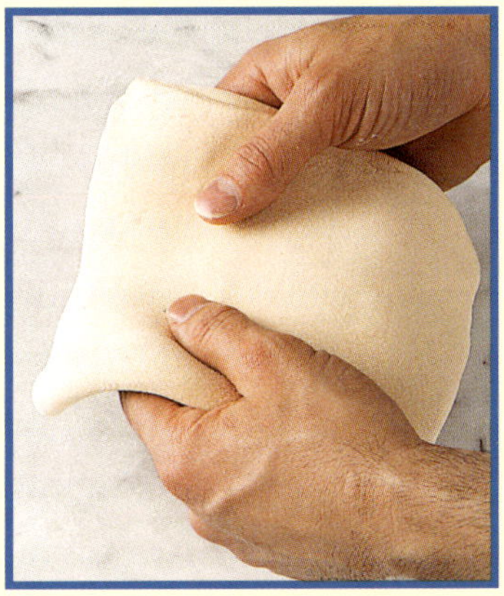

1 Das Teigquadrat um 90 Grad drehen, so dass die hintere Nahtstelle nun links liegt. Die rechte Seite zeigt nach hinten.

2 Die Ränder der einzelnen Schichten mit dem Nudelholz zusammendrücken und das Quadrat zu einem langen Rechteck ausrollen.

3 Das Rechteck wieder zu einem Quadrat zusammenlegen. Anzahl der Touren mit Fingerabdrücken im Teig vermerken. Kalt stellen.

TEIG AUSSTECHEN

Damit Blätterteig beim Backen gleichmäßig aufgeht, muss man ihn zuvor schön gleichmäßig ausrollen.

1 Den Blätterteig auf die gewünschte Dicke ausrollen und auf einer kühlen Arbeitsfläche ausbreiten. Mit Eigelb-Wasser-Mischung (S. 123) bestreichen.

2 Den ausgerollten Teig für 30 Minuten kalt stellen. Mit einer eingefetteten Form Ornamente austechen.

MÜRBETEIG

Alle Varianten des Mürbeteigs besitzen eine krümelige, leicht knusprige Konsistenz. Gehaltvoller Mürbeteig mit viel Butter ist zartkrümelig und zergeht geradezu auf der Zunge. Durch die Zugabe einer kleinen Menge Wasser wird der Teig gebunden und erhält, wie auch dank der hohen Backtemperatur, seine knusprige Konsistenz. Die Zutaten für Mürbeteig sollten gut gekühlt und die Raumtemperatur bei der Herstellung eher niedrig sein. Der Teig wird möglichst schnell zubereitet, denn langes Kneten macht ihn fest und schwer.

SANDTEIG

150 g Butter
100 g Puderzucker
1 kleines Ei, verschlagen
250 g Mehl

Butter und Puderzucker in einer Schüssel schaumig schlagen, das Ei unterrühren. Das Mehl sieben und untermischen, bis ein glatter Teig entsteht. Zu einer Kugel formen, in Frischhaltefolie wickeln und für etwa 30 Minuten kalt stellen.

SÜSSER MÜRBETEIG

100 g Butter
200 g Mehl, gesiebt
50 g Zucker
2 Eigelb
1/4 TL natürliche Vanille-Essenz

In einer Schüssel Butter und Mehl mit den Fingern verreiben, bis eine krümelige Mischung entsteht. Zucker untermischen. Eigelb und Vanille-Essenz verschlagen und alles zügig zu einem Teig verarbeiten. Zu einer Kugel zusammendrücken, 30 Minuten kühlen.

GESALZENER MÜRBETEIG

200 g Mehl
1/2 TL Salz
100 g Butter
1 Ei, leicht verschlagen
Etwa 2 TL Wasser

Mehl und Salz in eine Schüssel sieben. Die Butter mit dem Mehl krümelig verreiben. Das Ei und so viel Wasser untermischen, dass ein fester Teig entsteht. Zu einer Kugel formen, in Frischhaltefolie wickeln und für 30 Minuten kalt stellen.

SANDTEIG oder pâte sablée ist süßer und krümeliger als die beiden anderen Varianten. Er eignet sich für Obstkuchen und zur Plätzchenherstellung.

SÜSSER MÜRBETEIG oder Pâte sucrée ist leicht gesüßt und wird mit einem extra Eigelb und Vanille-Essenz verfeinert. Für Obstkuchen und Pasteten.

GESALZENER MÜRBETEIG oder Pâte brisée ist eine französische Version des einfachen Mürbeteigs. Er wird für Obstkuchen und Fruchtklößchen (S. 180) verwendet.

MÜRBETEIG MISCHEN

Ob die Zutaten für Mürbeteig nun mit den Fingern oder einer Küchenmaschine vermischt werden, so erleichtert man das Mischen:

Für einen gehaltvollen Mürbeteig mit viel Butter das Mehl auf eine Marmorplatte sieben und eine Mulde in die Mitte drücken. Die Butter in kleine Stücke schneiden und mit den Eiern und dem Zucker in die Mulde geben. Mit den Fingern vermischen und nach und nach unter das Mehl arbeiten, bis eine krümelige Masse entsteht.

Zum Vermischen von Butter und Mehl eignet sich auch eine Küchenmaschine. Doch sollte man hier die Angaben des Herstellers beachten, denn rührt man den Mürbeteig zu stark, wird er sehr weich und kaum formbar.

MÜRBETEIG HERSTELLEN

1 Das Mehl in eine Schüssel sieben. Wird Salz verwendet, dieses mit dem Mehl zusammen sieben.

2 Die Butter mit den Fingern gleichmäßig unter das Mehl arbeiten, bis eine krümelige Masse entsteht.

3 Eine Mulde in die Mitte drücken. Ein Ei hineingeben oder die Mischung mit Wasser beträufeln.

4 Die feuchten Zutaten mit einer Teigkarte unter die Zutaten mischen.

5 Sobald sich Klümpchen bilden, den Teig zusammenschieben und eine glatte Kugel formen.

EINE OBSTKUCHENFORM MIT TEIG AUSKLEIDEN

Der Teig darf beim Ausrollen und Einpassen in die Form keinesfalls gezogen werden, da er beim Backen sonst zusammenschrumpft. Die ausgekleidete Form vor dem Backen für mindesten 30 Minuten kalt stellen.

1 Teig zu einem Kreis ausrollen, dessen Durchmesser 5 cm länger ist als bei der Form. Locker um das Nudelholz wickeln, über der Backform ausbreiten.

2 Mit einer kleinen Teigkugel, die man vom überhängenden Rand geformt hat, den Teig am Boden und am Rand der Form festdrücken.

3 Den restlichen überhängenden Teig abtrennen, indem man mit dem Nudelholz über den Rand der Form fährt und dieses fest nach unten drückt.

EIGELBMISCHUNG

Für eine glänzende, goldgelbe Oberfläche bestreicht man Brot oder Teige vor dem Backen mit einer Mischung aus Eigelb und Wasser. Mit dieser Mischung kann man auch Teigschichten verschließen, etwa für gedeckte Obstkuchen.

In einer Schüssel 1 Eigelb, 1 TL Wasser und 1 Prise Salz mit einer Gabel verschlagen, bis alles vermischt ist. Die Mischung vor dem Backen mit einem Backpinsel auf Brot und Teige streichen.

TEIGMISCHER

Ein Teigmischer besteht aus u-förmig gebogenen Drähten und dient zum Vermischen von Fett und Mehl. Die stabilen Stahldrähte sind an einem Griff befestigt. Indem man den Teigmischer auf und ab bewegt, wird das Fett in das Mehl geschnitten.

MÜRBETEIGVARIANTEN

SCHOKOLADE
Mit dem Mehl 2 EL Kakaopulver in die Schüssel sieben oder 60 g fein geriebene Zartbitterschokolade hinzufügen.

ZITRUSSCHALE
Die fein abgeriebene Schale von 1 unbehandelten Orange, Zitrone oder Limette an den gesüßten Teig geben.

GERÖSTETE NÜSSE
An Sandteig oder süßen Mürbeteig 60 g fein gehackte geröstete Mandeln oder Haselnüsse geben.

SHORTCAKE AROMATISIEREN

NÜSSE UND MANDELN
Mit dem Zucker 60 g fein gehackte blanchierte Mandeln, Walnüsse oder Pekannüsse hinzufügen.

ZIMT
Mit dem Zucker 1 TL gemahlenen Zimt untermischen.

INGWER
2 EL fein gehackten kandierten Ingwer und die abgeriebene Schale von 1 Limette untermischen. Füllung: Mascarpone und exotische Früchte.

SHORTCAKE

Shortcake ist eine weitere Variante des Mürbeteigs und wird mit einem ganzen Ei und etwas Milch hergestellt. Das Ergebnis ist ein gehaltvoller und feinkrümeliger, besonders zarter Mürbeteig. Für ein klassisches britisches Dessert wird Shortcake mit geschlagener süßer Sahne und frischen Erdbeeren gefüllt. Er eignet sich als Boden für Käsekuchen und man kann ihn mit Cremefüllungen und Früchten übereinander schichten.

SHORTCAKE

100 g Butter
250 g Mehl
60 g Zucker
1 Ei, verschlagen
1 EL Milch

Füllung
150 ml Crème double, geschlagen
350 g weiche Früchte
Puderzucker zum Bestäuben

Die Butter mit den Fingern unter das Mehl reiben. Mit Zucker, Ei und Milch zu einem weichen, glatten Teig verkneten. Zu einem Kreis (25 cm) ausrollen.

Auf einem gefetteten Backblech bei 190 °C (Umluft 170 °C) etwa 20 Minuten backen. Auf einem Kuchengitter abkühlen lassen. Horizontal aufschneiden, mit Schlagsahne und Früchten füllen und mit Puderzucker bestäuben.

BRANDTEIG

Obwohl Brandteig ebenfalls zum Feingebäck zählt, unterscheidet sich seine Zubereitung doch deutlich von der des Mürbe- oder Blätterteigs. Brandteiggebäck hat eine knusprig lockere Konsistenz und kann auf vielerlei Weise gefüllt werden. Am beliebtesten sind Füllungen aus Sahne und Früchten.

Der vorbereitete Teig wird mit dem Spritzbeutel aufgespritzt oder auch mit dem Löffel geformt.

Die Backzeit hängt von der jeweiligen Größe und Form des Gebäcks ab. Sehr kleine Gebäckstücke (etwa kleine Profiteroles) werden bei 220 °C (Umluft 200 °C) gebacken. Größere Stücke bäckt man 10 Minuten bei 220 °C (Umluft 200 °C) und reduziert dann für weitere 15–20 Minuten die Temperatur auf 190 °C (Umluft 170 °C), bis das Gebäck knusprig und goldgelb ist. Auf diese Weise backen die Stücke auch im Innern durch, werden außen aber nicht zu dunkel.

BRANDTEIG

150 g Mehl
1 TL Salz
15 g Zucker
100 g Butter
250 ml Wasser oder jeweils
125 ml Wasser und Milch
4 Eier, verquirlt

Mehl und Salz in eine Schüssel sieben, Zucker untermischen. In einem großen Topf die Butter mit dem Wasser (oder mit Wasser und Milch) schwach erhitzen. Sobald die Butter schmilzt, die Temperatur erhöhen und die Mischung schnell sprudelnd aufkochen.

Den Topf vom Herd nehmen, die Mehlmischung hineinschütten und mit einem Holzlöffel kräftig unterrühren. Nach kurzer Zeit sollte sich ein geschmeidiger Teigkloß bilden, der sich vom Topfrand löst. Die Masse in diesem Stadium nicht schlagen. Beiseite stellen und etwa 15 Minuten abkühlen lassen.

Die Eier portionsweise unter die nun abgekühlte Masse schlagen – fügt man sie zu früh hinzu, gerinnen sie. Den Brandteig so lange schlagen, bis er glatt und glänzend ist.

BRANDTEIG HERSTELLEN

Brandteig wird in zwei Stufen hergestellt. Zunächst vermischt man Wasser, Butter und Mehl, dann werden die Eier untergeschlagen. Wasser und Butter werden schwach erhitzt und, sobald die Butter schmilzt, zum Kochen gebracht. Erhitzt man sie zu schnell, kocht das Wasser, ehe die Butter geschmolzen ist – zu viel Flüssigkeit verdampft. Das Mehl auf einmal hinzufügen und unterrühren, damit sich ein Teigkloß bilden kann.

1 Butter und Wasser schwach erhitzen, bis die Butter schmilzt. Bei starker Hitze die Mischung sprudelnd aufkochen.

2 Topf vom Herd nehmen. Das Mehl auf einmal hinzufügen und rühren, bis sich ein Teigkloß bildet, der sich vom Topfrand löst. Etwa 15 Minuten abkühlen lassen.

3 Den Topf wieder auf den Herd stellen und den Kloß unter Rühren kurz abbrennen. Beim Rühren sollte er sich stets gut vom Topf lösen.

4 Vom Herd nehmen und abkühlen lassen. Nach und nach die Eier unterschlagen.

5 Beim Schlagen sollte viel Luft in den Brandteig gelangen. So lange weiterschlagen, bis der Teig glatt und glänzend ist. Er kann nun gebacken werden.

BRANDTEIG IN HEIẞEM FETT AUSBACKEN

Einen geeigneten Topf 8 cm hoch mit Öl füllen. Auf 190 °C erhitzen. Brandteig in einen Spritzbeutel mit großer Lochtülle füllen. Über den Topf halten und jeweils einen etwa 3 cm langen Teigstrang herauspressen. An der Spritztülle abschneiden und in das heiße Fett fallen lassen. 3–5 Minuten ausbacken, bis der Teig aufgegangen und goldgelb ist. Mit einem Schaumlöffel herausnehmen, auf Küchenpapier abtropfen lassen und warm servieren.

EIERTEIGE

Viele Desserts bestehen aus Eierteig, ob feine Pfannkuchen, knusprige Beignets oder gebackener Eierteig mit Früchten. Die Zutaten variieren je nach Verwendungszweck, doch die folgenden Tipps garantieren einen stets glatten und lockeren Teig. Für Pfannkuchen, Beignets und Eierteigkuchen verwendet man Mehl ohne, für Waffeln Mehl mit Backpulver. Damit sich keine Klümpchen bilden, die flüssigen Zutaten – Wasser, Milch oder Eier – portionsweise hinzufügen. Durch das Schlagen gelangt Luft in den Teig, er wird locker und geht beim Backen schön auf. Für gleichmäßige Pfannkuchen lässt man den Teig vor dem Backen 30 Minuten oder länger ruhen. Während dieser Ruhezeit nimmt das Mehl Flüssigkeit auf, der Teig wird dicker. Ist er zu dick, gibt man vor dem Backen etwas Wasser hinzu.

BEIGNET-TEIG

300 g Mehl
2 EL Kartoffelmehl oder Speisestärke
1 Prise Salz
2 Eier
1 EL Sonnenblumenöl
250 ml Exportbier
4 Eiweiß
50 g Zucker

Mehl, Kartoffelmehl und Salz in eine Schüssel sieben und eine Mulde in die Mitte drücken. Eier, Öl und etwas Bier hineingeben, nach und nach mit dem Mehl vermischen. Kräftig schlagen und bei Bedarf mehr Bier dazugießen. Weiterschlagen, bis ein glatter Teig entsteht.

Das Eiweiß steif schlagen. Den Zucker untermischen, so dass eine glänzende Baisermasse entsteht. Ein Viertel der Baisermasse unter den Teig schlagen. Die restliche Baisermasse mit einem Metalllöffel unterheben. Teig sofort verwenden.

EIERTEIG FÜR BEIGNETS HERSTELLEN

FLÜSSIGE ZUTATEN UNTERMISCHEN
Mehl in eine Schüssel sieben. Die anderen festen Zutaten dazusieben oder dazugeben. Eine Mulde in die Mitte drücken und die Eier sowie ein wenig der abgemessenen Flüssigkeit (etwa Bier oder Milch) hineingeben. Die flüssigen Zutaten nach und nach mit dem Mehl vom Rand vermischen, bis ein dickflüssiger Teig entsteht.

TEIG SCHLAGEN
Die Flüssigkeit portionsweise dazugießen, so dass ein relativ dickflüssiger Teig entsteht. Nach jeder Zugabe kräftig schlagen, so dass keine Klümpchen mehr vorhanden sind, ehe wieder Flüssigkeit hinzugefügt wird. Dickeren Teig mit einem Teigschaber ab und zu vom Schüsselrand entfernen. Auf diese Weise entsteht ein wunderbar glatter Eierteig.

GLATTER EIERTEIG

Je glatter der Eierteig ist, desto lockerer und gleichmäßiger werden Pfannkuchen oder Beignets. Entstehen beim Vermischen von Mehl und Eiern Klümpchen, helfen folgende Methoden.

MIXER
Die Teigmischung in einen Standmixer füllen und eine Minute rühren, bis ein glatter, klümpchenfreier Teig entstanden ist.

SIEB
Ein Sieb auf eine Schüssel setzen und den Teig in das Sieb gießen. Zurückbleibende Klümpchen mit einem Löffel durch das Sieb streichen.

LOCKERER EIERTEIG

Manche dickflüssige Eierteige, etwa Beignet-Teig, der als Teigmantel dient, werden durch Zugabe von Bier oder Eischnee lockerer.

FLÜSSIGKEIT HINZUFÜGEN
Einen glatten, dickflüssigen Teig herstellen und dabei mit dem Eigelb Bier unterschlagen. Der fertige Teig sollte langsam vom Löffel tropfen.

EISCHNEE UNTERHEBEN
Das Eiweiß steif schlagen und etwa ein Viertel davon unter den Teig rühren. Den restlichen Eischnee unterheben. Den Teig sofort verwenden.

PLÄTZCHEN FORMEN

Den Plätzchenteig nach unserem Grundrezept (siehe unten) kann man ausrollen und ausstechen oder zu einer langen Wurst formen, kalt stellen und in Scheiben schneiden.

EINE TEIGROLLE FORMEN
Plätzchenteig zu einer Wurst rollen. In Frischhaltefolie wickeln, bei Bedarf nochmals rollen und kalt stellen. Die gekühlte Teigrolle mit einem scharfen Messer in gleichmäßige Scheiben schneiden. Hier wurden 50 g Rosinen unter den Teig gemischt.

PLÄTZCHEN AUSSTECHEN
Teig ausrollen und mit bemehlten Formen Motive ausstechen. Teigränder abermals ausrollen und ausstechen. Vor dem Backen mit braunem Zucker bestreuen.

GRUNDREZEPT FÜR PLÄTZCHENTEIG

125 g Butter
150 g Zucker
2 Eigelb
225 g Mehl
1 TL Vanille-Essenz (nach Belieben)

Butter und Zucker schaumig schlagen, Eigelb unterschlagen. Mehl und die Vanille-Essenz untermischen, bis ein weicher Teig entsteht. Den Teig leicht kneten und für etwa 15 Minuten kalt stellen. Den Backofen auf 180 °C (Umluft 160 °C) vorheizen, zwei Backbleche einfetten.

Den Teig auf einer leicht bemehlten Arbeitsfläche ausrollen. Mit bemehlten Ausstechformen Motive ausschneiden oder den Teig zu einer Wurst rollen, kalt stellen und in Scheiben schneiden. Die Plätzchen auf den Backblechen verteilen und etwa 15 Minuten hellgolden backen. Auf ein Kuchengitter setzen und auskühlen lassen. Ergibt 12–15 Plätzchen.

WAFFELRÖLLCHEN MIT WEINBRAND

Damit diese zarten Plätzchen gelingen, sollte man sie nach dem Backen kurze Zeit auf dem Blech ruhen lassen. So sind sie fest genug, wenn sie vom Blech gehoben werden, lassen sich aber noch formen. Sollten einige Waffeln schon zu fest sein, schiebt man sie nochmals für etwa 30 Sekunden in den Backofen. Danach lassen sie sich wieder formen.

TEIG AUF DEM BLECH VERTEILEN
Teig teelöffelweise in größerem Abstand auf den gefetteten Blechen verteilen. Mit dem Finger zu 3 cm breiten Kreisen flach drücken.

WAFFELN FEST WERDEN LASSEN
Die gebackenen Waffeln einige Sekunden auf den Backblechen ruhen lassen, damit sie etwas fester werden und beim Herunternehmen nicht zerbrechen.

WAFFELRÖLLCHEN FORMEN
Waffeln um den gefetteten Stiel eines Holzlöffels wickeln, kurz fest werden lassen. Auf einem Kuchengitter auskühlen lassen.

WAFFELRÖLLCHEN

125 g Butter
125 g hellbrauner Zucker
2 EL heller Rohrzuckersirup
125 g Mehl
1 TL gemahlener Ingwer
1 TL Weinbrand

Den Backofen auf 180 °C (Umluft 160 °C) vorheizen und zwei Backbleche einfetten. Die Butter mit dem Zucker und dem Sirup in einem kleinen Topf zerlassen. Vom Herd nehmen und Mehl, Ingwer und Weinbrand unterrühren.

Die Mischung teelöffelweise in größerem Abstand auf die Backbleche setzen. Da der Teig stark auseinander läuft, passen nur etwa vier Waffeln nebeneinander auf das Blech. 7–10 Minuten backen, bis die Waffeln goldbraun sind.

In der Zwischenzeit mehrere Holzlöffel am Stiel einfetten. Die gebackenen Waffeln einige Sekunden auf dem Blech ruhen lassen, damit sie beim Herunternehmen nicht zerbrechen. Mit dem Palettmesser unter eine Waffel fahren und diese um einen Löffelstiel wickeln. Einige Sekunden fest werden lassen, dann auf einem Kuchengitter auskühlen lassen. Mit den übrigen Waffeln ebenso verfahren. Ergibt 20 Waffeln.

WAFFELN (TUILES)

3 Eiweiß
100 g Puderzucker
100 g Mehl
60 g Butter, zerlassen
1/2 TL natürliche Vanille-Essenz (nach Belieben)

Für den Grundteig Eiweiß und Puderzucker verschlagen. Das Mehl leicht unterschlagen, so dass die Zutaten gerade vermischt sind. Butter und Vanille-Essenz unterrühren, bis eine glatte Mischung entsteht. Zugedeckt für 30 Minuten kalt stellen.

Den Backofen auf 200 °C (Umluft 180 °C) vorheizen, zwei Backbleche einfetten. Den Teig teelöffelweise in größerem Abstand auf den Blechen verteilen und mit einer feuchten Gabel zu Kreisen von 5 cm Durchmesser verstreichen. Die Waffeln 5–8 Minuten backen, bis sie am Rand eine goldbraune Farbe haben.

In der Zwischenzeit ein Nudelholz einfetten. Die gebackenen Waffeln auf dem Backblech einige Sekunden ruhen lassen, bis man sie mit dem Palettmesser abheben kann. Waffeln um das Nudelholz biegen und kurz fest werden lassen. Ergibt 18 Waffeln.

WAFFELN HERSTELLEN

Waffelgebäck aus dem oben beschriebenen Grundteig kann man auf viele Arten formen (S. 210–211). Die klassische Form dieser knusprigen Dessertbeigaben sind jedoch die hier gezeigten, leicht gebogenen runden Plättchen (französisch „tuiles" – Dachziegel). Dafür werden die noch warmen gebackenen Waffeln um ein gefettetes Nudelholz gebogen (siehe unten). Um hübsche Waffelschälchen für Desserts zu erhalten, kann man größeres Waffelgebäck auch um den Boden eines Trinkglases biegen. Die zerstoßenen gebackenen Waffeln eignen sich außerdem als knusprige Garnitur für Desserts.

1 Werden größere Waffeln oder Tuiles benötigt, den Teig mit einem Esslöffel auf das Blech geben. Zu Kreisen von 10 cm Durchmesser verstreichen.

2 Zum Formen die noch warmen gebackenen Waffeln oder Tuiles um ein gefettetes Nudelholz legen. Auf einem Kuchengitter auskühlen lassen.

SHORTBREAD HERSTELLEN

Shortbread ist eine beliebte Gebäckspezialität aus Schottland und eine wunderbare Beigabe zu Obstsalat und Eiscreme. Hier wird der Grundteig in schlanke Stücke, die klassischen „fingers", geschnitten. Formen wie Quadrate, Rauten, Dreiecke, Herzen oder Kreise eignen sich aber ebenso.

DIE FORM FÜLLEN
Den Teig in die vorbereitete Form füllen und mit den Fingern festdrücken. Darauf achten, dass der Teig gleichmäßig verteilt ist.

IN STÜCKE SCHNEIDEN
Shortbread sofort nach dem Backen in Stücke schneiden. Mit Zucker bestreuen und in der Form ruhen lassen.

AUSKÜHLEN LASSEN
Sobald das Gebäck fest ist, die Stücke mit einem Palettmesser vorsichtig auf ein Kuchengitter setzen. Vollständig auskühlen lassen.

SHORTBREAD

125 g Butter
60 g Zucker, zusätzlich Zucker zum Bestreuen
125 g Mehl

Den Backofen auf 170 °C (Umluft 150 °C) vorheizen, eine niedrige rechteckige Backform (etwa 20 x 30 cm) einfetten. Butter und Zucker schaumig schlagen und das Mehl unterrühren.

Die Teigmischung in die Form füllen, gleichmäßig mit den Fingern festdrücken. Nach Bedarf die Form der Stücke vor dem Backen mit dem Messer vorzeichnen.

Shortbread etwa 35 Minuten hellgolden backen. Nach dem Backen mit Hilfe der vorgezeichneten Linien sofort in Stücke schneiden und mit Zucker bestreuen. Etwa 15 Minuten in der Form ruhen lassen. Die Stücke vorsichtig aus der Form heben und auf einem Kuchengitter vollständig auskühlen lassen.
Ergibt 18–20 Stücke.

GELEES & GELATINE

Wird Gelatine zum Gelieren von Desserts verwendet, muss man bedenken, dass bestimmte tropische Früchte (Kiwi, Mango, Papaya und Ananas) roh ein Eiweiß spaltendes Enzym enthalten, das Gelatine wieder verflüssigen kann. Zwar wird diese meist sofort fest, doch nach 24 Stunden ist die Mischung wieder weich. Dies passiert bei roher Ananas und Papaya sowie bei Zitronensaft. Durch Erhitzen wird das Enzym zerstört. Somit können pasteurisierte Säfte und Früchte in Dosen problemlos mit Gelatine verwendet werden.

FRUCHTGELEE

150 ml Wasser
150 g Zucker
15 g Gelatine, vorbereitet (siehe unten)
500 ml frisch gepresster Fruchtsaft
3 EL Likör oder Branntwein
500 g Früchte

Aus Wasser und Zucker einen Sirup herstellen, Gelatine hinzufügen. Fruchtsaft und Alkohol zu dem noch warmen Sirup gießen. Abkühlen lassen. Das flüssige Gelee über eine Schicht Früchte in eine Schüssel gießen. Kalt stellen, fest werden lassen. Vorgang mehrmals wiederholen.

GELATINE HINZUFÜGEN
Gibt man Gelatine an ein Dessert aus rohen Früchten oder Fruchtsäften, diese entweder erhitzen oder das Dessert bald nach dem Festwerden servieren, da es sonst wieder flüssig werden kann.

SAFT UND ALKOHOL HINZUFÜGEN
Die flüssigen aromatischen Zutaten fügt man hinzu, solange das Gelee noch warm ist, damit sich die Aromen vor dem Gelieren vermischen können.

GELATINE VERWENDEN

Die verschiedenen Gelatinearten müssen alle gut eingeweicht werden, da sie sich sonst nicht richtig auflösen oder nicht gleichmäßig erstarren. Die Gelatine in einer kleinen Menge der Flüssigkeit, die gelieren soll, auflösen. Niemals gekühlte Flüssigkeit an Gelatine gießen, die Gelatine würde Fäden bilden. Die aufgelöste Gelatine wird bei Raumtemperatur zu der gewünschten Mischung gegossen. Kocht man sie längere Zeit, verliert sie an Gelierkraft. 600 ml Flüssigkeit gelieren mit 3 Blatt Gelatine (7 g), 2 1/4 TL gemahlene Gelatine (7 g) oder einem Päckchen (7 g).

BLATTGELATINE EINWEICHEN
Blattgelatine etwa 5 Minuten in kaltem Wasser einweichen. Die Blätter lösen sich dabei nicht auf, werden jedoch weich. Aus dem Wasser nehmen, leicht ausdrücken. Die Gelatine mit der abgemessenen Flüssigkeit, in der sie aufgelöst werden soll, in eine hitzebeständige Schüssel geben.

PULVER QUELLEN LASSEN
In eine kleine hitzebeständige Schüssel 4 EL Wasser (oder eine andere Flüssigkeit) geben. Gemahlene Gelatine gleichmäßig darüber streuen, aber nicht verrühren, da sich sonst Klumpen bilden. Etwa 5 Minuten stehen lassen, bis die Gelatine das Wasser aufgenommen hat.

GELATINE AUFLÖSEN
Die Schüssel mit der gequollenen Gelatine und der gewünschten Flüssigkeit zum Auflösen auf einen Topf mit schwach kochendem Wasser setzen und erhitzen. Ab und zu umrühren, bis die Gelatine sich vollständig aufgelöst hat.

AGAR-AGAR

Dieses pflanzliche Geliermittel wird aus Algenextrakt hergestellt. Es erstarrt bei einer höheren Temperatur als Gelatine und verleiht den gelierten Mischungen eine festere Konsistenz. Bei der Verwendung sollte man die Packungsangaben beachten.

Nur wenige Chefköche setzen jedoch diese vegetarische Alternative zu Gelatine ein. Viele Desserts werden auch durch andere, beliebtere Zutaten fest, zum Beispiel Schokolade oder Butter. Ein sehr guter pflanzlicher Ersatz für Gelatine ist außerdem Kakaobutter, die zu vielen Süßspeisen passt. Zwar besitzt sie ein ausgeprägtes Aroma, doch genügt bereits eine kleine Menge zum Festwerden, und so beeinträchtigt sie den Eigengeschmack des Desserts gewöhnlich nicht.

TORTEN & KUCHEN

FEINE TORTEN
▪
TÖRTCHEN & BISKUITROLLEN
▪
KLASSISCHE KUCHEN & TORTEN
▪
PUDDINGS AUS BISKUIT
▪
HEFEGEBÄCK

Feine Torten

Die Variationsmöglichkeiten bei Torten sind nahezu unbegrenzt.
Mit verschiedenen Aromen lassen sich immer wieder neue Torten zu unterschiedlichsten Anlässen kreieren.
Die hier beschriebenen Methoden sind leicht zu erlernen und ermuntern auch zu aufwendigeren Torten.

Biskuit in Tortenböden schneiden

Für eine perfekte gefüllte Torte wird ein Biskuitkuchen in gleichmäßige Tortenböden geschnitten. Am besten eignet sich dafür ein langes Messer mit Wellenschliff.

BISKUIT MARKIEREN
Biskuit am Rand einmal vertikal einritzen. Beim Zusammensetzen der Tortenböden zur Orientierung verwenden.

BISKUIT AUFSCHNEIDEN
Biskuit horizontal zur Mitte hin aufschneiden. Seitlich weiterschneiden in gleichmäßige einzelne Schichten.

HILFSMITTEL
Zwei gleich große Kochlöffel parallel zueinander links und rechts neben das Biskuit legen. Biskuit mit einem langen Messer aufschneiden, das dabei auf den Löffeln aufliegt.

Verschiedene Tortenschichten kombinieren

Eine Torte aus mehreren unterschiedlichen Schichten verwöhnt sowohl das Auge als auch den Gaumen. Werden zwei verschiedene Aromen kombiniert, wird die Biskuitmasse halbiert, die Portionen werden aromatisiert und in zwei gleich großen, runden Tortenbodenformen gebacken. Die Aromen sollten einander ergänzen. Hier einige Kombinationsmöglichkeiten, die man auch abwandeln kann:

- Einfaches und Schokoladen-Biskuit: Einfaches Biskuit mit Rumsirup tränken, die Schichten mit Schokoladen-Ganache füllen.
- Schokoladen- und Kaffee-Biskuit: Die Schichten mit Mokka- oder Schokoladencreme füllen.
- Engelkuchen (Angel Cake): Die Schichten mit Schokoladen-Ganache, Früchten und Crème Chantilly oder Schokoladen-Mousse füllen.

Torten tränken und füllen

Vor dem Zusammensetzen die einzelnen Tortenböden mit Likör oder Branntwein tränken. Die Schichten einer Torte sollten etwa gleich dick sein: Dünnes Biskuit bestreicht man dünn mit Creme und verwendet fein geschnittene Früchte. Füllung zum Überziehen zurückbehalten.

TRÄNKEN
Vor dem Zusammensetzen die Tortenböden mit Rum oder Weinbrand tränken. Man kann auch leichten Sirup mit etwas Likör verwenden.

FÜLLEN
Eine Füllcreme mit fein gewürfelten Früchten eignet sich für dünne Schichten, eine gehaltvolle Creme mit ganzen Beeren für dickere.

EINE TORTE ÜBERZIEHEN

Beim Zusammensetzen und Füllen einer Torte sollte der unterste Tortenboden des Biskuits als Deckel abschließen, da er eine besonders gleichmäßige Oberfläche hat. Zum Überziehen der Torte behält man etwas Füllcreme zurück. In unserem Beispiel sorgen grob gehackte Nüsse für einen dekorativen knusprigen Tortenrand.

1 Mit einem Palettmesser den Tortenrand rundum gleichmäßig mit einer dünnen Schicht Füllung bestreichen.

2 Die gehackten Nüsse mit dem Palettmesser vorsichtig am bestrichenen Tortenrand andrücken.

3 Die Oberfläche ebenfalls mit Creme bestreichen. Dabei die Nussschicht am Rand intakt lassen.

ENGELKUCHEN (ANGEL CAKE)

12 Eiweiß (etwa 350 ml)
1 1/2 TL Weinstein
280 g Zucker
85 g Mehl, gesiebt
25 g Maisstärke, gesiebt
1 TL natürliche Vanille-Essenz

Eiweiß schaumig schlagen, Weinstein dazugeben. Weiterschlagen, bis das Eiweiß steif ist. Für eine Baisermasse den Zucker nach und nach mit dem Schneebesen untermischen.

Mehl und Speisestärke erneut sieben (der Kuchen wird so schön locker) und unterheben. Zuletzt die Vanille-Essenz unterziehen.

In eine nicht gefettete Angel-Cake-Form (20 cm Durchmesser) oder Springform mit Ringkucheneinsatz füllen. Bei 175 °C (Umluft 155 °C) 40–45 Minuten backen, bis der Kuchen aufgegangen, goldgelb und elastisch ist. Die Form umdrehen und auf die „Füße" (Springform auf ein Kuchengitter) stellen, Kuchen auskühlen lassen. Für 10–12 Personen.

Mit American frosting füllen und überziehen: Italienische Baisermasse (S. 68) aus 150 g Zucker und 1 Eiweiß herstellen, 1/4 TL Vanille-Essenz hinzufügen.

ENGELKUCHEN HERSTELLEN

Die beliebte amerikanische Torte wird aus Eiweiß, aber ohne Eigelb hergestellt und ist darum besonders locker. Indem man den Kuchen in der umgedrehten Form auskühlen lässt, behält er seine Form und sinkt nicht ein. Als Füllung und Überzug dient American frosting. Nicht ganz so süß wird die Torte mit Crème Chantilly (S. 116) mit etwas Rosen- oder Orangenblütenwasser.

UNTERHEBEN
Mit dem Teigschaber erst das gesiebte Mehl, dann die Vanille-Essenz unterheben. Nicht zu lange vermischen, da sonst die Luftbläschen entweichen.

ABKÜHLEN LASSEN
Die Form umdrehen und auf die „Füße" stellen, Kuchen auskühlen lassen. Für eine Springform ein Kuchengitter verwenden. Auskühlen lassen.

AUS DER FORM NEHMEN
Kuchen aus der Form nehmen. Falls nötig, mit dem Messer vom Rand lösen.

Schoko-Pistazien-Torte

Eine glänzende Schicht Schokoladenglasur umschließt feinste Schichten aus Pistaziencreme und Mousse au chocolat mit Kirschen auf Pistazienbiskuit. Dekoriert wird die gekühlte, an eine Eisbombe erinnernde Torte mit zarten Ornamenten aus weißer Schokolade.

ARBEITSPLAN

- Pistazienbiskuit und Pistaziencreme zubereiten.
- Die Schokoladenglasur herstellen und die Form damit ausgießen.
- Die Mousse au chocolat zubereiten.

Für die Pistazien-Dacquoise

2 Eiweiß
50 g gemahlene Mandeln, gesiebt
20 g (1 EL) Zucker
50 g Puderzucker
10 g (2 TL) Pistazienpaste

Für die Pistaziencreme

125 ml Crème double
75 ml Milch
50 g Pistazienpaste (50 g Pistazien mit 1 EL Sonnenblumenöl püriert)
3 Eigelb
25 g Zucker

Für die Schokoladenglasur

300 ml süße Sahne
50 g Zucker
250 g Schokolade, grob gehackt
50 g Butter

Für die Mousse au chocolat

75 g Zuckersirup (aus 40 g Zucker und 40 ml Wasser)
3 kleine Eigelb (60 g)
150 g Schokolade
300 ml süße Sahne

Zum Garnieren

100 g Belegkirschen in Alkohol
Weiße Schokolade

1 Für den runden Boden aus Pistazienbiskuit das Eiweiß schlagen, bis sich feste Spitzen bilden. Mandeln, Zucker und Puderzucker unterheben. Die Pistazienpaste mit einer kleinen Menge Eiweißmasse vermischen, damit sie weicher wird, und ebenfalls unterheben. Auf ein Backblech mit Backpapier streichen und 15 Minuten bei 180 °C (Umluft 160 °C) backen.

2 Crème double und Milch für die Pistaziencreme erhitzen. Die Pistazienpaste hinzufügen. Das Eigelb mit dem Zucker glatt rühren und zu der Milchmischung gießen. Durch ein feines Sieb in eine Auflaufform gießen. Im Ofen bei 100 °C (Umluft 80 °C) 30 Minuten backen. Beiseite stellen, auskühlen lassen.

3 Für die Schokoladenglasur Sahne und Zucker erwärmen und über die Schokolade gießen. Butter unterrühren, bis die Schokolade geschmolzen und eine glatte Glasur entstanden ist. In eine Halbkugelform (16 cm Durchmesser) gießen, so dass diese im Innern gleichmäßig bedeckt ist. Überschüssige Glasur ausgießen. Vorgang wiederholen, bis eine dicke Glasurschicht entsteht.

4 Für die Mousse au chocolat den Sirup auf 120 °C erhitzen. Inzwischen das Eigelb schaumig schlagen, bis sich sein Volumen verdreifacht hat. Unter ständigem Schlagen den heißen Sirup zum Eigelb gießen. So lange schlagen, bis die Mischung abgekühlt ist. Schokolade schmelzen, auf 35 °C erhitzen, zu der Eigelbmischung gießen und unterziehen. Sahne steif schlagen und ebenfalls zügig unterziehen. Die abgekühlte Mousse in einen Spritzbeutel füllen und eine dicke Schicht spiralförmig in die Form spritzen. Mit einem Löffel glattstreichen. Die Kirschen abgießen (Alkohol aufbewahren) und einen Teil in die Mousse drücken.

5 Eine Schicht Pistaziencreme in die Form füllen, Mousse mit Kirschen darüber geben.

6 Aus dem Biskuit einen Kreis von etwas kleinerem Durchmesser als die Form ausstechen und mit dem Alkohol der Kirschen tränken. Das Biskuit auf die letzte Schicht Mousse au chocolat legen und leicht festdrücken. Im Tiefkühlfach fest werden lassen.

7 Torte aus der Form lösen und auf ein Kuchengitter platzieren. Vollständig mit Schokoladenglasur überziehen. Kalt stellen.

8 Weiße Schokolade schmelzen und temperieren (S. 110). Auf feste Plastikfolie streichen, mit Folie abdecken und in die gewünschte Form biegen (S. 201). Im Tiefkühlfach fest werden lassen. Folie entfernen. Die Torte mit den Ornamenten verzieren.

MIT MOUSSE GEFÜLLTE TORTEN ZUSAMMENSETZEN

Eine mit Mousse gefüllte Torte setzt man am besten in einer Form zusammen und lässt sie darin fest werden. Diese Methode eignet sich auch für andere Torten. In unserem Beispiel wird ein Engelkuchen (S. 131) mit einer Mousse aus Pfirsichpüree gefüllt (S. 65, die 1 ½ fache Menge zubereiten) und in der Springform (23 cm Durchmesser) zusammengesetzt, in der der Kuchen auch gebacken wurde.

1 Tortenböden und Mousse abwechselnd in die Form füllen. Dabei mit einer Schicht Biskuit beginnen und enden. Biskuit jedes Mal leicht festdrücken. Kalt stellen.

2 Eine Servierplatte auf die Form setzen und diese mit der Platte umdrehen. Die Form dabei mit den Daumen festhalten, damit sie nicht verrutscht.

3 Ein angewärmtes sauberes Küchentuch für 2 Minuten um den Rand der Form legen. Dadurch kann man Füllung, die eventuell am Rand haftet, lösen.

4 Mit einem warmen Palettmesser die Mousse am Tortenrand in einer gleichmäßigen Schicht verstreichen. Bei Bedarf zusätzliche Mousse auftragen.

Der Baiser-Überzug bildet einen herrlichen Kontrast zu den Verzierungen aus dunkler Schokolade. Die Kirschen sorgen für farbliche Abrundung.

QUADRATISCHE UND RECHTECKIGE TORTEN ZUSAMMENSETZEN

Für diese Torte mit Erdbeeren und weißer Schokolade tränkt man die Biskuitböden mit Kirschwasser. Der Boden der Backform sollte herausnehmbar sein. Hat man die Torte zusammengesetzt, ein warmes Küchentuch um den Rand der Form legen und diese auf ein Glas stellen. Um die Form zu entfernen, den Rand nun vorsichtig nach unten schieben.

Biskuit (S. 118) in einer quadratischen Form (20 cm) backen. Zurechtschneiden, mit 250 g Früchten und Mousse au chocolat (S. 65, doppelte Menge) in eine 18 cm breite Form füllen.

TORTEN MIT SCHACHBRETTMUSTER

Um verschiedene Biskuitböden im Schachbrettmuster zu kombinieren, müssen die Stücke genau zurechtgeschnitten werden. Die Füllcreme sollte sich gut verstreichen lassen. In unserem Beispiel werden Schokoladen- und Vanillebiskuit mit Crème Chantilly (S. 116) mit Kaffeearoma gefüllt. Dafür ein Biskuit aus ganzen Eiern (S. 118) herstellen. Die Hälfte des Teigs mit 1/2 TL Vanille-Essenz aromatisieren, unter die andere Hälfte 10 g gesiebtes Kakaopulver ziehen. Biskuitböden jeweils in einer Springform (20 cm Durchmesser) 15 Minuten bei 170 °C (Umluft 150 °C) backen. Abkühlen lassen und in je zwei Böden schneiden.

1 Aus den Biskuitböden mit runden Ausstechformen von 15, 10 und 5 cm Durchmesser konzentrische Ringe schneiden. Die Formen stets genau in die Mitte der Kreise setzen.

2 Die Ringe aus Schokoladen- und Vanillebiskuit in abwechselnder Folge zusammensetzen. Die Innenseite jeweils dünn mit Creme bestreichen. Zusammengesetzte Schicht ebenfalls bestreichen.

3 Die nächsten Schichten Biskuitringe ebenso zusammensetzen. Darauf achten, dass sich Schokoladen- und Vanillebiskuit nicht nur horizontal, sondern auch vertikal abwechseln.

TORTEN IN KASTENFORM

Zum Backen eine Kastenform (20 x 30 cm) verwenden. Für ein Schachbrettmuster die Form durch doppelte Alufolie in zwei Fächer (20 x 15 cm) teilen. Biskuitteig halbieren, aromatisieren und bei 170 °C (Umluft 150 °C) 15 Minuten backen.

KASTENFORM
Zwei Biskuitkuchen in Kastenform backen, horizontal in je zwei Böden schneiden. Mit weicher Creme bestreichen (etwa aromatisierte Crème Chantilly), zusammensetzen.

SCHACHBRETTMUSTER
Biskuitkuchen horizontal in je zwei Böden und diese jeweils in sechs 20 cm lange Streifen schneiden. Im Schachbrettmuster (siehe Abbildung) mit Creme zusammensetzen.

Schokoladen-Vanille-Torte *mit Kaffeecreme und Schokoladenröllchen. Schachbrettmuster aus* ***einfachem und Pistazienbiskuit mit Buttercreme.***

Törtchen & Biskuitrollen

Einzelne kleine Törtchen sind sehr beliebt, denn sie sehen hübsch aus und lassen sich leicht servieren. Wir zeigen Ihnen einige Rezepte und geben Vorschläge zum Dekorieren, die auch als Anregung zu eigenen Ideen dienen sollen.

Biskuittaschen

Kleine runde Biskuitkuchen kann man in der Mitte zusammenklappen, füllen und kalt oder heiß servieren. Noch heißes Mandelbiskuit hat eine elastische Konsistenz und sollte darum sofort nach dem Backen zusammengeklappt werden.

1 Zwei Backbleche mit Backpapier auslegen. Auf jedes Blech 2 Portionen Biskuitteig (je 3 Dessertlöffel) geben und mit dem Löffel leicht flach drücken. Den Teig nicht verstreichen, da er beim Backen noch auseinander läuft. Nacheinander bei 220 °C (Umluft 200 °C) backen.

2 Die Biskuitkuchen mit einem Palettmesser auf ein Kuchengitter setzen. Sofort in der Mitte zu kleinen Taschen zusammenklappen. Einige Sekunden zwischen den Fingern halten, damit sie die Form behalten. Abgekühlte Taschen mit geschlagener Sahne und Früchten füllen, mit Puderzucker bestäuben.

Mandelbiskuit

40 g gemahlene Mandeln
40 g Puderzucker
3 Eier
Einige Tropfen natürliche Vanille-Essenz
Einige Tropfen Orangenblütenwasser
30 g Zucker
50 g Mehl, gesiebt
25 g Butter, zerlassen

Mandeln und Puderzucker vermischen. 1 Ei im Ganzen hinzufügen, die übrigen Eier trennen: Das Eigelb zu der Mandelmischung geben und alles schaumig schlagen. Vanille-Essenz und Orangenblütenwasser unterrühren.

Das Eiweiß steif schlagen. Zucker unterschlagen, bis eine glänzende Baisermasse entsteht. Ein Drittel des Baisers, dann 25 g Mehl unter die Mandelmischung heben. Die Hälfte des restlichen Baisers, das übrige Mehl, dann den Rest Baiser unterheben. Butter am Rand dazugießen und unterziehen. Auf einem Backblech (unterste Stufe) bei 220 °C (Umluft 200 °C) 6–8 Minuten backen. (6 kleine Kuchen)

Heisse Biskuittaschen

Etwas Johannisbeergelee, Aprikosen- oder Himbeermarmelade erwärmen und mit ein wenig Likör oder Obstbranntwein verrühren. Die gebackenen Biskuitkuchen aus dem Ofen nehmen und vor dem Zusammenklappen sofort mit warmer Marmelade bestreichen. Auf einen vorgewärmten Teller setzen und mit frischen Früchten füllen. Mit Puderzucker bestäubt servieren.

ORNAMENTE AUS BISKUIT AUSSTECHEN UND ZUSAMMENSETZEN

Mit einer Ausstechform oder einem Messer kann man aus Biskuit Ornamente schneiden, die sich für schöne Dekorationen eignen. Die Ornamente sollten sich mit den verschiedenen Füllungen gut kombinieren lassen. Man kann die kleinen Törtchen jedoch auch überziehen. Hier wurde mit 3 ganzen Eiern ein Biskuitboden von 20 x 30 cm Größe gebacken.

AUSSTECHEN
Mit Ausstechformen oder einem scharfen Messer mit Wellenschliff aus einem dünnen Biskuitboden Ornamente schneiden.

ZUSAMMENSETZEN
Beim Zusammensetzen der Törtchen sind der Fantasie keine Grenzen gesetzt. Die Früchte in kleine Stücke schneiden, zum Aufspritzen eine kleine Tülle verwenden.

ÜBERZIEHEN
Die kleinen Törtchen können, wie in unserem Beispiel, mit Creme, gehackten Nüssen und Koksraspeln, aber auch mit Kakaopulver überzogen und dekoriert werden.

GESCHICHTETES BISKUIT

Als Alternative zu den klassischen Formen kann man einzelne Törtchen auch auf modernere Weise zusammensetzen: Dafür 3–4 Biskuitschichten auf einem Teller fächerartig anordnen und dazwischen die Füllung verteilen. Unterschiedliche Füllungen sorgen dabei für ein farbenfrohes Dessert.

EINE BISKUITROLLE HERSTELLEN

Meisterkonditoren rollen den dünnen Biskuitboden für die beliebte Biskuitrolle statt von der Schmalseite von der Längsseite auf. Dadurch erhält man eine kleine, aber nicht so dicke Biskuitrolle mit ausreichend Füllung und Biskuit. Für einen Biskuitboden von 20 x 30 cm Größe 3 Eier, 100 g Zucker und je 40 g Maisstärke und Mehl verwenden (Rezeptanleitung S. 118). Die fertige Biskuitrolle wird mit Puderzucker bestäubt oder mit Creme überzogen.

1 Gebackenes Biskuit mit dem Backpapier auf einem Kuchengitter auskühlen lassen.

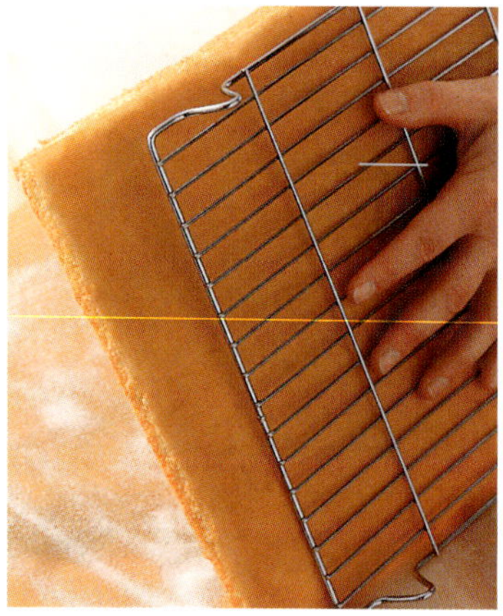

2 Das Biskuit auf mit Zucker bestreutes Backpapier stürzen. Das Backpapier auf der Unterseite abziehen.

3 Die gewünschte Füllung gleichmäßig auf dem Biskuitboden verstreichen. Zu Beginn einen 2 cm breiten Streifen einer Längsseite fest einrollen.

4 Ist etwa ein Drittel des Biskuits eingerollt, das Backpapierende zu sich heranziehen, um so das Biskuit gleichmäßig einzurollen.

FÜLLUNGEN UND ÜBERZÜGE FÜR BISKUITROLLEN

- Gesüßte geschlagene Sahne mit Früchten kombinieren oder mit Likör aromatisieren.
- Crème au beurre (S. 117) oder Crème pâtissière (S. 116) verwenden.
- Mousses (S. 64–65): Mousse aus Früchten für einfaches Biskuit; Mousse aus dunkler oder weißer Schokolade für Schokoladenbiskuit. Auch zum Dekorieren.
- Dünn mit Creme oder Mousse überziehen. Gehackte Nüsse, zerstoßene Plätzchen, geriebene Schokolade, Kokosraspeln oder zerstoßenen Krokant darüber streuen oder Biskuitrolle auf Backpapier darüber rollen.

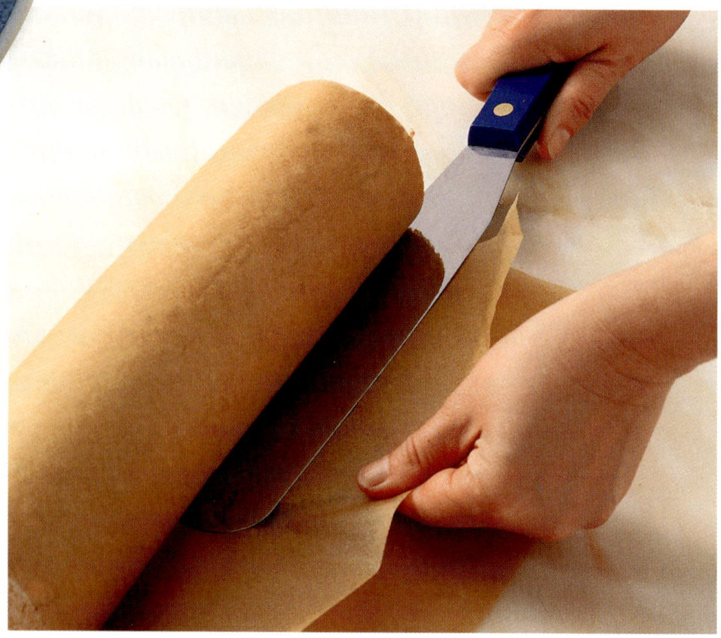

5 Die obere Kante des Backpapiers unter die Biskuitrolle stecken und mit einem Palettmesser festhalten. An der anderen Kante ziehen, um die Biskuitrolle zu festigen.

SCHOKOLADENBISKUITROLLE

Das Schokoladenbiskuit backen. Eine Maronen-Mousse aus 250 g gesüßtem Maronenpüree, 1 EL Whisky, 3 EL leichtem Sirup, 1 $^{1}/_{2}$ TL Gelatine und 300 ml Crème double herstellen (Anleitung für einfache Mousse aus Früchten, S. 65).

SCHOKOLADENBISKUIT

5 Eier, getrennt
150 g Zucker
60 g Mehl
20 g Maisstärke
40 g Kakaopulver

Eigelb und 100 g Zucker in einer Schüssel über heißem Wasser schlagen, bis die Mischung hell und dickflüssig ist. Ebenfalls in einer Schüssel über heißem Wasser aus Eiweiß und übrigem Zucker eine Baisermasse herstellen. Unter die Eigelbmischung heben.

Mehl, Maisstärke und Kakao in eine Schüssel sieben und unterheben. Biskuitteig auf ein Backblech mit Backpapier streichen (40 x 30 cm, 5 mm dick). Bei 180 °C (Umluft 160 °C) 10 Minuten backen. Auf einem Kuchengitter auskühlen lassen.

1 Biskuitboden mit leichtem Sirup (S. 108), der mit Whisky aromatisiert wurde, tränken. Mit zwei Dritteln der Mousse bestreichen und aufrollen.

2 Die restliche Mousse mit einem Palettmesser gleichmäßig auf der Biskuitrolle verstreichen.

3 Mit Kakaopulver bestäuben und mit kandierten Maronen dekorieren.

Klassische Kuchen & Torten

Ganz egal, wie alt manche Kuchen- und Tortenrezepte sind, sie verlieren niemals ihren Reiz. Für unsere Klassiker auf den folgenden Seiten sollte man nur beste Zutaten auswählen, lockere Mischungen und nicht zu süße Füllungen verwenden.

SACHERTORTE HERSTELLEN

Ihre feine Konsistenz verdankt die berühmte Sachertorte der Zugabe von Butter und geschmolzener Schokolade. Bei vielen Varianten wird das Eigelb mit Zucker schaumig geschlagen. Für das locker-saftige Biskuit hebt man traditionell Mehl bzw. Stärke und Baisermasse in Portionen abwechselnd unter.

1 Die Baisermasse zubereiten und beiseite stellen. Butter und Zucker cremig rühren. Nach und nach das Eigelb unterschlagen, dann die abgekühlte geschmolzene Schokolade unterziehen.

2 Etwa ein Drittel der Baisermasse, dann 50 g Maisstärke unter die Buttermischung heben. Portionsweise die Hälfte der restlichen Baisermasse, die übrige Stärke und den Rest Baiser unterheben.

Sachertorte

150 g feine Zartbitterschokolade
250 g weiche Butter
200 g Zucker
5 Eier, getrennt
100 g Maisstärke, gesiebt

Eine Springform (20 cm Durchmesser) einfetten. Die Schokolade in einer Schüssel über einem Topf mit heißem, aber nicht kochendem Wasser schmelzen. Zum Abkühlen beiseite stellen. Die Butter mit 100 g Zucker cremig rühren, nach und nach das Eigelb unterschlagen.

Das Eiweiß schlagen, bis sich weiche Spitzen bilden. Für eine weiche Baisermasse portionsweise den übrigen Zucker unterschlagen.

Die abgekühlte geschmolzene Schokolade unter die Buttermischung ziehen. Die Baisermasse und die Maisstärke in Portionen abwechselnd unterheben.

Den Teig in die Form füllen und gleichmäßig verstreichen. Bei 160 °C (Umluft 140 °C) 40–45 Minuten backen. 5 Minuten abkühlen lassen. Zum Auskühlen auf ein Kuchengitter stürzen.

SACHERTORTE AUFSCHNEIDEN UND ÜBERZIEHEN

Die abgekühlte Sachertorte wird horizontal aufgeschnitten und dann dekoriert.

Einen Boden mit rotem Johannisbeergelee bestreichen; den anderen darauf setzen. Sachertorte mit erhitztem Gelee überziehen. Schokoladenglasur (S. 112) darüber gießen, mit einem warmen Palettmesser zügig verstreichen. Kuchengitter fest aufsetzen, damit Luftbläschen entweichen.

NUSSTORTE

Für die Tortenspezialität aus Österreich ersetzt man das Mehl durch fein gemahlene Nüsse. Nach dem Backen fühlt sich der Kuchen in der Mitte etwas weich an, wird beim Abkühlen aber fest.

Schokolade und Nüsse unter die Buttermischung (siehe unten) rühren. Nach und nach Baiser unterheben.

BESCHWIPSTER KUCHEN

Der Teig für beschwipsten Kuchen besteht aus 150 g Butter, 150 g Zucker, 3 Eiern und 225 g Mehl, mit 2 TL Backpulver gesiebt: Butter und Zucker cremig schlagen, die Eier unterschlagen und das Mehl in kleinen Portionen untermischen. Die Teigmasse in die vorbereitete Form (siehe unten) füllen.

1 Eine Ringform dick mit Butter einfetten und den Teig hineinfüllen. Bei 160 °C (Umluft 140 °C) etwa 35 Minuten backen. Auf ein Kuchengitter setzen, auskühlen lassen.

2 Aus 150 ml sehr starkem Kaffe und 50 g Zucker einen Sirup (S. 108) kochen und 2 EL Weinbrand oder Rum unterrühren. Den Kuchen vor dem Dekorieren gleichmäßig mit der Sirupmischung tränken.

SCHOKOLADEN-NUSSTORTE

225 g weiche Butter
150 g hellbrauner Zucker
4 Eier, getrennt
200 g Halbbitterschokolade, gerieben und gekühlt
200 g Haselnüsse, fein gemahlen
25 g Mandeln, gemahlen
50 g Zucker

Eine Springform (24 cm) einfetten. Butter und braunen Zucker cremig rühren, Eigelb unterschlagen. Schokolade und Nüsse unterrühren.

Eiweiß steif schlagen, bis sich weiche Spitzen bilden. Für eine Baisermasse nach und nach den Zucker unterschlagen und diese unter die Nussmischung heben. In die Backform füllen und bei 150 °C (Umluft 130 °C) etwa 1 Stunde backen. Damit die Torte nicht zu süß wird, mit geschlagener Sahne und Erdbeeren (nach Belieben) füllen.

***Beschwipster Kuchen**, mit Crème Chantilly überzogen und dekorativ verziert. Kaffeebohnen in Schokolade runden das Ganze ab. **Schokoladen-Nusstorte** mit Ganache-Überzug, verziert mit Haselnüssen und weißer Schokolade.*

Pain de Gênes

Wichtigster Bestandteil des „Genueser Brotes" ist das saftige Mandelbiskuit, der stets in einer runden Form gebacken wird. Als festlicher Belag dienen Mousse aus weißer Schokolade und eine Garnierung aus Früchten, Mandelblättchen und weißen Schokoladenröllchen.

ARBEITSPLAN

- Backofen auf 170 °C (Umluft 150 °C) vorheizen.
- Mandelbiskuit herstellen, in einer mit Mandeln ausgelegten runden Form backen.
- Mousse aus weißer Schokolade und Garnierung vorbereiten.

Für das Mandelbiskuit

75 g Puderzucker
175 g Mandeln, fein gemahlen
Vanille-Essenz
1 Ei
4 Eigelb, 4 Eiweiß
50 g Zucker
100 g Mehl
50 g Butter, zerlassen

Für die Mousse

300 ml süße Sahne
150 g weiße Schokolade

Zum Garnieren

Mandelblättchen, geröstet
150 g weiße Schokolade
250 g Himbeeren
50 g Johannisbeeren
Puderzucker zum Bestäuben

1 Eine runde Backform (20 cm Durchmesser) mit Butter einfetten, großzügig mit gerösteten Mandelblättchen ausstreuen. Die Mandelschicht sollte relativ dick sein, damit der gebackene Kuchen gleichmäßig damit bedeckt ist. Überschüssige Mandeln beiseite stellen.

2 Für das Mandelbiskuit den Puderzucker und die gemahlenen Mandeln in eine Schüssel sieben, um Klümpchenbildung zu vermeiden. Die Vanille-Essenz hinzufügen, das ganze Ei und das Eigelb unterschlagen. So lange schlagen, bis die Mischung schaumig ist.

3 Schweizer Baisermasse (S. 68) herstellen. Dafür Eiweiß und Zucker in einer Schüssel über einem Topf mit schwach köchelndem Wasser schlagen, bis sich feste Spitzen bilden. Für eine gleichmäßige Konsistenz die Schüssel drehen. Baiser unter die Eigelbmischung heben. Das Mehl und zuletzt die zerlassene Butter unterziehen. Biskuitteig in die vorbereitete Form füllen und bei 170 °C (Umluft 150 °C) etwa 30 Minuten backen, bis er aufgegangen und goldbraun ist.

4 In der Zwischenzeit die Mousse zubereiten. Dafür die Schokolade in einer großen Schüssel im Wasserbad schmelzen. 30 ml süße Sahne in einem Topf schwach erhitzen und zu der geschmolzenen Schokolade gießen. Schokolade und Sahne gut vermischen und abkühlen lassen. Die übrige Sahne halbsteif schlagen und unter die Schokoladenmischung ziehen.

5 Den Biskuitkuchen aus der Form nehmen und auf ein Kuchengitter stürzen. Den abgekühlten Kuchen mit einem Wellenschliffmesser horizontal aufschneiden. Für einen geraden Schnitt zwei Holzlöffel als Hilfsmittel links und rechts vom Kuchen unter das Messer legen (S. 130). Den unteren Biskuitboden mit einer Schicht Mousse bestreichen, den oberen Boden darauf setzen. Mit einer großen Lochtülle rundum einen Kranz aus Mousse auf das obere Biskuit spritzen.

6 In einer Schüssel über einem Topf mit schwach köchelndem Wasser 150 g weiße Schokolade schmelzen. Die Schokolade auf eine glatte Arbeitsfläche (am besten eine Marmorplatte) gießen und mit einem Palettmesser dünn verstreichen. Die Schokolade wiederholt mit dem Palettmesser bearbeiten, bis sie glatt und gleichmäßig verteilt ist. Schokolade leicht abkühlen lassen, dann in 2,5 cm lange Quadrate schneiden. Vorher an einer Ecke testen, ob sie sich bereits schneiden lässt. Noch etwas abkühlen lassen. Mit einer Teigkarte die Quadrate an einer Ecke beginnend diagonal von der Arbeitsfläche schaben, so dass sich kleine Röllchen bilden. Bis zur Verwendung kühl stellen.

7 Schokoladenröllchen vorsichtig auf dem aufgespritzten Ring aus Mousse verteilen, ohne ihn zu beschädigen. In die Mitte des Rings aus Mousse und Schokoladenröllchen eine Mischung aus frischen Himbeeren und Johannisbeeren geben und mit etwas gerösteten Mandelblättchen bestreuen. Zuletzt den gesamten Kuchen mit ein wenig gesiebtem Puderzucker bestäuben.

Puddings aus Biskuit

Gedämpfte wie gebackene Puddings aus Biskuit gehören zu den klassischen Desserts Großbritanniens. Von dem Grundrezept gibt es eine Fülle von Varianten, doch sollten die Puddings stets heiß und frisch zubereitet serviert werden.

Gedämpfter Biskuit-Pudding

100 g weiche Butter
100 g Zucker
1/2 TL natürliche Vanille-Essenz
2 Eier
175 g Mehl, mit
1 1/2 TL Backpulver gesiebt
250 g Marmelade

Eine Puddingform (1,2 l) einfetten. Zum Abdecken jeweils ein Stück Backpapier und doppelt gelegte Alufolie mit einer Falte in der Mitte vorbereiten. Das Stück Folie sollte so groß sein, dass es unter den Rand der Form reicht. Einen Topf mit Wasser und Dämpfeinsatz bereitstellen.

Butter mit Zucker und Vanille-Essenz cremig schlagen. Eier unterschlagen, dabei etwas Mehl hinzufügen, damit die Mischung nicht gerinnt.

Restliches Mehl unterziehen. Marmelade in die Form geben, Biskuitteig darüber füllen und glatt streichen. Mit dem vorbereiteten Papier und der Folie abdecken (mit Schnur festbinden). Die Folie sollte die Form gut verschließen, damit kein Wasserdampf hineingelangt und der Pudding keine Kruste bildet. Dank der Falten in Backpapier und Folie geht der Pudding beim Dämpfen ungehindert auf.

Pudding im Dämpfeinsatz über kochendem Wasser 1 1/2–2 Stunden dämpfen. Bei Bedarf heißes Wasser nachgießen. Pudding auf einen Teller stürzen, mit Crème anglaise servieren. Ergibt 6 Portionen.

Puddings aus Biskuit servieren

Gedämpfte Puddings aus Biskuit werden traditionell mit heißer Eiercreme, etwa Crème anglaise (S. 116), serviert. Zu den Puddings passt aber auch Coulis aus Früchten (S. 113), süße Sahne, Frischkäse oder Sirup (S. 108) sowie Krokant, geriebene Schokolade oder ein warmes Fruchtkompott.

PUDDINGS AUS BISKUIT DÄMPFEN

Gedämpfter Biskuit-Pudding ist ein wenig saftiger und weicher als die gebackene Variante. Indem man den Biskuitteig in der Form mit Backpapier und Alufolie abdeckt (bei Bedarf auf der Innenseite zusätzlich einfetten), kommt der Pudding beim Dämpfen nicht mit Wasserdampf in Berührung und geht schön auf.

1 Feine Aprikosenmarmelade (oder eine ähnliche Marmelade) mit 1 EL trockenem Sherry und etwas gehacktem Trockenobst (etwa Aprikosen) verrühren und in die Puddingform geben.

2 Den Biskuitteig darüber füllen. Das Backpapier in der Mitte falten und die Puddingform damit abdecken. Mit einer Schnur fest um die Form binden.

3 Form mit gefalteter Alufolie abdecken (als Schutz vor Wasserdampf). Im Dämpfeinsatz über kochendem Wasser dämpfen.

4 Form herausnehmen. Dafür vor dem Dämpfen eine weitere Schnur um die Form binden und mit einer großen Schlaufe versehen.

PUDDINGFORM

Eine traditionelle Puddingform aus Keramik eignet sich ideal zum Dämpfen von Biskuit-Pudding. Um den Rand der Form (er wurde früher mit einem bemehlten Küchentuch abgedeckt) kann man eine Schnur mit großer Schlaufe binden.

5 Alufolie und Backpapier entfernen. Einen Teller auf die Form legen und den Pudding darauf stürzen. Heißen Pudding sofort mit Crème anglaise servieren.

MANDELPUDDINGS

Das Rezept für Mandelbiskuit (S. 136) ergibt gedämpft oder gebacken ein lockeres heißes Dessert. Dafür mehrere kleine Puddings zubereiten oder einen großen Pudding (900-ml-Form) 1 Stunde dämpfen.

DIE FORM VORBEREITEN
Sechs Puddingförmchen (175 ml) bis zum oberen Rand einfetten, damit die aufgegangenen Puddings nicht haften bleiben.

KLEINE BISKUIT-PUDDINGS

Die Hälfte des Grundteigs für Biskuit-Pudding (S. 144) herstellen. Statt mit Vanille mit der fein abgeriebenen Schale von 1 unbehandelten Zitrone aromatisieren.

1 Vier Auflaufförmchen mit etwas hellgoldenem Karamell (S. 109) füllen, einige Fruchtstücke hineingeben, wie hier filetierte Orangensegmente (S. 104).

2 Den Teig in die Förmchen füllen und bei 190 °C (Umluft 170 °C) 15 Minuten backen. Auf Teller stürzen, mit Streifen kandierter Zitronenschale dekorieren.

PUDDINGS DÄMPFEN
Den Biskuitteig auf die Förmchen verteilen und diese wie eine große Form abdecken (S. 145). Puddings 30 Minuten dämpfen.

PUDDINGS BACKEN
Als Alternative die Puddings, ohne sie abzudecken, bei 180 °C (Umluft 160 °C) 12–15 Minuten backen, bis sie aufgegangen und fest sind.

ZITRONENPUDDINGS

Grundteig für Mandelbiskuit (S. 136) mit der abgeriebenen Schale von 1 unbehandelten Zitrone herstellen. In sechs Puddingsförmchen (175 ml) je 2 EL Zitronencreme *(lemon curd)* geben. Biskuitteig darüber füllen. 30 Minuten dämpfen, mit heißer Crème anglaise (S. 116) servieren.

PUDDINGS AUS SCHOKOLADENBISKUIT

Grundteig für gedämpften Biskuit-Pudding (S. 144) herstellen. Dafür 125 g Mehl mit 1 TL Backpulver und 30 g Kakaopulver sieben. Teig auf sechs Puddingförmchen (175 ml) verteilen, abdecken und 40 Minuten dämpfen. Mit warmer Schokoladensauce (S. 115) heiß servieren.

Hefegebäck

Gebäck aus Hefeteig, etwa die traditionellen Savarins und Babas, besitzt eine herrlich zarte Konsistenz und einen unverwechselbaren Geschmack. Die Teigherstellung ist leicht zu bewerkstelligen.

HEFETEIG HERSTELLEN

Hefeteig sollte elastisch sein. Anfänglich erscheint er zwar klebrig, doch bearbeitet man ihn eine Weile, wird er glatt und glänzend und lässt sich zu einer Kugel formen.

1 Die flüssigen Zutaten unter die Mehlmischung schlagen, bis ein glatter Teig entsteht. Dafür den Teig mit der Handfläche gegen die Schüssel schlagen.

2 Den Teig zugedeckt auf das doppelte Volumen aufgehen lassen. Die weiche Butter unterschlagen. So lange schlagen, bis der Teig elastisch ist.

RUM-BABAS

Die delikaten Rum-Babas können frisch gebacken und noch heiß serviert werden. Man kann sie aber auch abgekühlt mit Rum-Sirup tränken und mit geschlagener Sahne füllen.

1 Hefeteig herstellen (siehe Grundrezept), mit der Butter 75 g Sultaninen hinzufügen. In acht Baba-Formen oder Ringformen (jeweils 95 ml) backen.

2 Die abgekühlten Babas esslöffelweise mit 300 ml Rumsirup (Sirup S. 108) tränken. Wie Savarin (S. 148) abkühlen lassen. Mit geschlagener Sahne füllen.

Hefeteig

250 g hartes Mehl
1 TL Salz
1 TL Zucker
3 Eier, verquirlt
80 ml Milch
20 g frische Bäckerhefe
50 g Butter

Mehl, Salz und Zucker in eine Schüssel sieben. Eine Mulde in die Mitte drücken, die Eier hineingießen. Die Milch lauwarm erhitzen. Die Hefe zerkrümelt in eine kleine Schüssel geben und nach und nach die Milch einrühren. Angerührte Hefe zu den Eiern gießen.

Die Mehlmischung gleichmäßig vom Rand unter die flüssigen Zutaten rühren, bis ein zäher Teig entsteht. Den Teig mit der Handfläche schlagen, bis er glatt ist. An einem warmen Ort zugedeckt auf das doppelte Volumen aufgehen lassen.

Die Butter cremig schlagen und unter den Teig ziehen, bis er elastisch ist. Den Teig weitere 5 Minuten schlagen.

Die Form(en) mit zerlassener Butter bestreichen, kalt stellen und nochmals mit zerlassener Butter einfetten. Form(en) zu zwei Dritteln mit Teig füllen. Teig zugedeckt bis zum Formrand gehen lassen. Bei 190 °C (Umluft 170 °C) 25–30 Minuten backen.

Exotischer Savarin

Eine neue Variante der seit über 150 Jahren in Frankreich so beliebten Kreation Brillat-Savarins: Der ringförmige Kuchen wird mit geschlagener Sahne und tropischen Früchten in Sirup gefüllt. Eine Kugel aus gesponnenem Zucker und Gewürzen bildet die Dekoration.

ARBEITSPLAN

- Backofen auf 170 °C (Umluft 150 °C) vorheizen.
- Biskuitteig herstellen und backen.
- Sirup kochen, Früchte marinieren.
- Sahne steif schlagen und den Kuchen füllen.
- Kugel aus gesponnenem Zucker herstellen.

Für das Biskuit

250 g Mehl
20 g Trockenhefe
5 g Salz
10 g Zucker
3 Eier, verschlagen
50 g Butter, zerlassen

Für die Früchte

1 Mango
2 Kiwis
1 Papaya
1 große Ananas

Für den Sirup

200 ml Wasser
200 g Zucker
1 Zimtstange
4 ganze Gewürznelken
1 Vanillestange
1 Minzezweig
Schale von 1 unbehandelten Orange
und 1/2 unbehandelten Zitrone

Zum Garnieren

Aprikosenmarmelade
Süße Sahne, geschlagen

Für den gesponnenen Zucker

250 g Zucker
500 ml Wasser

Zum Garnieren

Je 1 Zimt- und Vanillestange
Sternanis, Gewürznelken

1 Für den Biskuitring das Mehl in eine Schüssel sieben, Hefe, Salz und Zucker hinzufügen. Die Eier in kleinen Portionen zu den trockenen Zutaten gießen, dabei ständig mit einem Holzlöffel rühren, bis eine glatte Mischung entsteht. Die zerlassene Butter gründlich untermischen. Eine Ringform mit Butter einfetten und zur Hälfte mit Teig füllen. An einem warmen Ort gehen lassen, bis sich das Volumen verdoppelt hat. Bei 170 °C (Umluft 150 °C) in 40 Minuten goldbraun backen.

2 In der Zwischenzeit Mango, Kiwis und Papaya vorbereiten. Dafür Mango und Papaya mit einem scharfen Messer längs von einem Ende zum anderen schälen. Die Schale der Kiwis am besten mit den Fingern abziehen. Die Früchte in 1-cm-Würfel schneiden.

3 Ananas von Blattkrone und Strunkende befreien und aufrecht auf ein Brett setzen. Die Schale in Streifen von oben nach unten abschneiden. Dabei einen Großteil der „Augen" entfernen. Übrige „Augen" mit der Messerspitze herausschneiden, harte Mitte entfernen. Fruchtfleisch ebenfalls würfeln.

4 Für den Sirup das Wasser mit dem Zucker zum Kochen bringen, die Gewürze hinzufügen. Die Zitrusschalen hacken und 15 Minuten im Sirup ziehen lassen. Die Früchte mit dem warmen Sirup begießen, zugedeckt marinieren.

5 Die Früchte abgießen, den Sirup beiseite stellen. Gebackenen Biskuitring mit dem Sirup tränken und mit warmer Aprikosenmarmelade bestreichen. Auf einen Teller setzen. Geschlagene Sahne in die Mitte des Biskuits spritzen. Marinierte Früchte darauf verteilen.

6 Für den gesponnenen Zucker einen Sirup kochen, bis sich großer Bruch bildet (S. 108). Um den Kochvorgang zu beenden, den Topfboden in kaltes Wasser halten. Zwei Gabeln Rücken an Rücken in den Sirup tauchen. Beginnt der Sirup über die Zinken zu laufen, die Gabeln schnell über einem Nudelholz hin und her schlagen. Die sich bildenden Zuckerfäden bleiben über dem Holz hängen und werden fest (S. 209).

7 Die Zuckerfäden vorsichtig zu einer Kugel formen. Etwas Zimt- und Vanillestange sowie Sternanis und Gewürznelken in die Kugel stecken und diese auf die Früchte setzen. Die Kugel ist nicht zum Verzehr bestimmt.

SAVARIN

Der ringförmige Kuchen, nach dem berühmten französischen Koch Brillat-Savarin benannt, wird meist mit Rum und Zucker aromatisiert und mit Crème Chantilly und Früchten serviert. Das Rezept ist über 150 Jahre alt.

1 Hefeteig (S. 147) herstellen und in eine gefettete Ringform (23 cm Durchmesser) füllen. Mit Frischhaltefolie bedeckt bis zum Rand der Form gehen lassen. Bei 190 °C (Umluft 170 °C) 25–30 Minuten backen.

SAVARIN- UND BABA-VARIANTEN

Savarin kann man mit verschiedensten Früchten servieren. Ananas und Mango passen gut zu Sirup mit Gewürzen (S. 148), pochierte Kirschen und Aprikosen zu Sirup mit Kirschwasser.

SIRUP
Sirup mit den Samen von 3 grünen Kardamomkapseln, 2 Lorbeerblättern und der Schale von 1 unbehandelten Orange sowie mit Zitronenschale und Rum aromatisieren.

KAKAO
Etwas Kakaopulver in den Sirup rühren, Crème de Cacao oder Weinbrand hinzufügen.

KIRSCHWASSER
Statt des Rums Kirschwasser an den Sirup gießen.

KAFFEE
Den Sirup für Babas mit starkem schwarzem Kaffee zubereiten.

*Füllen Sie den **Savarin** mit verschiedenen Früchten. Hier wurden Passionsfrucht, Karambolfrucht, Papaya- und Ananasstücke, geschälte Litschis sowie ganze Kirschen und Physalis kombiniert.*

2 500 ml Wasser mit 5 EL Rum, 200 g Zucker und in Streifen geschnittener Schale von 1 unbehandelten Zitrone zum Kochen bringen. Gebackenen Savarin in der Form ausgiebig mit dem Sirup tränken. Abkühlen lassen und aus der Form nehmen. (Oder warmen Savarin auf ein Kuchengitter über ein Tablett setzen, mit Sirup bestreichen und abkühlen lassen.)

3 Den Savarin auf eine Kuchenplatte setzen und mit Aprikosenglasur (S. 113) bestreichen.

4 Zuletzt den Savarin mit Crème Chantilly füllen (S. 116) und frische Früchte darauf verteilen.

TARTES & FEINGEBÄCK

OBSTKUCHEN & -TARTES
▪
TÖRTCHEN AUS MÜRBETEIG
▪
BLÄTTERTEIGGEBÄCK
▪
DESSERTS AUS STRUDEL- & PHYLLO-TEIG
▪
BRANDTEIG-SPEZIALITÄTEN

Obstkuchen & -tartes

Obstkuchen und -tartes mit abwechslungsreichen Fruchtbelägen und feinen Mürbeteigböden erfreuen sich weltweit großer Beliebtheit. Oft werden sie mit einer Cremefüllung verfeinert und mit einer glänzenden Glasur überzogen. Die Zubereitungstechniken sind schnell erlernt.

Obstkuchenform auskleiden

Vor dem Auskleiden der Form gibt man 1–2 TL kaltes Wasser an 1 Portion süßen Mürbeteig (S. 122). Den Teig nicht zu dünn ausrollen, sonst reißt er. Die ausgerollte Teigplatte sollte etwas größer als die Form sein: Teigplatte vorsichtig über das Nudelholz legen und, ohne sie auseinander zu ziehen, über der Form abrollen. Ist die Teigplatte an manchen Stellen zu kurz, drückt man sie mit den Fingern zurecht. Die hier verwendete Form sollte 900 ml fassen. Für 4–6 Personen.

1 Überhängenden Teigrand mit einer Hand festhalten. Mit der anderen Hand den Teig in die Form drücken. Zügig arbeiten, damit der überhängende Teig nicht abbricht.

2 Den Teig am Boden und am Rand der Form vorsichtig andrücken. Überschüssigen Teig über den Rand der Form legen.

3 Um den überhängenden Teigrand abzutrennen, mit dem Nudelholz mit stärkerem Druck über die Form rollen. Den Teig für mindestens 30 Minuten kalt stellen.

Einen Tortenboden blindbacken

Manche Füllungen benötigen eine kurze Backzeit. Darum wird der Tortenboden vorgebacken (blindgebacken), gefüllt und dann fertig gebacken. Wird die Füllung überhaupt nicht gebacken, muss man den Teig vor dem Füllen bei 200 °C (Umluft 180 °C) in 15–20 Minuten hellgolden durchbacken.

Blindbacken

Damit ein Tortenboden beim Blindbacken seine Form behält, beschwert man ihn mit Bohnen aus Keramik oder verwendet getrocknete Bohnen oder Linsen.

1 Den Teig in der Form mit einer Gabel gleichmäßig mehrmals einstechen.

2 Mit Backpapier belegen und bis zum Rand der Form mit kleinen Bohnen aus Keramik oder getrockneten Bohnen füllen. Im Ofen bei 200 °C (Umluft 180 °C) 10–15 Minuten vorbacken.

GEBACKENEN TORTENBODEN FÜLLEN

Die klassische Füllung für glasierten Obstkuchen ist Crème pâtissière (S. 116), wir verwenden Mandelcreme.

1 Den Tortenboden dünn mit geschmolzener weißer oder dunkler Schokolade bestreichen, damit er beim Füllen nicht durchweicht. Fest werden lassen.

2 Tortenboden mit Mandelcreme bestreichen, so dass er halb gefüllt ist. Mit frischen oder glasierten Früchten belegen. Hier: frische dunkle und helle Trauben, halbierte Erdbeeren und Kiwispalten (insgesamt 250 g).

FRÜCHTE GLASIEREN

Rohe Früchte mit Aprikosenglasur (S. 113) oder geschmolzenem rotem Johannisbeergelee glasieren. Alternativ die Früchte mit leichtem Karamell (S. 109) beträufeln.

MANDELCREME

125 g Zucker
4 EL Wasser
2 Eier, getrennt
125 g Mandeln, geröstet und gemahlen
4 TL Rum
½ TL natürliche Vanille-Essenz

Aus 60 g Zucker und 2 EL Wasser einen Sirup kochen, bis sich kleine Ballen bilden (S. 108). Das Eigelb verschlagen und nach und nach den Sirup dazugießen, bis die Mischung schaumig ist. Mandeln, Rum und Vanille-Essenz unterziehen.

Aus dem übrigen Zucker und Wasser einen zweiten Sirup kochen, bis sich kleine Ballen bilden. Eiweiß steif schlagen. Nach und nach den Sirup dazugießen, dabei ständig schlagen, bis eine feste, glänzende Baisermasse entsteht. Unter die Mandelmischung heben. Sofort verarbeiten.

CREMEFÜLLUNGEN UND ÜBERZÜGE

- **Füllungen**
  Crème Chantilly (S. 116) in Torteletts spritzen. Varianten: Vanille- oder Frucht-Mousse (S. 65) oder Mousse aus weißer Schokolade (S. 64).
- **Überzüge**
  Geschmolzene dunkle oder weiße Schokolade über einen Fruchtbelag träufeln. Baiser aufspritzen und unter dem Grill kurz bräunen.

ELSÄSSER PFLAUMEN-TARTE

Hier kombiniert man Eiercreme und flambierte Pflaumen, Pfirsiche oder Äpfel. Den süßen Mürbeteig (S. 122) bei 170 °C (Umluft 150 °C) 15 Minuten blindbacken.

1 400 g Pflaumen halbieren, entsteinen und in 30 g zerlassener Butter kurz sautieren. 2 EL Pflaumenbranntwein darüber gießen und flambieren. Flambierte Pflaumen mit der Flüssigkeit auf dem Tortenboden verteilen.

2 2 Eier mit 60 g Zucker verquirlen, je 60 ml Milch und süße Sahne unterrühren. Über die Pflaumen gießen. 10 Minuten bei 170 °C (Umluft 150 °C) backen. Mit Mandelstiften bestreuen, weitere 5 Minuten backen.

TARTE TATIN

Die gestürzte, karamellisierte Apfel-Tarte ist ein echter Kuchenklassiker und seit ihrer Erfindung um die Jahrhundertwende sehr beliebt. Am besten gelingt sie mit feinen Tafeläpfeln.

1 In einer Pfanne 50 g Butter zerlassen, 100 g Zucker und 1 EL Wasser unterrühren. 1,2 kg geschälte, vom Kerngehäuse befreite und halbierte Äpfel (Golden Delicious) hinzufügen, von einer Seite goldgelb sautieren.

2 Äpfel und Flüssigkeit in eine flache Form (23 cm Durchmesser) geben, mit gesalzenem Mürbeteig (S. 122) bedecken. Bei 220 °C (Umluft 200 °C) 20 Minuten backen. Stürzen und warm mit Crème fraîche servieren.

FRANZÖSISCHE APFEL-TARTE

Für den einfachen, aber sehr schmackhaften Kuchen werden die Äpfel mit dem Teig gebacken. 4–5 Granny Smith oder sehr aromatische Tafeläpfel schälen, in dünne Spalten schneiden und mit Zitronensaft beträufeln, damit sie sich nicht verfärben. Den süßen Mürbeteig (S. 122) für diese Tarte nicht vorbacken.

1 Die Apfelspalten dekorativ in der mit Teig ausgekleideten Obstkuchenform verteilen. Mit 75 g zerlassener Butter bestreichen.

2 Die Tarte mit 100 g Zucker bestreuen. Bei 190 °C (Umluft 170 °C) etwa 45 Minuten backen, bis die Äpfel weich und leicht gebräunt sind.

TORTELETTS MIT FRÜCHTEN

1 Portion süßer Mürbeteig (S. 122) reicht für 12–14 Tortelettförmchen.
Bei 180 °C (Umluft 160 °C) 10 Minuten backen. Abgekühlte Torteletts mit Crème pâtissière oder Crème Chantilly (S. 116) füllen, mit Früchten belegen und mit Aprikosenglasur (S. 113) glasieren.

SCHOKOLADEN-KROKANTCREME

100 ml Crème double
3 Tropfen nat. Vanille-Essenz
100 g Zartbitterschokolade, fein gehackt
50 g Krokant (S. 109)
20 g weiche Butter

Crème double mit der Vanille-Essenz bis kurz vor dem Siedepunkt erhitzen. Über die Schokolade gießen, glatt rühren und abkühlen lassen. Krokant und Butter unterrühren. Kalt stellen, ab und zu rühren.

SCHOKOLADEN-TORTELETTS HERSTELLEN

***Torteletts mit Früchten:** rote Johannisbeeren, Ananas und Kiwi (links); Mango, Heidelbeeren und rote Johannisbeeren (Mitte); weiße Johannisbeeren, Himbeeren und Aprikosen (rechts).*

Süßen Mürbeteig in Tortelettförmchen blindbacken und abkühlen lassen. Torteletts mit Schokoladen-Krokantcreme füllen. Kalt stellen. Gehackte geröstete Mandeln und Haselnüsse sowie Puderzucker darüber geben.

TORTELETTS MIT EIERCREME

Torteletts mit Eiercreme lassen sich schnell und einfach zubereiten – das perfekte Dessert, wenn es einmal eilt. Dazu passen pochierte Früchte. Mit 1 Portion süßen Mürbeteig (S. 122) 12 Pastetenförmchen auskleiden, einstechen und kalt stellen. Für die Eiercreme die Hälfte der angegebenen Menge Crème caramel (S. 46) zubereiten, 2 TL Mehl zu den Eiern geben.

1 Mit Teig ausgekleidete Förmchen bis gerade unter den Rand mit Eiercreme füllen. Bei 180 °C (Umluft 160 °C) in etwa 20 Minuten hellgolden backen.

2 Warm oder kalt servieren. Zu warmen Torteletts pochierte Birnen fächerartig aufschneiden (S. 14) und mit Schokoladensauce (S. 115) beträufeln.

Tarte Tatin

Die Schwestern Tatin aus Lamotte-Beuvron machten diesen inzwischen klassischen Apfelkuchen berühmt. Gebacken wird er unter einem Teigdeckel, zum Servieren jedoch gestürzt. Wir schlagen kleine Küchlein vor, die man mit karamellisierten Nüssen und Eiscreme serviert.

ARBEITSPLAN

- Den Teig herstellen.
- Äpfel und Karamell zubereiten.
- Backofen auf 190 °C (Umluft 170 °C) vorheizen.
- Kuchen zusammensetzen und backen.
- Kuchen stürzen und servieren.

Für den Teig

200 g Mehl
1 Prise Salz
100 g Butter
30 g Zucker
1 Ei, leicht verschlagen
1 EL Wasser

Für die Füllung

1 kg Äpfel (z. B. Golden Delicious)

Für den Karamell

125 g Zucker
1 EL Wasser
60 g Butter
½ Vanillestange

Zum Garnieren

50 g Pekannüsse
50 g Pistazien
50 g Pinienkerne
Vanilleeis

1. Für den Teig Mehl und Salz in eine Schüssel sieben. Die Butter mit den Fingern unterarbeiten, den Zucker unterrühren. Das Ei mit dem Wasser untermischen, so dass ein gebundener Teig entsteht. In Frischhaltefolie gewickelt für 30 Minuten kalt stellen.

2. Inzwischen die Äpfel schälen, vom Kerngehäuse befreien und in je 6 Spalten schneiden. Die Apfelspalten sollten so gleichmäßig wie möglich geschnitten werden.

3. Für den Karamell in einem großen Topf Zucker, Wasser und Butter erhitzen. Die halbe Vanillestange längs aufschneiden, das Fruchtmark herauskratzen und in den Topf geben. Einen hellgoldenen Karamell kochen. Die Apfelspalten hineingeben und 2–3 Minuten miterhitzen. Nüsse und Pinienkerne hinzufügen, jedoch nicht untermischen, so dass sie den Karamell aromatisieren, aber leicht entfernt werden können. Etwa 5 Minuten erhitzen.

4. Den Teig zu einer 3 mm dicken runden Platte ausrollen. Vier Förmchen oder Pfännchen bereitstellen und vier Teigkreise von gleichem Durchmesser ausschneiden. Auf einem Backblech bei 190 °C (Umluft 170 °C) in 7–10 Minuten hellgolden backen.

5. Nüsse aus dem Karamell nehmen. Apfelspalten einander überlappend in den Förmchen anordnen, den meisten Karamell darüber träufeln. Mit je einer Teigplatte bedecken. Bei 170 °C (150 °C) 10–15 Minuten backen. Abkühlen lassen.

6. Die Kuchen auf Teller stürzen. Aus dem Vanilleeis Quenelles formen und je 1 Portion auf die Kuchen geben. Etwas Karamell und Nüsse rundum verteilen.

Tarte Tatin

Dieses feine Dessert, das man heute auf der Speisekarte des Maxim in Paris findet, soll eher zufällig in bescheidener Umgebung entstanden sein. Zu Beginn des 20. Jahrhunderts führten zwei verarmte Schwestern, die Demoiselles Tatin, ein kleines Hotel mit Restaurant, das Hotel de la Gare in Lamotte-Beuvron. Gebackener Apfelkuchen gehörte zu ihren bevorzugten Desserts, denn er war nicht sehr teuer. An einem besonders turbulenten Tag vergaß eine der Schwestern, vor den Äpfeln den Teig in die Form zu geben. Da sie keine Zutaten vergeuden wollte, legte sie den Teig als Deckel über die Äpfel und gab den Kuchen in den Ofen. Zum Servieren stürzte sie ihn einfach auf einen Teller, so dass der Karamell vom Boden der Form über den knusprig gebräunten Teig lief. Tarte Tatin wurde zu einem beliebten Dessert der Region und wird heute in ganz Frankreich geschätzt.

Linzer Torte

Teig
100 g Mandeln, gemahlen
100 g Puderzucker
2 TL gemahlener Zimt
5 TL Wasser
550 g weiche Butter
600 g Mehl

Himbeermarmelade
500 g Himbeeren
450 g Zucker
50 g Glukose
35 g Pektin

Mandeln, Puderzucker, Zimt und Wasser mit der Butter vermischen. Das Mehl zügig unterarbeiten. In Frischhaltefolie gewickelt für 30 Minuten kalt stellen.

Die Himbeeren mit 225 g Zucker dickflüssig einkochen lassen. Übrigen Zucker, Glukose und Pektin vermischen, zu den Himbeeren geben. Aufkochen und abkühlen lassen.

Eine Obstkuchenform (26 cm) mit der Hälfte des Teigs auskleiden. Die Marmelade darauf verteilen. Mit einem dichten Teiggitter belegen und mit Eigelbmischung bestreichen. Bei 180 °C (Umluft 160 °C) in 45 Minuten hellgolden backen. Mit Zucker bestreuen und weitere 5 Minuten backen. Abkühlen lassen.

Ein Teiggitter herstellen

Mit einem Teiggitter kann man Obstkuchen auf attraktive und schmackhafte Weise verzieren. Berühmtes Beispiel: die Linzer Torte.

1 Den Teig zu einem Rechteck ausrollen, dessen Länge dem Durchmesser des Kuchen entspricht. 1,5 cm breite Streifen schneiden.

2 Streifen in einer Schicht parallel zueinander auf den Kuchen legen.

3 Mit den restlichen Teigstreifen ein Gitter flechten. Streifen in abwechselnder Reihenfolge anheben.

4 Ist das Gitter fertig, den Teigrand anfeuchten und die Streifen festdrücken. Überhängende Enden abschneiden.

Pies und Tarts

In Großbritannien sind Pies und Tarts sehr beliebt. Eine Pie hat in der Regel nur einen Teigdeckel, während eine englische Tart einen Teigboden und manchmal eine Teigabdeckung hat. Pies mit Deckel sowie Boden sind dagegen die Ausnahme. Eine Tart wird in einer Form mit niedrigem Rand gebacken, während eine Pie stets höher ist.

Bei den ohne Teigboden zubereiteten Pies drückt man einen Teigstreifen auf dem überstehenden Rand der Form fest (S. 159) und presst den Teigdeckel wie bei einem normalen Boden an.

EINE FRÜCHTE-PIE ZUBEREITEN

Für den Teigdeckel dieser Früchte-Pie verwendet man gesalzenen Mürbeteig (S. 122). Damit nicht zu viel Fruchtsaft verdampft, wird ein zusätzlicher Teigstreifen angebracht.

1 Den Teig 5 cm größer als eine ovale Auflaufform (900 ml) ausrollen. Einen 2 cm breiten Streifen vom Rand schneiden, am befeuchteten Formrand andrücken.

2 In die Form 675 g vorbereitete Früchte schichten: Aprikosen, Rhabarber oder, wie hier, eine Himbeer-Aprikosen-Mischung. Schichten mit Zucker bestreuen.

3 Den Teigstreifen auf dem Formrand befeuchten und den Teigdeckel darauf setzen. Überstehenden Teig abschneiden. Dafür die Form in einer Hand halten und mit dem leicht schräg angesetzten Messer von unten schneiden.

4 Um dem Teigrand eine schöne Form zu verleihen, diesen in Abschnitten mit dem Finger nach außen drücken. Gleichzeitig mit dem Messerrücken horizontal Rillen eindrücken.

5 Den Teigrand mit dem Zeigefinger weiter nach außen drücken und mit dem Messerrücken in gleichmäßigen Abständen vertikal einritzen. Dieser Rand gilt als klassische Verzierung für süße Pies. Schlitze in den Teigdeckel schneiden und diesen mit Milch bestreichen. Bei 180 °C (Umluft 160 °C) 30–35 Minuten backen.

Obstkuchen mit Krokant

Ein feiner Tortenboden wird reichlich mit einer Mischung aus karamellisierten Fruchtstücken und Nüssen gefüllt. Diese delikate Füllung bedeckt ein Krokantring mit Mandelblättchen; in die Öffnung in der Mitte gibt man eine dekorative Auswahl aufgeschnittener frischer Früchte.

ARBEITSPLAN

- Den Backofen auf 170 °C (Umluft 150 °C) vorheizen.
- Den Tortenboden backen.
- Die Füllung zubereiten.
- Den Krokantring herstellen.
- Den Kuchen dekorieren.

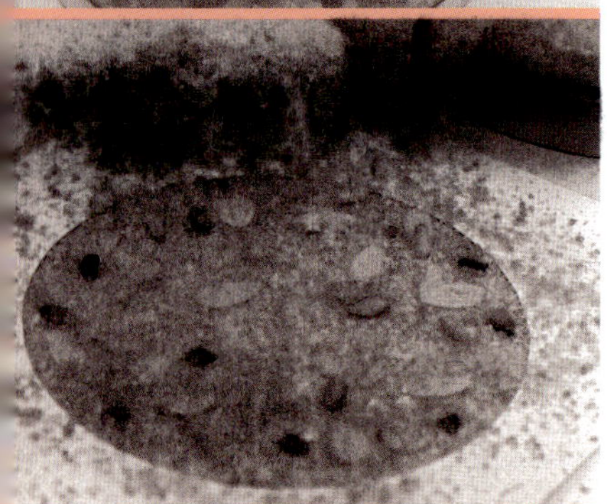

Für den Teig

100 g Butter
200 g Mehl
1 TL Salz
40 g Zucker
1 Ei
1/4 TL Vanille-Essenz

Für die Frucht-Nuss-Füllung

Je 2 Tafeläpfel und Tafelbirnen
50 g Butter
50 g Zucker
1 EL klarer Honig
50 g Mandeln
50 g Pistazien
50 g Pinienkerne

Für den Krokant

150 g Zucker
50 g Glukose
50 ml Wasser
50 g Mandelblättchen

Zum Garnieren

Apfel- und Birnenspalten, Nüsse

1 Für den Teig die Butter mit den Fingern unter das Mehl arbeiten, bis eine feinkrümelige Masse entsteht. Salz und Zucker, Ei und Vanille-Essenz untermischen. Zu einem glatten Teig verkneten und für 30 Minuten kalt stellen. Ausrollen und eine Springform (26 cm Durchmesser) damit auskleiden. Mit Backpapier abdecken, mit getrockneten Bohnen oder Keramikbohnen füllen und 10–15 Minuten blindbacken (S. 152).

2 Die Äpfel und Birnen für die Füllung schälen, vom Kerngehäuse befreien und in Würfel (1 cm Kantenlänge) schneiden. Aus Butter, Zucker und Honig einen Karamell (S. 109) kochen. Äpfel- und Birnenwürfel hineingeben und 5 Minuten garen. Einen Großteil der Nüsse unterrühren, einen Teil zum Dekorieren zurückbehalten. So lange erhitzen, bis alle Zutaten gleichmäßig mit Karamell bedeckt sind. Die Füllung mit einem Löffel ebenmäßig auf dem Tortenboden verteilen.

3 Für den Krokant aus Zucker, Glukose und Wasser einen hellgoldenen Karamell kochen (S. 109). Die Mandelblättchen unterrühren und die Mischung auf ein gefettetes Backblech gießen. Abkühlen lassen und zum Festwerden kalt stellen. Krokant in Stücke brechen und in der Küchenmaschine fein zermahlen. Aus Pappe eine runde Schablone von der Größe der Form ausschneiden, auf ein Backblech mit Backpapier legen. Gemahlenen Krokant gleichmäßig darauf verteilen und die übrigen Mandeln, Pistazien und Pinienkerne hinzufügen. Im Backofen bei 170 °C (Umluft 150 °C) etwa 5 Minuten backen, bis sich der Krokant gerade verfärbt. Aus dem Ofen nehmen und aus der Mitte vorsichtig einen kleineren Kreis ausschneiden. Abkühlen lassen.

4 Den Krokantring auf den Kuchen setzen, so dass er nicht verrutscht. In die Mitte dekorative fein aufgeschnittene Apfel- und Birnenspalten sowie einige schöne Nüsse geben.

Geeignete Äpfel und Birnen

Zwar können nahezu alle Äpfel- und Birnensorten zum Kochen verwendet werden, doch sind manche Tafelfrüchte saftiger und süßer. Für außergewöhnliche Desserts sollte man diese besonderen Sorten verwenden. Tafeläpfel sind oft kleiner und stärker gezeichnet als Kochäpfel. Sie schmecken sehr aromatisch. Geeignete Sorten sind etwa James Grieve, Starking, Cox Orange, Boskop und Russet. Bei den Tafelbirnen ist die Auswahl nicht so groß, empfehlenswert sind jedoch Williams Christ, Conférence und Boscs Flaschenbirne.

Törtchen aus Mürbeteig

Dank ihrer feinkrümeligen Konsistenz eignen sich Sandteig (pâte sablée) und Shortcake, die britische Variante des Mürbeteigs, hervorragend zur Herstellung von Feingebäck. Shortcake wird gern als Boden für Käsekuchen verwendet, Sandteig eignet sich für Obstkuchen und besonders zur Plätzchenherstellung.

SHORTCAKE HERSTELLEN

Weicher, krümeliger Shortcake wird in Großbritannien traditionell mit geschlagener Sahne und Erdbeeren gefüllt.

1 Den Shortcake (S. 123) backen. Abkühlen lassen und horizontal aufschneiden. Obere Schicht in sechs spitze Dreiecke schneiden, mit Puderzucker bestreuen.

2 Die untere Schicht mit Créme Chantilly (S. 116) bestreichen und mit insgesamt 300 g Erdbeeren und Heidelbeeren belegen. Die Dreiecke aus Shortcake wie abgebildet auf die Früchte setzen.

TÖRTCHEN AUS SANDTEIGPLÄTZCHEN

Eine Portion Sandteig (S. 122) herstellen. Mit dem Mehl zusätzlich 1 TL gemahlenen Zimt hinzufügen. Den Teig 2–3 mm dick ausrollen und 24 runde Plätzchen (8 cm Durchmesser) ausstechen. Auf einem gefetteten Blech bei 170 °C (Umluft 150 °C) etwa 15 Minuten backen.

1 8 Plätzchen auf Teller setzen und mit Früchten belegen. Hier sind es 250 g leicht pochierte Aprikosen.

Törtchen *mit Lavendelsirup servieren.*

2 Auf 8 weitere Sandteigplätzchen Rosetten aus Mandelcreme (S. 49) oder Crème Chantilly (S. 116) aufspritzen.

3 Je 50 g weiße und dunkle Schokolade marmorieren. Kreise schneiden, mit flüssiger Schokolade fixieren. Törtchen zusammensetzen.

Blätterteiggebäck

Blätterteig schätzt man wegen seiner dünnen, knusprig lockeren Teigschichten. Der vielseitige Teig kann für eine Fülle unterschiedlicher Desserts verwendet werden – ob große oder kleine Dessertkreationen, komplizierte oder einfache, heiße oder kalte Leckereien.

GÂTEAU MILLE-FEUILLE HERSTELLEN

Für dieses einfache Dessert wird gebackener Blätterteig traditionell mit geschlagener Sahne und Marmelade zusammengesetzt – hier feinste Himbeermarmelade und eine Mischung aus Sahne und Zitronencreme. Gâteau mille-feuille kann rund oder rechteckig sein, aber auch ringförmig auf süßen Mürbeteig gesetzt werden.

1 Die Hälfte der auf S. 120 angegebenen Menge Blätterteig herstellen. Auf die Größe eines Backblechs ausrollen, mehrmals einstechen, für 40 Minuten kalt stellen.

2 Bei 220 °C (Umluft 200 °C) in 15–20 Minuten goldbraun backen. Auf einem Kuchengitter abkühlen lassen. Vierteln, Ränder mit einer Schablone schneiden.

3 150 ml Crème double schlagen, bis sich weiche Spitzen bilden. 200 g Zitronencreme *(lemon curd)* unterziehen. Auf ein Viertel Blätterteig Rosetten aus Zitronensahne aufspritzen und 220 g Himbeeren dazwischensetzen. Mit einem zweiten Viertel ebenso verfahren. Ein weiteres Viertel großzügig mit Himbeermarmelade bestreichen.

4 Das letzte Viertel dick mit Puderzucker bestreuen. Mit einem heißen Metallspieß ein Muster in den Puderzucker brennen. Gâteau mille-feuille wie abgebildet (rechts) zusammensetzen.

Zur Dekoration frische Himbeeren und einge Streifen kandierte Zitronenschale auf das Törtchen setzen.

SCHWEINSOHREN FORMEN

Die knusprigen, süßen Schweinsohren sind ein leicht herzustellendes Blätterteiggebäck. Sie können als dekorative Beigabe zu Eiscreme oder einem Obstdessert serviert werden und eignen sich auch als Boden für kleine Törtchen.

1 Blätterteig (die Hälfte der Menge von S. 120) zu einem Rechteck (15 x 30 cm) ausrollen. Zuckern. Schmalseiten übereinanderklappen, ausrollen (24 x 24 cm).

2 Mit zerlassener Butter bestreichen. Zwei gegenüberliegende Seiten bis zur Mitte falten. Nochmals bestreichen und die Längsseiten übereinander klappen.

3 Den gefalteten Teig in 1 cm breite Streifen schneiden. Er sollte etwa 16 Streifen ergeben. Streifen mit einer Schnittkante auf ein gefettetes Blech setzen.

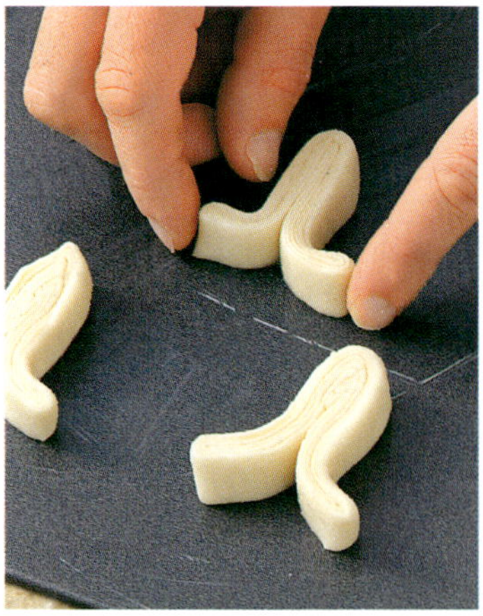

4 Die Enden der Streifen nach außen biegen. Bei 200 °C (Umluft 180 °C) 10 Minuten backen. Umdrehen, weitere 10 Minuten backen. Abkühlen lassen.

SCHWEINSOHREN MIT EISCREME UND POCHIERTEN APRIKOSEN

Für dieses Dessert eignet sich selbst gemachte Vanille-Eiscreme (S. 36) oder einfaches Joghurteis. Für Joghurteis 425 g Vollmilchjoghurt mit 80 g Puderzucker, 5 EL süßer Sahne und 1 EL Honig verrühren, einfrieren und regelmäßig cremig rühren. Jeweils 2 Schweinsohren mit 1 Kugel Eis anrichten, mit pochierten Aprikosen (S. 14) und leicht gesüßtem Himbeer-Coulis (S. 113) servieren.

VERSCHIEDENE FÜLLUNGEN

- Schlagsahne dekoriert mit ganzen Himbeeren oder halbierten Erdbeeren.
- Den Zucker mit etwas Zimt über den ausgerollten Teig streuen. Schweinsohren mit gegrillten Ananasstücken und einem Dessertlöffel Crème fraîche servieren.
- Brombeeren, in Rotweinsirup pochierte Pfirsichscheiben und griechischer Joghurt.

SÜSSE BLÄTTERTEIGTASCHEN

Die Füllungen für diese schmackhaften Blätterteigtaschen sollten aromatisch sein. In unserem Beispiel wird dickes Apfelmus mit Zimt verwendet. 225 g Blätterteig (S. 120/121) ausrollen und mit einem gewellten Ausstechförmchen 6 runde Platten (8 cm Durchmesser) ausschneiden.

1 Die ausgestochenen Teigplatten mit dem Nudelholz so ausrollen, dass sie eine leicht ovale Form bekommen.

2 Die Teigränder mit Eigelbmischung (S. 123) bestreichen. Auf je eine Hälfte 1 EL Füllung geben. Die Teigtaschen zusammenklappen, die Ränder aufeinander drücken.

3 Die Teigtaschen auf ein gefettetes Backblech setzen und mit Eigelbmischung bestreichen.

4 Mit einem spitzen Messer ein Blattmuster in den Teig ritzen. Mit Zucker bestreuen und bei 220 °C (Umluft 200 °C) 10 Minuten, dann weitere 10–15 Minuten bei 190 °C (170 °C) backen. Mit Zucker bestreut heiß mit Crème anglaise servieren oder abgekühlt mit Eiscreme und pochierten Früchten.

FÜLLUNGEN FÜR BLÄTTERTEIGTASCHEN

- Fruchtpürees (S. 113) sollte man bei schwacher Hitze dickflüssig einkochen lassen und aromatisch würzen. Nach dem Einkochen süßen.
- Leicht pochierte Früchte wie Birnen- und Aprikosenhälften (frisch oder getrocknet), Backpflaumen oder Pfirsiche klein schneiden.
- 100 g fein gemahlene Mandeln mit 50 g Puderzucker vermischen. Mit etwas Kirschwasser zu einer Paste verarbeiten und mit gemischtem Trockenobst als Füllung verwenden.

FEUILLETÉS HERSTELLEN

Dieses rautenförmige Blätterteiggebäck wird mit Sahne und Früchten gefüllt.

1 Aus dem Teig Quadrate schneiden. Zu Dreiecken falten. An beiden kürzeren Seiten 1 cm vom Rand bis zu 1 cm vor den gegenüberliegenden Ecken einschneiden.

2 Dreiecke aufklappen; Quadrate am Rand mit Eigelbmischung (S. 123) bestreichen. Die abgeschnittenen Ränder kreuzen und festdrücken. Wie Blätterteigtaschen backen.

SÜSSE BLÄTTERTEIGPASTETE

Diese süße Blätterteigpastete mit dekorativ quer eingeschnittenem Teigdeckel wird traditionell mit Mincemeat (S. 29), Marmelade, pürierten oder pochierten Früchten oder einer gesüßten Paste aus gemahlenen Mandeln und Ei oder Likör gefüllt. Die Größe der Pastete kann man nach Bedarf variieren. Hier wurde die Hälfte der auf S. 120 angegebenen Menge verwendet.

1 Teig ausrollen, zwei Rechtecke (15 x 30 cm) schneiden. Ein Rechteck längs in der Mitte zusammenfalten, bis zu 1 cm vor dem Rand gleichmäßig quer einschneiden.

2 Auf dem anderen Rechteck Aprikosenmarmelade, gehackte getrocknete Aprikosen in Weinbrand und Mandelblättchen verteilen. Rand mit Eigelbmischung bestreichen.

3 Den gefalteten Teigdeckel darauflegen und aufklappen, Ränder festdrücken. Pastete mit Eigelbmischung (S. 123) betreichen. Bei 220 °C (Umluft 200 °C) 10 Minuten, weitere 10–15 Minuten bei 190 °C (Umluft 170 °C) backen. Heiße Pastete mit Aprikosenglasur betreichen, warm oder kalt servieren.

BLÄTTERTEIGKUCHEN

Der gebackene rechteckige Blätterteigboden wird mit einer Creme und frischen oder pochierten Früchten gefüllt – hier mit frischen Feigen, Himbeeren, Heidelbeeren und Aprikosen. Die Früchte bestreicht man mit Aprikosenglasur (S. 113).

1 Teig (die Hälfte der Menge von S. 120) zu einem Rechteck (15 x 30 cm) ausrollen. Einen 1,5 cm breiten Rand rundum abschneiden. Rechteck herausheben, zu 15 x 30 cm ausrollen, gerade schneiden, auf ein Blech legen.

2 Rand mit Eigelbmischung (S. 123) bestreichen, abgeschnittenen Rand darauf setzen, einritzen und bestreichen. Einstechen. Bei 220 °C (Umluft 200 °C) 10 Minuten, weitere 10–15 Minuten bei 190 °C (Umluft 170 °C) backen.

Desserts aus Strudel- & Phyllo-Teig

Strudel- und Phyllo-Teig werden ausgerollt und dann so dünn wie möglich ausgezogen. Strudel rollt man vor dem Backen auf und erhält die feine blättrige Struktur, die in Österreich und Deutschland so beliebt ist. Der Teig darf nicht austrocknen, da er sonst reißt.

STRUDEL ZUBEREITEN

Für den Strudelteig 300 g hartes Mehl mit 1 TL Salz in eine Schüssel sieben. 40 ml Öl und 200 ml lauwarmes Wasser untermischen.

1 Teig kneten und werfen, bis er geschmeidig ist und sich ziehen lässt. Mit einem feuchten Küchentuch bedecken und für 2 Stunden an einem kühlen Ort ruhen lassen. Auf der bemehlten Arbeitsfläche ausrollen, bedeckt 15 Minuten ruhen lassen.

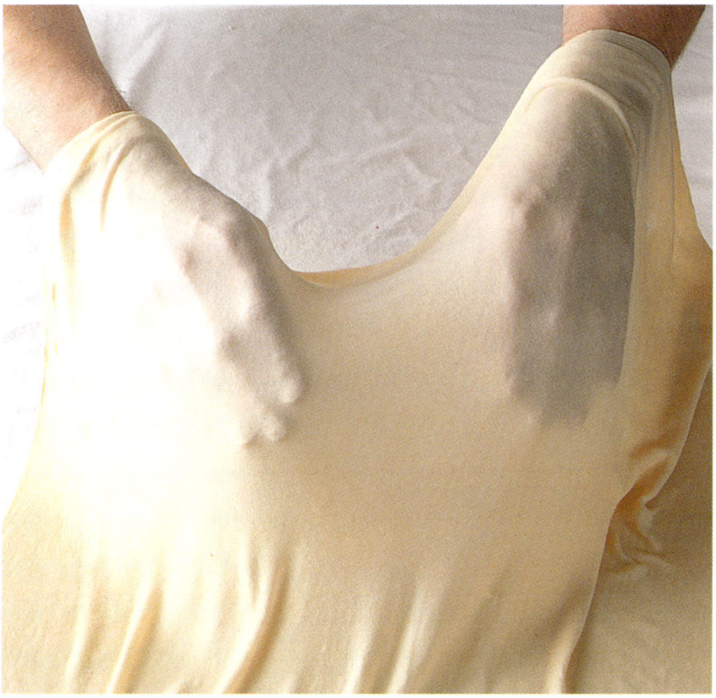

2 Auf einem bemehlten Küchentuch mit den ebenfalls bemehlten Händen unter den Teig fassen und diesen nach außen ziehen. Der Teig ist dünn genug, wenn die Hände durchscheinen.

3 Teig mit 75 g zerlassener Butter bestreichen, Füllung darauf verteilen. Das Tuch heranziehen und den Strudel mit Füllung einrollen. Auf einem gefetteten Blech bei 190 °C (Umluft 170 °C) 30–40 Minuten backen.

STRUDELFÜLLUNGEN

- **Äpfel**
  500 g Kochäpfel schälen, vom Kerngehäuse befreien, würfeln und in 75 g zerlassener Butter dünsten. Leicht abgekühlt mit 150 g hellbraunem Zucker, je 100 g Rosinen und gerösteten gehackten Walnüssen, 1 TL Zimt und 50 g zerkrümelten Keksen vermischen.
- **Kirschen**
  500 g Kirschen, 100 g gehackte Walnüsse, 150 g hellbrauner Zucker, 50 g zerkrümelte Kekse, abgeriebene Schale von 1 unbehandelten Zitrone, 1 TL Zimt.

KLEINE PASTETEN AUS PHYLLO-TEIG

Pasteten aus Phyllo-Teig sind oft sehr süß gefüllt, etwa mit einer aromatischen Paste aus getrockneten Datteln oder Mischungen aus gemahlenen Nüssen. Oder mit einer leicht süßen Paste aus gemahlenen Mandeln oder gehackten frischen oder getrockneten Früchten. Geriebene Schokolade harmoniert in einer Paste mit gemahlenen Haselnüssen und Weinbrand. Pasteten etwa 30 Minuten bei 180 °C (Umluft 160 °C) backen.

ZIGARRE

Einen 8 cm breiten Teigstreifen ausschneiden, mit zerlassener Butter bestreichen. 1 EL Füllung auf ein Ende geben. Von der Schmalseite einrollen, dabei mit Butter bestreichen.

DREIECK

Einen 8 cm breiten Teigstreifen ausschneiden, mit zerlassener Butter bestreichen. In eine Teigecke 1 EL Füllung geben, zu einem Teigdreieck falten. Bis zum anderen Ende wiederholt zusammenklappen. Bestreichen.

BAKLAVA MIT PHYLLO-TEIG

Für die traditionelle Süßspeise aus dem Vorderen Orient schichtet man Phyllo-Teig mit gehackten Nüssen und Honig oder Sirup in eine Form. Walnüsse oder Pistazien verwenden, jede Schicht mit gemahlenem Zimt bestreuen.

1 450 g Phyllo-Teig herstellen und 100 g Butter zerlassen. Eine feuerfeste rechteckige Form einfetten. Eine Schicht dünnen Teig hineinlegen. Mit Butter bestreichen und eine weitere Schicht Teig darauf legen.

2 Den Teig mit gemahlenen Nüssen und Zimt bestreuen. Darüber abwechselnd je 2 Lagen Teig und Füllung schichten. Mit drei Lagen Teig abschließen; jede Lage buttern.

3 In die Oberfläche ein Rautenmuster ritzen. Baklava bei 170 °C (Umluft 150 °C) in 1 1/2 Stunden goldbraun backen. Einen leichten Sirup kochen (S. 108) und 100 g klaren Honig in 150 ml Sirup rühren. Baklava aus dem Ofen nehmen, die Mischung sofort darüber träufeln. Abkühlen lassen.

FRUCHTPASTETEN

Der lockere Phyllo-Teig ist eine gute Alternative zu Mürbe- oder Blätterteig und eignet sich ideal für süße Teigtaschen oder Fruchtpasteten. Für die Zubereitung verwendet man am besten eine ovale oder runde Keramikform mit niedrigem Rand. Die Früchte können frisch sein oder kurz in Sirup pochiert werden. Hier sind es Aprikosen. Wie ausgezogener Strudelteig wird auch der dünne Phyllo-Teig schnell trocken und muss unbedingt bedeckt werden. Darum nicht gebrauchten Teig in Frischhaltefolie wickeln. Die Arbeitsfläche sollte trocken und leicht bemehlt sein, da der Teig bei Feuchtigkeit klebrig wird. Damit der Teig nicht reißt und schön knusprig wird, bestreicht man ihn mit zerlassener Butter.

Rhabarber-Erdbeer-Pastete *mit Phyllo-Teig-Kruste. Daneben:* **Aprikosenpastete.**

1 Eine runde Form (23 cm Durchmesser) mit Butter einfetten. Mit mehreren Schichten Phyllo-Teig auskleiden, die über den Rand hängen sollten.

2 Jede Schicht mit Butter bestreichen. Die Füllung (hier 450 g halbierte pochierte Aprikosen) darauf verteilen.

BELAG AUS PHYLLO-TEIG-STREIFEN

In dünne Streifen geschnittener Phyllo-Teig ergibt einen dekorativen Belag für Fruchtpasteten. Der knusprig-lockere Teig harmoniert bestens mit zarten pochierten Früchten.

1 Die Form mit einer doppelten Schicht Phyllo-Teig auskleiden, mit zerlassener Butter bestreichen. Mit Früchten füllen. Überhängenden Teig darüber klappen und bestreichen.

2 Einige Schichten Teig locker einrollen, in 1 cm breite Scheiben schneiden. Auseinander ziehen, auf der Pastete verteilen, buttern. Bei 180 °C (Umluft 160 °C) 35 Minuten backen.

3 Füllung mit Phyllo-Teig abdecken, dann mit zerlassener Butter bestreichen. Überhängenden Teig darüber klappen und wiederum bestreichen. Bei 180 °C (160 °C) etwa 40 Minuten backen.

Brandteig-Spezialitäten

Brandteig besitzt die Konsistenz einer weichen Paste und wird deswegen meist aufgespritzt. Beim Backen geht Brandteiggebäck locker auf, wird außen knsuprig und eignet sich gut zum Füllen. Die Herstellung des Teigs ist unkompliziert.

PROFITEROLES

Profiteroles lassen sich wunderbar mit Schlagsahne oder Schokolade füllen. Der Brandteig wird mit einem Spritzbeutel mit Lochtülle auf das gefettete Blech gespritzt.

1 Den Brandteig (S. 124) in runden Teighäufchen aufspritzen. Damit sich keine Spitzen bilden, die Tülle noch beim Aufspritzen in den Teig halten. Häufchen in großem Abstand aufspritzen, da sie beim Backen aufgehen. Bei größeren Häufchen auch den Abstand vergrößern.

2 Haben sich beim Aufspritzen dennoch Spitzen gebildet, eine Gabel in ein verschlagenes Ei tauchen und die Spitzen flach drücken. Die Häufchen mit dem Ei bestreichen. Bei 220 °C (200 °C Umluft) 10 Minuten backen, dann bei 180 °C (160 °C) 5–10 Minuten für kleine und 15 Minuten für große Profiteroles fertig backen.

3 Um zu prüfen, ob die Teighäufchen durchgebacken sind, die Unterseite eines Gebäckstücks leicht einschneiden. Fertiges Gebäck auf einem Kuchengitter abkühlen lassen.

4 Abgekühlte Profiteroles auf der Unterseite einschneiden, mit einem Spritzbeutel mit Lochtülle Schlagsahne oder Creme hineinspritzen.

***Gefüllte Profiteroles** oder **Éclairs**: Früchte fein schneiden und auf Füllcreme setzen. Glasierter Fruchtbelag auf Creme oder Sahne ist besonders hübsch. Mit Kaffee-Creme gefüllte Éclairs mit Karamell überziehen.*

ÉCLAIRS

Éclairs sind längliche Windbeutel, die gern mit Schokoladencreme gefüllt und überzogen werden. Geeignet sind viele Füllungen.

1 Den Brandteig mit einem Spritzbeutel mit Lochtülle in Streifen aufspritzen. Die Streifen sollten gleich lang sein.

2 Die Éclairs ebenso wie die Profiteroles (S. 170) backen. Horizontal aufschneiden und füllen. Hier wird Kaffee-Mousse auf die untere Hälfte gespritzt.

FÜLLUNGEN

- Geschlagene süße Sahne, Crème Chantilly (S. 116) oder Crème pâtissière (S. 116).
- Mousse aus Schokolade oder Früchten.
- Frische oder pochierte Früchte mit geschlagener süßer Sahne vermischt.
- Mit Kaffee, Schokolade oder Likör aromatisierte Füllcremes.

ÜBERZÜGE UND SAUCEN

- Puderzucker, Karamell, geschmolzene Schokolade oder Puderzuckerglasur.
- Schokoladen- oder Butterscotch-Sauce oder Crème anglaise.
- Coulis aus Früchten oder aromatisierter Sirup (Vanille oder Zitronenmelisse).

BRANDTEIGRINGE

Brandteigringe kann man in jeder gewünschten Größe sowohl mit einer Loch- als auch einer Sterntülle aufspritzen. Als Füllung eignen sich Eiscreme sowie Früchte und Cremes.

1 Um die gewünschte Größe der Ringe vorzuzeichnen, eine Ausstechform in Mehl tauchen und in größerem Abstand mehrfach auf das Blech setzen.

2 Brandteigringe mit einer Sterntülle in geeigneter Größe auf die vorgezeichneten Ringe spritzen. Wie Profiteroles (S. 170) backen. Aufschneiden und füllen.

***Brandteigringe** mit Creme, Kiwischeiben und Heidelbeeren füllen oder Himbeermousse aufspritzen, Ringe mit Schokolade beträufeln.*

Gefüllte Ornamente aus Brandteig können mit geschlagener Sahne, Karamell (S. 109), Puderzuckerglasur (S. 112) oder aufgespritzter geschmolzener Schokolade (S. 198) verziert werden. Pochierte Ananasstücke und Heidelbeeren mit Passionsfrucht und Vanilleeis sind eine herrliche Füllung für ***Brandteiggitter***.

DEKORATIVE ORNAMENTE

Beim Aufspritzen dekorativer Brandteigornamente auf das Backblech muss dies mit reichlich Abstand geschehen, da der Teig beim Backen aufgeht. Bei Bedarf zuvor gehackte Nüsse über die Ornamente streuen. Das Gebäck eignet sich auch als Boden oder Belag für Desserts.

SPIRALEN

Mit einer Schablone Kreise von 15 cm Durchmesser auf Backpapier vorzeichnen. Papier umdrehen und von der Kreismitte Spiralen aufspritzen.

PARIS-BREST

Der große Brandteigring wird mit Crème pâtissière (Konditorcreme, S. 116) oder geschlagener Sahne gefüllt. Ein Konditor, dessen Geschäft an der Strecke des jährlichen Radrennens von Paris nach Brest lag, wollte damit einen Fahrradreifen imitieren.

QUADRATISCHE BRANDTEIGGITTER

Quadratische Gitter (12–15 cm Seitenlänge) auf ein Blech spritzen. Mit Ei bestreichen, bei 200 °C (Umluft 180 °C) 15 Minuten backen. Dazu: Eiscreme und pochierte Früchte.

SCHWÄNE AUS BRANDTEIG

Diese zerbrechlichen Schwäne aus Brandteig werden mit Crème Chantilly (S. 116) und Früchten gefüllt. Servieren kann man sie in einem „See" aus Fruchtsauce.

1 Mit großer Sterntülle 6 cm lange Tropfen auf ein gefettetes Blech spritzen. Mit Eigelbmischung (S. 123) bestreichen, bei 200 °C (Umluft 180 °C) 15–20 Minuten backen.

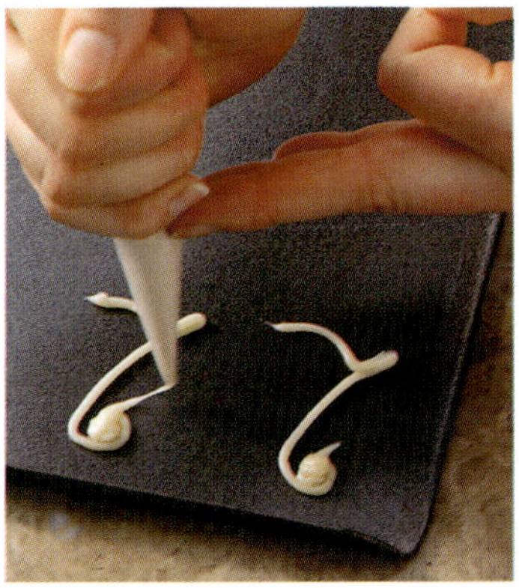

2 Eine Spritztüte aus Pergamentpapier (S. 198) mit Brandteig füllen und ein kleines Loch in die Spitze schneiden. Auf ein gefettetes Blech zierliche Ornamente in Form der Ziffer „2" spritzen. Um die Köpfe der Schwäne zu formen, mehr Teig an das obere Ende der „2" spritzen. Bei 200 °C (180 °C) goldbraun backen.

3 Die gebackenen Tropfen aus Brandteig mit einem scharfen Messer längs halbieren. Die jeweils obere Hälfte für die Flügel nochmals längs halbieren.

4 Mit großer Sterntülle auf die unteren Hälften Crème Chantilly spritzen und die „Flügel" seitlich hineindrücken, so dass die Spitzen nach oben zeigen. Mit kleinen Früchten füllen und mit Puderzucker bestäuben.

5 Eine Spritztüte aus Pergamentpapier mit geschmolzener Schokolade füllen. Die gebackenen „Schwanenhälse" mit einer Hand halten und Augen und Schnabel auf den Kopf spritzen. „Schwanenhälse" in die Creme stecken.

SAINT-HONORÉ-TORTE

Für die Torte wird süßer Mürbeteig (Pâte sucrée, S. 122) mit Brandteigbelag kombiniert. Ihr Name hat zwei mögliche Ursprünge: Sie wurde entweder nach dem Schutzheiligen der französischen Bäcker, Saint Honoré, benannt oder aber nach der Rue Saint-Honoré in Paris, wo der Chefkonditor Chiboust (die Füllcreme trägt seinen Namen) eine Konditorei eröffnete.

SAINT-HONORÉ

1 Portion süßer Mürbeteig (S. 122)
½ Portion Brandteig (S. 124)
1 Eigelb, mit 1 EL Wasser verquirlt
1 Portion Crème Chiboust (S. 116)
1 Portion Karamell (S. 109)

Süßen Mürbeteig herstellen. Zu einem Kreis (20 cm) ausrollen und auf ein gefettetes Blech setzen. Gleichmäßig mit einer Gabel einstechen.

Brandteig zubereiten und mit einer großen Lochtülle eine breite Spirale auf den Teigboden spritzen. Mit der Eigelbmischung bestreichen, bei 200 °C (Umluft 180 °C) 25–30 Minuten backen.

Auf ein zweites gefettetes Blech kleine Brandteighäufchen spritzen. Bei 220 °C (Umluft 200 °C) 10 Minuten, weitere 5–10 Minuten bei 180 °C (Umluft 160 °C) backen. Im Ganzen auf einem Kuchengitter abkühlen lassen.

Die Crème Chiboust zubereiten. In die Unterseite der Brandteighäufchen jeweils ein kleines Loch schneiden. Die Häufchen mit der Creme füllen.

Nun den Karamell herstellen, die Brandteighäufchen mit der Oberseite hineintauchen und auf einer gefetteten Platte fest werden lassen.

Einen Spritzbeutel mit einer Tülle für Saint-Honoré-Torte (S. 175) mit Crème Chiboust füllen. Etwa ein Drittel der Creme auf den Teigboden spritzen, mit einem Löffelrücken glatt streichen. Darüber im Zickzack-Muster Creme spritzen.

Falls nötig, den Karamell nochmals schwach erhitzen. Die Brandteighäufchen mit der Unterseite hineintauchen und nebeneinander auf den Rand des Tortenbodens setzen. Mit einer Kugel aus gesponnenem Zucker (S. 209) servieren.

SAINT-HONORÉ-TORTE HERSTELLEN

Vor dem Zusammensetzen der Saint-Honoré-Torte können die verschiedenen Bestandteile getrennt hergestellt werden. Den Karamell sollte man jedoch frisch zubereiten. Bei Bedarf das Aufspritzen der Creme im Zickzack-Muster vor dem Dekorieren üben.

1 Der auf den Teigboden aufgespritzte Brandteig geht beim Backen auf. Dadurch benötigt man nicht allzu viel Crème Chiboust zum Füllen und die Torte wird nicht ganz so gehaltvoll.

2 Auf ein gefettetes Blech 12–14 Brandteighäufchen spritzen. Die Häufchen sollten nach Möglichkeit gleich groß sein.

3 Die Brandteighäufchen nach dem Füllen mit der Oberseite in den Karamell tauchen. Darauf achten, dass sie ihre Form behalten und keine Creme austritt.

4 Das typische Zickzack-Muster der aufgespritzten Creme verlangt etwas Übung. Das schmale Ende der Spritztülle nach oben halten, Creme gleichmäßig herausdrücken.

5 Die Brandteighäufchen mit der Unterseite in den Karamell tauchen und als knusprigen und dekorativen Tortenrand rundum auf den Tortenboden setzen.

VARIANTE FÜR SAINT-HONORÉ-TORTE

Die Torte mit einer Mischung aus geschlagener Sahne und gewürfelten Früchten (Mango, Ananas, Banane oder Kiwi) füllen. Brandteighäufchen in geschmolzene Schokolade tauchen, auf dem Tortenbodenrand verteilen und mit geschmolzener Schokolade oder Schokoladenglasur (S. 112) überziehen.

ZUBEHÖR

Spritztüllen für Saint-Honoré-Torte bestehen aus Plastik oder Edelstahl. Das Ende ist angeschrägt, die Öffnung läuft auf einer Seite spitz zu. Die Creme bekommt so ein federartiges Aussehen.

SANDTEIGBODEN MIT EINEM RAND AUS BRANDTEIG

Brandteig lässt sich gut mit anderen Teigsorten kombinieren. Auf einen Tortenboden aus Sandteig (pâte sablée, S. 122) kann man zum Beispiel einen Rand aus Brandteig spritzen. Er bildet einen knusprigen Kontrast zu dem mürben Teigboden und umschließt die Tortenfüllung.

1 Mit einer Schablone den ausgerollten Sandteig ausschneiden und auf ein Backblech legen. Gleichmäßig mit einer Gabel einstechen, für 30 Minuten kalt stellen.

2 Auf den Tortenbodenrand einen Streifen Brandteig aufspritzen. Bei Bedarf an zu dünnen Stellen nachspritzen. Mit verschlagenem Ei bestreichen, bei 200 °C (Umluft 180 °C) etwa 20 Minuten backen. Abkühlen lassen.

3 Den gebackenen Tortenboden nach Geschmack füllen. In unserem Beispiel wird Crème Chiboust (S. 116) mit frischen Himbeeren und Kiwischeiben kombiniert.

Filetierte Orangenspalten mit Aprikosenglasur auf einer Mischung aus geriebener Schokolade und Crème Chantilly. Von Brandteig umschlossene Crème Chantilly mit glasierten Früchten belegt. Außerdem: einzelne Törtchen in Form verschiedener Früchte, gefüllt mit pochierten Früchten

DEKORATIVE RÄNDER

Ränder aus Brandteig können sehr dekorativ sein. Diese hübschen sternförmigen Häufchen gehen beim Backen genügend auf, um die Füllung zu umschließen. Probieren Sie ruhig verschiedene Spritztüllen aus.

BRANDTEIG AUSBACKEN

Ausgebackener Brandteig ergibt wunderbare Beignets oder Krapfen. Man serviert sie heiß zu Frucht-Coulis, aromatisiertem Sirup oder mit Puderzucker bestäubt.

1 Brandteig mit abgeriebener unbehandelter Zitronen- oder Orangenschale aromatisieren. Korinthen und/oder kandierte Früchte unterschlagen.

2 Speiseöl zum Frittieren auf 190 °C erhitzen. Mit zwei angefeuchteten Teelöffeln walnussgroße Teigportionen ins Öl gleiten lassen.

3 Die Teigportionen schwimmend ausbacken, bis sie knusprig aufgegangen und goldgelb sind. Zucker mit etwas gemahlenem Zimt vermischen und die Beignets darin wälzen. Sofort servieren.

BRANDTEIG-BEIGNETS MIT EISCREME

Mit Eiscreme gefüllte Beignets aus Brandteig sind ein herrliches „heiß-kaltes" Geschmackserlebnis. Wichtig dabei ist das zügige, geübte Frittieren. Kleine Brandteighäufchen (Profiteroles) mit Eiscreme füllen und einfrieren. In Eierteig tauchen und zügig in heißem Öl frittieren.

Gebackene Profiteroles (S. 170) abkühlen lassen und mit säuerlichem Fruchteis füllen. Für einige Stunden ins Tiefkühlfach stellen. Eierteig für Beignets (S. 125) herstellen und Speiseöl zum Frittieren auf 190 °C erhitzen. Die gefrorenen Profiteroles in den Eierteig tauchen, so dass sie dünn bedeckt sind, und einige Sekunden frittieren. Mit Zucker bestreuen und sofort mit Frucht-Coulis oder Ahornsirup servieren.

Schokoladen-Mandel-Dessert

Diese moderne Torte wird aus besten klassischen Bestandteilen zusammengesetzt. Eine feine makronenartige Masse aus gemahlenen Mandeln, Eiweiß und und Zucker bildet den Boden für eine Halbkugel aus Schokoladencreme umrahmt von Krokantcreme.

ARBEITSPLAN

- Backofen auf 180 °C (Umluft 160 °C) vorheizen.
- Mandelmasse herstellen, backen.
- Schokoladencreme zubereiten und in eine Form füllen.
- Schokoladenglasur und Krokantcreme zubereiten.

Für die Mandelmasse

75 g Puderzucker, zusätzlich Puderzucker zum Bestäuben
60 g Mandeln, gemahlen
40 g Mehl
3 Eiweiß
75 g Zucker

Für die Schokoladencreme

200 g Schokolade
450 ml süße Sahne

Für die Schokoladenglasur

250 g Schokolade
300 ml süße Sahne
50 g Zucker
50 g Butter

Für die Krokantcreme

250 ml süße Sahne
35 g Krokant

Zum Garnieren

Geröstete Mandelblättchen

1. Für die Mandelmasse Puderzucker, Mandeln und Mehl in eine Schüssel sieben. In einer zweiten Schüssel das Eiweiß steif schlagen, bis sich feste Spitzen bilden. Den Zucker unterschlagen. So lange schlagen, bis eine glänzende Masse entsteht. Die trockenen Zutaten vorsichtig unterheben, so dass die Eiweißmasse luftig bleibt.

2. Mit einem Spritzbeutel mit Lochtülle die Mandelmasse in eine Springform (20 cm Durchmesser) spritzen. Mit großen, einander berührenden Häufchen Mandelmasse entlang dem Rand der Form beginnen. Auf den Boden der Form von der Mitte ausgehend eine Spirale bis zu den Häufchen aufspritzen. Die Masse dick mit Puderzucker bestreuen und bei 180 °C (Umluft 160 °C) 25 Minuten backen. Den gebackenen Boden aus der Form nehmen und auf einem Kuchengitter auskühlen lassen. Den Rand mit einem scharfen Messer gerade schneiden.

3. Während der Mandelboden bäckt, Schokoladencreme zubereiten. Dafür die Schokolade grob hacken und in einen Topf geben. Langsam schmelzen und 125 ml süße Sahne einrühren. Die Mischung zum Kochen bringen, dabei ständig mit dem Schneebesen rühren, damit sie glatt bleibt. Vom Herd nehmen und abkühlen lassen. Die restliche Sahne leicht steif schlagen und unterziehen. Schokoladencreme in eine Halbkugelform füllen und fest werden lassen.

4. Für die Schokoladenglasur die Schokolade grob hacken und in eine Schüssel geben. Süße Sahne und Zucker in einem Topf schwach erhitzen. Die Sahnemischung über die Schokolade gießen und, sobald diese zu schmelzen beginnt, nach und nach die Butter unterrühren, bis eine glatte Glasur entstanden ist. Die Glasur beiseite stellen und abkühlen lassen.

5. Die Schokoladencreme vorsichtig aus der Halbkugelform auf ein Kuchengitter stürzen und dieses auf eine Platte stellen, um herablaufende Schokoladenglasur aufzufangen. Die Schokoladenglasur gleichmäßig über die Schokoladencreme laufen lassen. Ist diese vollständig bedeckt, mit dem Kuchengitter leicht auf die Platte klopfen, damit Luftbläschen aus der Glasur entweichen. Fest werden lassen.

6. Zuletzt die Krokantcreme herstellen. Dafür den Krokant in einen Mixer geben und fein zermahlen. Die süße Sahne schlagen, bis sie langsam dickflüssig wird. Den gemahlenen Krokant hinzufügen und weiterschlagen, bis sich feste Spitzen bilden.

7. Um die Torte zusammenzusetzen, die Halbkugel aus überzogener Schokoladencreme genau in die Mitte des gekühlten Mandelbodens setzen. Mit einem Spritzbeutel mit Sterntülle die Krokantcreme in kleinen Häufchen ringförmig um die Schokoladencreme aufspritzen. Mit den Mandelblättchen dekorieren.

FRUCHTKLÖSSCHEN

Diese verführerischen Fruchtklößchen werden mit gesalzenem Mürbeteig (S. 122, 1 Portion für 4 Klößchen) zubereitet. Die gewünschten Früchte halbieren, vom Kerngehäuse befreien oder entsteinen und die Füllung herstellen. Hier werden Nektarinen mit Marzipan gefüllt. Früchte, die sich verfärben, etwa Äpfel, mit Zitronensaft bestreichen.

1 Ein walnussgroßes Stück Marzipan zu einer Kugel formen und in die Vertiefung der entsteinten Nekatrinenhälfte drücken. Gesalzenen Mürbeteig ausrollen.

2 Einen Teigkreis (7 cm Durchmesser) ausschneiden, Fruchthälfte mit der Schnittseite daraufsetzen. Teig um die Frucht festdrücken. Mit verquirltem Ei bestreichen.

3 Um die Frucht zu bedecken, nun einen größeren Teigkreis ausschneiden. Über die Frucht legen und am Teigboden festdrücken, aber nicht darüber klappen.

4 Überstehenden Teig abschneiden. Mit Ornamenten aus Teig dekorieren, mit Ei bestreichen. Bei 190 °C (Umluft 170 °C) etwa 40 Minuten backen. Mit Zucker bestreuen.

GEEIGNETE FRÜCHTE

Für die Klößchen eignen sich frische, pochierte oder eingelegte Früchte:

- In Weinbrandsirup eingelegte Pfirsiche.
- Leicht pochierte Birnen.
- Halbierte, entkernte Äpfel mit einer Füllung aus hellbraunem Zucker, gemahlenem Zimt, Rosinen, Sultaninen und gehackten Aprikosen.
- Halbierte Papaya (Kerne entfernt), mit in Rum eingeweichten Sultaninen gefüllt.

REIS- & GRIESSDESSERTS

REIS-SÜSSSPEISEN

▪

GRIESSPUDDINGS & -KROKETTEN

Reis-Süssspeisen

Süßspeisen mit Reis sind echte Gaumenfreuden.
Der in Milch gegarte Reis, sogenannter Milchreis oder Flammeri,
quillt auf und bekommt eine herrlich weiche Konsistenz.

MILCHREIS

Rundkorn- oder Milchreis nimmt beim Garen viel Flüssigkeit auf, erhält eine weiche Konsistenz und ergibt ein cremiges Dessert.

In einen Topf mit schwerem Boden 100 g Milchreis, 600 ml Milch und 1 Vanillestange geben. Unter ständigem Rühren zum Kochen bringen. Die Hitze reduzieren. Milchreis bei niedriger Temperatur zugedeckt etwa 40 Minuten köcheln lassen, bis er dick und cremig ist. Dabei häufig umrühren. Die Vanillestange entfernen und den gegarten Reis nach Geschmack mit 30–60 g Zucker süßen. Für 2–4 Personen.

MILCHREIS AROMATISIEREN

LORBEER
Für ein raffiniertes Kräuteraroma ein getrocknetes Lorbeerblatt zerreiben und während des Garens unterrühren.

ROSEN- ODER ORANGENBLÜTENWASSER
Milchreis mit Rosen- oder Orangenblütenwasser aromatisieren, mit überzuckerten Rosenblütenblättern dekorieren.

ZIMT
Mit 1 Zimtstange und 1 Streifen unbehandelter Orangenschale garen.

LAVENDEL
Einen kleinen Lavendelzweig beim Garen hinzufügen. Zum Servieren exotische Rosenblütenmarmelade (aus dem Feinkostgeschäft) über den Milchreis geben.

KANDIERTE ENGELWURZ
Kurz vor Ende des Garens gehackte kandierte Engelwurz (Angelika) an den Reis geben. Zur Ergänzung kann man außerdem unbehandelte Zitronenschale und kandierte Zitrusschale hinzufügen.

SAHNE-MILCHREIS

Die hier gezeigten zwei Methoden machen ein Milchreisdessert noch cremiger. Bevor man die Sahne hinzufügen kann, muss der gegarte Reis jedoch auf Raumtemperatur abkühlen.

SAHNE UNTERRÜHREN
Kurz vor dem Servieren 150 ml Crème double unter den Reis rühren. Der Milchreis wird etwas dünnflüssiger und bekommt einen sahnigen Geschmack.

GESCHLAGENE SAHNE UNTERHEBEN
Crème double steif schlagen, bis sich weiche Spitzen bilden. Unter den warmen oder kalten Milchreis heben.

CONDÉ-REIS MIT FRÜCHTEN

Condé-Reis ist ein gekühltes sahniges Milchreisdessert, hier mit Früchten serviert. Dafür hebt man geschlagene Sahne unter abgekühlten Milchreis und stellt ihn kalt. Die Früchte kann man pochieren, dämpfen, in Alkohol einlegen oder frisch und gekühlt mit passierter warmer Aprikosenmarmelade verwenden.

1 In einem Sirup aus 200 ml Wasser und 50 g Zucker 6 Pfirsiche (geschält, entsteint, in Spalten geschnitten) pochieren, bis sie weich sind.

2 Pfirsiche in eine Schüssel geben. Sirup einkochen lassen und darüber gießen. Abkühlen lassen. 350 g frische Himbeeren dazugeben. Kalt stellen.

3 Milchreis zubereiten und auf Raumtemperatur abkühlen lassen. 300 ml Crème double mit 4 EL Amaretto steif schlagen und unterheben. Abwechselnd Milchreis und Früchte in Dessertschalen oder Gläser (280–300 ml Fassungsvermögen) schichten. Für 6 Personen.

***Milchreis** und Früchte in dekorative hohe Dessertgläser schichten. Mit einer Schicht Milchreis abschließen und mit Früchten dekorieren.*

KARAMELLISIERTER MILCHREIS

Für gefüllte Früchte: 1 Portion Milchreis (S. 182) zubereiten, abkühlen lassen und in 6 pochierte ausgehöhlte Birnen- oder Pfirsichhälften füllen. Gut kühlen, mit Zucker bestreuen und karamellisieren lassen. Für Milchreis brûlé: Milchreis auf 4 Auflaufförmchen (120 ml) verteilen, für etwa 20 Minuten kalt stellen. Mit Zucker bestreuen, karamellisieren lassen. Kalt stellen.

POCHIERTE FRÜCHTE

Große Früchte längs halbieren, entkernen, für besseren Stand auf der Außenseite gerade schneiden. Pochieren, bis sie gerade weich sind. Leicht aushöhlen.

KARAMELLISIEREN

Gefüllte Auflaufförmchen oder Fruchthälften unter den vorgeheizten Grill schieben. Karamellisieren lassen. Kalt stellen oder zumindest Karamell fest werden lassen.

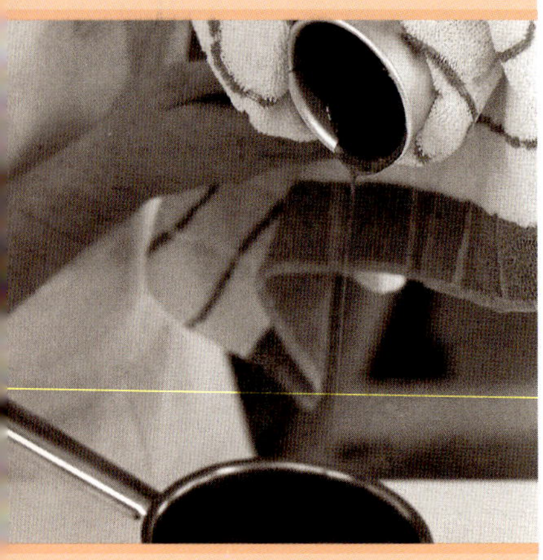

Gâteaux de riz

Mit Karamell und Korinthen im Wasserbad gegarter Reiskuchen ist ein traditionelles französisches Dessert. Für unsere Variante werden einzelne Küchlein mit Erdbeerscheiben und Orangenschale auf Shortbread serviert. Dazu gibt es Aprikosen- und Karamellsauce.

ARBEITSPLAN

- Den Milchreis zubereiten.
- Den Karamell herstellen und die Formen damit ausgießen.
- Teig für Shortbread zubereiten und kalt stellen.
- Backofen auf 170 °C (Umluft 150 °C) vorheizen.

Für die Reismischung

125 g Rundkornreis (Milchreis)
500 ml Milch
1 Vanillestange
1 Prise Salz
Unbehandelte Orangenschale
100 g Zucker
2 Eigelb
50 ml Crème double
25 g Korinthen oder Sultaninen

Für den Karamell

125 g Zucker
50 ml Wasser

Für das Shortbread

250 g Mehl
180 g Butter
1 Ei
1 Prise Salz
125 g Zucker
1 Prise Backpulver

Zum Garnieren

250 g Erdbeeren
Unbehandelte Orangenschale

Für die Aprikosensauce

½ Vanillestange
1 TL Zucker
125 g Aprikosen in Sirup aus der Dose

1 Den Reis in einem Topf mit Wasser 2 Minuten aufkochen. Milch, Vanillestange, Salz und Orangenschale in einem anderen Topf schwach erhitzen. Den Reis abgießen, in die warme Milchmischung geben und diese zum Kochen bringen. Sobald der Reis die Milch vollständig aufgesogen hat, den Zucker hinzufügen. Nochmals aufkochen. Den Reis vom Herd nehmen und Eigelb und Crème double untermischen. Zuletzt die Korinthen zügig untermischen und den Reis beiseite stellen.

2 Für den Karamell den Zucker mit dem Wasser erhitzen, bis er hellgolden ist. Ein Puddingförmchen mit etwa einem Viertel des Karamells füllen. Hin und her schwenken, bis die Ränder ganz bedeckt sind. Die Hände mit einem Küchentuch schützen. Übrigen Karamell zurückgießen. Mit 3 weiteren Förmchen ebenso verfahren.

3 Die mit Karamell bedeckten Förmchen zu einem Viertel mit der Reismischung füllen. In einen Bräter stellen und diesen 5 cm hoch mit Wasser füllen. Im Backofen bei 170 °C (Umluft 150 °C) 15 Minuten backen.

4 Inzwischen für das Shortbread Mehl und Butter mit den Fingern zu einer feinkrümeligen Masse verarbeiten. Nacheinander Ei, Salz, Zucker und Backpulver hinzufügen und alles zu einem glatten Teig verkneten. Für mindestens ½ Stunde kalt stellen.

5 Den Teig aus dem Kühlschrank nehmen und etwa 1 cm dick ausrollen. Vier Kreise von etwas größerem Durchmesser als die Förmchen ausschneiden. Auf ein gefettetes Backblech setzen und bei 170 °C (Umluft 150 °C) 15 Minuten backen. Auf einem Kuchengitter auskühlen lassen.

6 Einen Kreis aus Shortbread auf eine saubere Platte geben. Ein Reisküchlein vorsichtig aus der Form nehmen und mit dem Palettmesser auf das Shortbread setzen. Mit dem restlichen Shortbread und den Küchlein ebenso verfahren. Mit Erdbeeren und feinen Streifen Orangenschale dekorieren.

7 Für die Aprikosensauce die Vanillestange längs halbieren, das Mark herauskratzen und mit dem Rücken eines Löffels mit dem Zucker leicht zerdrücken. Die Aprikosen im Mixer oder in der Küchenmaschine fein pürieren, Vanille mit dem Zucker hinzufügen. Für eine dickflüssige Sauce etwas Sirup aus der Dose dazugießen. Etwas Aprikosensauce rundum auf jeden Dessertteller träufeln und etwas Karamell hinzufügen. Reisküchlein jeweils in die Mitte setzen. Servieren.

REIS IN ZITRUSFRÜCHTEN

Für dekorative, farbenfrohe Desserts kann man Milchreis in ausgehöhlte Zitrusfrüchte füllen und mit gesüßten, gegrillten Orangenscheiben servieren. Für 1 Portion Milchreis (S. 182) die abgeriebene Schale von 1 unbehandelten Zitrone, Limette oder Orange verwenden.

VORBEREITEN UND FÜLLEN

Zitrusfrüchte aushöhlen, für besseren Stand die Unterseite gerade schneiden. Unter den gekühlten Milchreis 225 g Mascarpone rühren. Mit einem Teelöffel die Reismischung in die Früchte füllen. (Man benötigt etwa 8 Orangen, 8–10 Zitronen oder 16 Limetten.) Kalt stellen.

ORANGENSCHEIBEN GRILLEN

2–3 Orangen schälen und in Scheiben schneiden, dabei die Fruchthaut entfernen (S. 104). In eine feuerfeste Form legen, mit hellbraunem Zucker bestreuen. Zucker unter dem heißen Grill karamellisieren lassen. Zu den gefüllten Zitrusfrüchten servieren.

***Die gefüllten Zitrusfrüchte** mit feinen Streifen kandierter Zitrusschale servieren. Sie verleihen dem Milchreis zusätzliches Aroma. Pro Person eine Orange oder je zwei Zitronen oder Limetten servieren.*

EXOTISCHER MILCHREIS

80 g Mandeln, blanchiert
900 ml Milch
6 grüne Kardamomkapseln
1 EL Rosenwasser
100 g Basmati-Reis
50 g Butter
50 g Rosinen oder Sultaninen
50 g Pistazien
¼ TL Safranfäden
75 g Zucker

Im Mixer 40 g Mandeln mit 150 ml Milch pürieren. In einen großen Topf mit schwerem Boden füllen und die restliche Milch dazugießen.

Kardamomkapseln zerstoßen, die schwarzen Samen im Mörser fein zermahlen und zu der Mandelmischung geben. Rosenwasser, Basmati-Reis und Butter hinzufügen.

Die Mischung unter Rühren zum Kochen bringen. Hitze reduzieren, ohne Deckel etwa 45 Minuten köcheln lassen. Regelmäßig umrühren, damit der Milchreis nicht anhängt. Rosinen oder Sultaninen dazugeben und weitere 20–30 Minuten garen, bis der Milchreis eingekocht und sehr cremig ist.

Inzwischen die restlichen Mandeln in dünne Stifte schneiden und leicht rösten. Die Pistazien enthäuten (S. 107) und ebenfalls in Stifte schneiden. Den Safran im Mörser zu feinem Pulver zerreiben und in 2 EL kochend heißem Wasser auflösen.

Aufgelösten Safran und Zucker unter den Milchreis rühren, bis sich der Zucker aufgelöst hat. Einen Großteil der Mandeln und Pistazien hinzufügen. Abkühlen lassen. Leicht gekühlt mit den übrigen Mandeln und Pistazien bestreut servieren. Für 6 Personen.

MILCHREIS INDISCHE ART

Mandeln, Rosenwasser, gemahlener Kardamom und Basmati-Reis verleihen diesem süß-aromatischen Dessert seinen besonderen Charakter. Statt Rosinen passen auch gehackte getrocknete Aprikosen, Mango oder gemischtes Trockenobst.

1 Zutaten bei schwacher Hitze unter häufigem Rühren köcheln lassen, bis ein cremiger Milchreis entsteht. Einen großen Topf mit schwerem Boden verwenden, damit die Milch nicht anbrennt oder überkocht. Trockenobst nach 45 Minuten hinzufügen.

2 Zucker gegen Ende der Garzeit unterrühren und den Safran hinzufügen, da er sonst sein Aroma verliert. Milchreis auf Raumtemperatur abkühlen lassen, nach Belieben geschlagene Crème double unterheben. Mit gestiftelten Nüssen bestreuen.

GEBACKENER REISPUDDING

Gebackener Reispudding sollte cremig sein und eine feine, goldgelbe Kruste haben. Die erfolgreiche Zubereitung hängt von einem langsamen Garprozess ab. Diese traditionelle britische Süßspeise wurde über Nacht im nicht mehr so heißen Ofen gebacken.

In eine feuerfeste Auflaufform 50 g Rundkornreis, 600 ml Milch, 1 Vanillestange und 1 Streifen unbehandelte Zitronenschale geben. 2 EL Zucker unterrühren. Mit geriebener Muskatnuss bestreuen, 30 g Butterflöckchen darauf verteilen. Bei 150 °C (Umluft 130 °C) etwa 2 ½ Stunden backen. Nach jeder vollen Stunde den Milchreis umrühren, da er durch das Unterrühren der gebildeten Haut besonders cremig wird. Während der letzten 30 Minuten nicht mehr rühren.

VARIANTEN FÜR GEBACKENEN REISPUDDING

- Der Milchreis wird besonders cremig, wenn man ihn mit jeweils 300 ml Milch und süßer Sahne zubereitet.
- Für eine festere Konsistenz und zusätzliches Aroma 1 ganzes Ei oder 2 Eigelb mit 2 EL Milch oder 3 EL süßer Sahne verschlagen und 30 Minuten vor Ende der Backzeit unterrühren.
- Für ein intensives Aroma 50 g Sultaninen oder 100 g grob gehackte getrocknete Pfirsiche oder Aprikosen unter den Milchreis mischen. Nach dem letzten Umrühren 30 Minuten vor Ende der Backzeit 30 g Mandelblättchen darüber streuen.

GEBACKENER MILCHREIS MIT AROMATISIERTEN FRÜCHTEN

Fruchtkompotte und pochiertes Obst (S. 14–15) sind klassische Beigaben für gebackenen Reispudding, denn Aroma und Konsistenz ergänzen sich wunderbar mit dem cremigen Dessert. Das Obst sollte ebenfalls heiß serviert werden. Die aromatisierten exotischen Früchte in unserem Beispiel sind eine farbenfrohe, moderne Variante.

1 Schale von 1 unbehandelten Limette mit 6 grünen Kardamomkapseln in 200 ml Wasser weich garen.

2 50 g Zucker, 50 g kandierte Ingwerscheiben sowie je 2 geschälte, in Scheiben geschnittene Mangos und Guaven unterrühren. Bei schwacher Hitze 5 Minuten köcheln lassen.

3 Mit dem Schaumlöffel die Früchte aus dem Topf nehmen. Den Sirup dickflüssig einkochen lassen. Früchte wieder in den Topf geben und im Sirup wenden. Das Fruchtkompott zu gebackenen Reispuddings servieren.

KOKOS-REISKUCHEN MIT FRÜCHTEN IN KARAMELL

Gegarter Milchreis kann in einer Form (hier eine Charlotten-Form) gebacken und als Kuchen serviert werden. Ein klassisches Beispiel ist Gâteau de riz (S. 184). Dazu passen Trockenobst oder kandierte Früchte. Den Milchreis kann man in einer mit Karamell ausgegossenen Form backen. In unserem Beispiel wird der Reis in Kokosmilch gegart und in einer mit Kokosraspeln ausgestreuten Form gebacken. Das Ergebnis ist ein neues, raffiniertes Geschmackserlebnis.

1 In 1–2 l Kokosmilch 200 g Rundkornreis garen. Den Boden einer Charlotten-Form mit Backpapier auslegen. Die gesamte Form mit zerlassener Butter bestreichen und mit leicht gerösteten Kokosraspeln ausstreuen.

2 2 Eier, 6 Eigelb und 200 ml Crème double verschlagen, unter den Milchreis rühren. Mischung in die Form füllen, ohne die Schicht aus Kokosraspeln zu beschädigen. Bei 160 °C (Umluft 140 °C) 45 Minuten backen. Abkühlen lassen, kalt stellen.

3 Die mit Karamell überzogenen Früchte (siehe Kasten, S. 213) als Beilage zubereiten. Mit einem Messer den Milchreis in der Form lockern. Dabei dicht am Formrand entlangfahren, um die Kruste aus Kokosraspeln nicht zu beschädigen.

4 Einen flachen Teller auf die gefüllte Form legen, mit der Form umdrehen und diese dann vorsichtig vom Reiskuchen abheben. Falls nötig, zusätzliche Kokosraspeln andrücken.

Den ***Kokos-Reiskuchen mit den in Karamell getauchten Früchten*** *anrichten. Geeignet sind Erdbeeren, Physalis, Kiwi, Ananas, Trauben und Aprikosen. Wählen Sie nur beste, auch dekorative Früchte aus.*

GRIESSPUDDINGS & -KROKETTEN

Aus körnig gemahlenem Weichweizengrieß lassen sich wunderbare Süßspeisen zubereiten. Dabei ist es besonders wichtig, den Grieß ständig zu rühren, denn so wird das Dessert schön cremig.

GRIESSPUDDING HERSTELLEN

1 Die Milch aufkochen und vom Herd nehmen. Unter ständigem Rühren den Grieß fein einrieseln lassen. Zucker hinzufügen.

2 Auf den Herd stellen und rühren, bis der Grieß zu kochen beginnt. 20 Minuten köcheln lassen und regelmäßig rühren, bis er cremig ist.

EINFACHER GRIESSPUDDING

600 ml Milch
1 Vanillestange
50 g Weichweizengrieß
50 g Zucker

Die Milch mit der Vanillestange in einem großen Topf bei niedriger Temperatur heiß werden lassen, bis sie fast zu kochen beginnt. Vom Herd nehmen, zugedeckt 30 Minuten durchziehen lassen.

Vanillestange entfernen. Die Milch aufkochen. Vom Herd nehmen, den Grieß unter ständigem Rühren einrieseln lassen. Zucker unterrühren. Wieder zum Kochen bringen, dabei ständig rühren.

Bei schwacher Hitze 20 Minuten köcheln lassen. Häufig rühren. Mit pochierten Früchten, Fruchtkompott oder Schokoladensauce servieren. Für 4–6 Personen.

GESTÜRZTER SCHOKOLADENGRIESS

Grießpudding kann man in einer Form fest werden lassen und kalt servieren. Zu dem aromatischen Dessert passen Erdbeeren mit Muskat. Die Milch mit einer Zimtstange durchziehen lassen, 75 g Zucker verwenden.

1 225 g Schokolade in kleine Stücke brechen. Den Grießpudding vom Herd nehmen und die Schokolade unterrühren.

2 4 EL Rum und 225 g Mascarpone untermischen. Eine Kastenform (1 l) mit kaltem Wasser ausspülen, den Grießpudding hineinfüllen. Mit Frischhaltefolie abdecken. Für einige Stunden kalt stellen. Gestürzten Schokoladengrieß mit Erdbeeren und Mascarpone servieren.

SCHOKOLADEN-GRIESSKROKETTEN

Frittierter Grießpudding ist schön knusprig und hat ein nussartiges Aroma. Für diese Kroketten benötigt man die Hälfte der Menge für einfachen Grießpudding (S. 189). Einige Tropfen Bittermandelöl hinzufügen, kalt stellen.

1 100 g Schokolade schmelzen, leicht abkühlen lassen und mit 100 g Mascarpone vermischen. Abkühlen lassen und kalt stellen.

2 Sobald die Schokoladenmischung fest genug ist, mit den Händen acht kleine Kugeln formen. Die Schokoladenkugeln kalt stellen.

3 Grießpudding in acht Portionen teilen. Jeweils eine Schokoladenkugel mit einer Portion Grießpudding umhüllen. Grießpudding in gemahlenen Mandeln wälzen, damit er nicht klebt.

4 100 g blanchierte Mandeln fein mahlen und mit 100 g Semmelbröseln vermischen. Die Grießkroketten in verquirltes Ei tauchen und in der Mandel-Semmelbrösel-Mischung wälzen. Für mindestens 30 Minuten kalt stellen. Die Kroketten in heißem Fett knusprig und goldgelb frittieren. In Zucker wälzen und sofort servieren.

GRIESS AROMATISIEREN

ZIMT
Beim Erhitzen der Milch statt der Vanillestange 1 Zimtstange und die abgeriebene Schale von 1 unbehandelten Orange hinzufügen.

RUM
Rosinen in Rum mazerieren lassen. Wenige Minuten vor Ende der Kochzeit an den Pudding geben und diesen mit gerösteten Pekannüssen bestreuen.

KARDAMOM UND FRÜCHTE
Die Milch statt mit Vanille mit 4 grünen Kardamomkapseln erhitzen. Gewürfelte getrocknete Mango sowie frische oder Dosen-Ananas kurz vor Ende der Kochzeit hinzufügen. Mit Pistazien oder gerösteten Mandelstiften servieren.

*Leicht gesüßter Coulis aus Aprikosen (S. 113) passt zu heißen **Schokoladen-Grießkroketten**.*

GRIESSKROKETTEN

Für Kroketten Grießpudding abkühlen lassen, formen, in Ei tauchen, in Semmelbröseln wälzen und knusprig frittieren. Mit Fruchtsauce, warmem Honig oder Ahornsirup servieren. Als Alternative aromatisierten Pudding mit Früchten füllen. In Mehl wälzen, in Ei tauchen und in Semmelbröseln wälzen, goldgelb frittieren.

PETITS FOURS

KLEINGEBÄCK & KONFEKT

▪

FRUCHTKONFEKT

▪

PRALINEN AUS EISCREME

Kleingebäck & Konfekt

Die Herstellung von Petits Fours ist eine Kunst für sich.
Die kleinen Küchlein und das feine Konfekt serviert man zu Kaffee
oder stellt als erlesene Nachspeise eine Auswahl auf einzelnen Tellern zusammen.

BAISER-KONFEKT

Mit einer Spritztülle kann man hübsche Ornamente aus Baiser formen, die gebacken und gefüllt werden: Französische Baisermasse (S. 68) bei 120 °C (Umluft 100 °C) backen.

BAISER-NESTCHEN
Einen runden Boden aus Baiser, dann rundum einen Rand aufspritzen und backen. Mit Creme, Früchten oder einem Maronenpüree mit Puderzucker, Weinbrand und geriebener Schokolade füllen.

BAISER-MUSCHELN
Mit einer kleinen Sterntülle Baiser-Muscheln aufspritzen und backen. Je zwei Muscheln mit Schokoladen-Ganache oder Sahne und gehackten Pistazien füllen. Nach Belieben vorher zur Hälfte in Schokolade tauchen.

KLEINE GÂTEAUX MILLE-FEUILLE

1 Portion Blätterteig (S. 120) dünn ausrollen und mit einer Ausstechform (4,5 cm Durchmesser) 16 Kreise ausschneiden. Auf ein Backblech geben, gleichmäßig einstechen und bei 220 °C (Umluft 200 °C) in etwa 5 Minuten goldgelb backen. Abkühlen lassen. Törtchen horizontal halbieren, füllen und verzieren.

DEKORIEREN
Die Törtchen mit warmer Johannisbeer-, Himbeer- oder Aprikosenmarmelade und Schlagsahne füllen. Mit Puderzucker bestreuen und mit einem heißen Metallspieß ein Muster einbrennen. Garnierung: 1 Himbeere und 1 kleines Schokoladenblatt.

Miniatur-Desserts herstellen

- Viele Desserts lassen sich auch in Miniaturform herstellen. Probieren Sie Obstsalat aus klein gewürfelten Früchten in Waffelschälchen serviert, auf Schokoladenplätzchen gespritzte Sorbets, mundgerechtes Feingebäck oder von einer Biskuitrolle geschnittene Törtchen.
- Wird Kleingebäck oder Baiser-Konfekt im Ofen gebacken, muss man die Temperatur stark reduzieren. Je nach Backofen sollte vielleicht auch die Backzeit verkürzt werden.
- Bei der Herstellung von Kleingebäck ist ein methodisches Vorgehen empfehlenswert. Das heißt, man sollte bei jedem Arbeitsschritt statt einzelner Gebäckstücke eine größere Menge fertigstellen. Das erleichtert die Arbeit und man erzielt außerdem ein wesentlich gleichmäßigeres Ergebnis.

HASELNUSSPASTETCHEN

Füllung: 100 g gemahlene Haselnüsse, je 1 EL Puderzucker und Schokoladenlikör sowie 60 g geriebene Schokolade vermischen. Bei 190 °C (Umluft 170 °C) 10–12 Minuten backen. Klaren Honig erhitzen, Pastetchen damit bestreichen. Für 60 Stück.

SÄCKCHEN

Für 30 Schokoladen-Haselnuss-Säckchen 1 Portion Phyllo-Teig verwenden. Quadrate von 9 cm Seitenlänge zurechtschneiden. In die Mitte jedes Quadrats etwas Füllung geben und kleine Säckchen formen. Dafür die Teigecken aufnehmen und zusammendrehen.

DREIECKE

Aus dem Phyllo-Teig 30 Streifen (5 x 15 cm) schneiden. In die Ecke einer Schmalseite etwas Füllung setzen, die andere Ecke zu einem Dreieck darüber klappen. Das Dreieck bis zum anderen Ende wiederholt falten.

DATTEL-ZIMT-PASTETCHEN

Für die Füllung 100 g Datteln entsteinen und fein hacken. Mit 2 EL gemahlenen Mandeln, 1 TL Puderzucker, 1/2 TL gemahlenem Zimt und 2 TL Weinbrand vermischen. Ergibt 26 Stück.

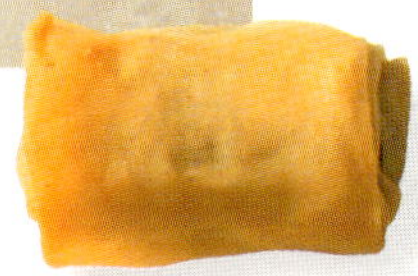

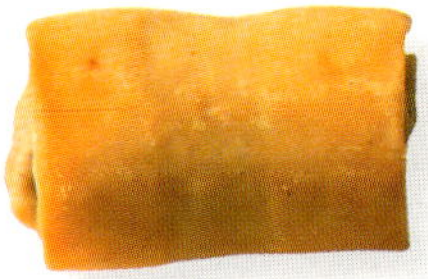

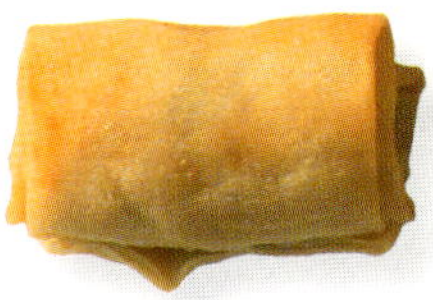

RÖLLCHEN

Phyllo-Teigstreifen (3 x 10 cm) schneiden. Längsseiten einschlagen, buttern. Füllung an eine Schmalseite setzen, einrollen. Bestreichen und bei 180 °C (Umluft 160 °C) 10 Minuten backen.

TORTELETTS MIT ROTEN FRÜCHTEN

Mit der Hälfte der auf S. 122 angegebenen Menge süßen Mürbeteigs lassen sich 20 köstliche kleine Torteletts herstellen. Förmchen mit dem Teig auskleiden, mit etwas Mandelcreme füllen und backen. Mit einem Teelöffel auf jedes Tortelett etwas Erdbeermarmelade (insgesamt 50 g) geben. Mit Früchten belegen: jeweils 1/2 Erdbeere, 1 Himbeere und rote Johannisbeeren. Nur beste unbeschädigte Früchte verwenden.

1 Den Teig 2 mm dick ausrollen. Ausreichend große Teigkreise für die Förmchen ausstechen.

2 Mit dem Teig 20 Tortelettförmchen (2 cm tief, 3,5 cm Durchmesser am Boden) auskleiden. Etwa zur Hälfte mit Mandelcreme (die Hälfte der auf S. 49 angegebenen Menge) füllen, bei 170 °C (Umluft 150 °C) etwa 25 Minuten backen. Aus den Förmchen nehmen. Vor dem Verzieren abkühlen lassen.

SCHOKOLADENBECHER MIT SAHNECREME

Für die Schokoladenbecher 24 Petits-Fours-Förmchen mit geschmolzener Schokolade auskleiden. Dafür mehrere Schichten mit dem Pinsel auftragen, jede Schicht erst trocknen lassen.

1 Sobald die Schokolade fest geworden ist, die Papierförmchen entfernen.

2 Sahnecreme (Hälfte der Menge von S. 54) in die Schälchen spritzen. Kalt stellen.

WAFFELRÖLLCHEN MIT KAFFEECREME

1 28 Waffelröllchen mit Weinbrand (S. 126) herstellen. Zum Formen um den eingefetteten Stiel eines Holzlöffels wickeln. Vor dem Füllen fest werden lassen.

2 180 ml Crème double mit je 1 EL Puderzucker, Kaffee-Essenz und Kaffeelikör steif schlagen. Die Kaffeecreme in die Waffelröllchen spritzen und diese servieren.

FLORENTINER

Für 28 Florentiner 60 g fein gehackte Rosinen, kandierte Kirschen sowie Zitronat und Orangeat unter den Teig für Waffelröllchen (S. 126) mischen. Die Teigmischung ebenso wie für Waffelröllchen backen. Auf dem Blech leicht fest werden lassen. Vor dem Dekorieren auf Kuchengittern auskühlen lassen.

Glatte Seite der Plätzchen mit geschmolzener Schokolade (insgesamt 180 g) überziehen. Mit einer Gabel ein Wellenmuster in die Schokolade zeichnen, fest werden lassen.

SCHOKOLADEN-ZIMT-PLÄTZCHEN

Um den Schokoladenteig herzustellen, 325 g Butter mit 20 g Puderzucker schaumig rühren. 1 Eigelb, 400 g Mehl und 35 g gesiebtes Kakaopulver hinzufügen. Den Teig kneten, bis er geschmeidig ist, in Frischhaltefolie wickeln und bis zur Verwendung kalt stellen. Für den Zimtteig 280 g Butter und 400 g Mehl mit den Fingern zu einer feinkrümeligen Masse verarbeiten. 125 g Puderzucker, je 1/4 TL Vanille-Essenz und Zimt untermischen. Verkneten und formen (100 Stück).

1 Zimtteig zu einer Wurst von etwa 2,5 cm Durchmesser rollen und kalt stellen. Schokoladenteig 12 mm dick ausrollen und um den gekühlten Zimtteig wickeln. Nochmals kalt stellen.

2 Mit scharfem Messer in Scheiben schneiden. Das Messer jedes Mal in heißes Wasser tauchen, trockenreiben. Auf einem gefetteten Blech bei 160 °C (Umluft 140 °C) etwa 15 Minuten backen.

Fruchtkonfekt

Bei Fruchtkonfekt werden die schönen Formen und leuchtenden Farben der verwendeten Früchte noch hervorgehoben. Ansprechend zusammengestelltes Fruchtkonfekt macht großen Eindruck. Feine Überzüge sorgen für zusätzliche Süße und verschönern das Aussehen.

Früchte überziehen

Einzelne Früchte mit süßem Überzug ergeben köstliche Petits Fours. Verwenden Sie makellose kleine oder in Stücke geschnittene Früchte, zum Beispiel Physalis, Mandarinenspalten, Kirschen und Erdbeeren. Überzüge wie Karamell, Schokolade und Fondant passen zu verschiedensten Aromen und Farben.

1 Leichten Karamell kochen (S. 109), etwas abkühlen lassen. Die Früchte jeweils am Stiel oder Blatt halten (oder an einem Cocktailspieß) und hineintauchen.

2 Überschüssigen Karamell abtropfen lassen. Die überzogenen Früchte auf Backpapier setzen und den Karamell fest werden lassen.

Früchte teilweise überziehen

Teilweise überzogene Früchte sind sehr wirkungsvoll. Die Früchte dafür nur zur Hälfte in den Überzug tauchen, abtropfen lassen und auf Backpapier setzen. Besonders schön sieht ein Teller mit Erdbeeren aus, von denen einige zur Hälfte in dunkle, andere in weiße Schokolade getaucht wurden. Für zusätzliche Farben Fondant mit Speisefarben zum Beipiel rosa, blau oder grün färben.

Gefülltes Trockenobst

Trockenobst kann mit einer Nusspaste aus Mandeln, Haselnüssen oder Walnüssen gefüllt werden. Um 48 getrocknete Aprikosen, Datteln oder Trockenpflaumen zu füllen, 1 Ei mit 100 g Zucker in einer Schüssel über köchelndem Wasser verschlagen, bis die Mischung dick zu werden beginnt. Je 100 g gemahlene Mandeln und Puderzucker unterschlagen, bis eine Paste entsteht.

1 Die Paste teelöffelweise zu kleinen Ovalen formen. Datteln oder Trockenpflaumen entsteinen und mit jeweils 1 Oval füllen. Früchte um die Füllung festdrücken.

2 Die gefüllten Früchte zur Hälfte in Fondant (S. 112), geschmolzene Schokolade oder Karamell tauchen. Auf Backpapier setzen und den Überzug fest werden lassen.

Pralinen aus Eiscreme

Pralinen aus Eiscreme werden auf die gleiche Weise geformt und zusammengesetzt wie größere Eisdesserts. Die Dekorationen variieren allerdings und das Zusammensetzen erfordert etwas mehr Geschick.

GESCHICHTETE EISPRALINEN

Die kleinen Eispralinen werden in Petits-Fours-Förmchen hergestellt. In Farbe und Geschmack sollten sich die Eissorten deutlich unterscheiden. Die fertigen Pralinen auf gekühlte Kiwi- oder Karambolfruchtscheiben setzen. Dekoration: aufgespritzte Schokoladenglasur (S. 112).

Verschiedene Eiscremesorten in Petits-Fours-Förmchen füllen. Dafür die gleiche Methode wie für Eisbomben und Eistorten (S. 39–40) verwenden. Im Gefrierfach fest werden lassen.

EISKUGELN MIT SCHOKOLADENÜBERZUG

Mit einem Kugelausstecher die Eiskugeln formen, je einen Cocktailspieß hineinstecken. Gut gekühlt in abgekühlte geschmolzene Schokolade tauchen. Hier wurde Kirscheis mit weißer Schokolade, weißes Schokoladeneis mit Zartbitterschokolade überzogen.

Die überzogenen Eiskugeln auf Backpapier legen. Im Zickzack-Muster Schokoladenglasur (S. 112) von kontrastierender Farbe aufspritzen. Einfrieren, bis diese fest ist.

HERSTELLUNG

Bei der Herstellung von Pralinen aus Eiscreme muss man die Eiscreme unbedingt verarbeiten, ehe sie zu weich wird. Die Raumtemperatur und die warmen Hände lassen das Eis schnell schmelzen, darum hat man für einen Arbeitsschritt immer nur wenige Minuten Zeit. Die Küchengeräte stellt man am besten im Voraus zusammen und kühlt sie vor der Verwendung (etwa Löffel oder Backbleche). Sobald die Eiscreme weich wird, muss sie wieder gekühlt werden. Verarbeiten Sie stets nur kleine Mengen, während der Rest im Tiefkühlfach steht.

KIRSCHBOMBEN

Kandierte Kirschen einige Stunden oder über Nacht in Kirschwasser oder Weinbrand mazerieren lassen. Dann abgießen. Mit einem Teelöffel etwas weißes Schokoladeneis in ein Petits-Fours-Förmchen geben, eine Kirsche darauf setzen. Das Förmchen mit Eiscreme füllen, bis die Kirsche ganz bedeckt ist. Mit den übrigen Kirschen ebenso verfahren. Kirschbomben einfrieren, bis sie fest sind. Für eine außergewöhnliche Präsentation Böden aus Zartbitterschokolade herstellen.

SCHOKOLADENBÖDEN

Zartbitterschokolade schmelzen, auf eine glatte Oberfläche streichen und fest werden lassen. Kreise von etwas größerem Durchmesser als die Kirschbomben ausschneiden, die Eiscreme darauf stürzen. Förmchen entfernen. Auf den überstehenden Rand der Böden dekorativ Schokolade aufspritzen. Einfrieren.

KLEINE EISCREME-SPIESSE

Mit einem Kugelausstecher Kugeln aus drei verschiedenen Eissorten formen. In unserem Beispiel werden Erdbeer-, Pistazien- und Vanilleeis verwendet. Eine Eiskugel von jeder Sorte auf einen Holzspieß stecken und im Tiefkühlfach fest werden lassen. Auf Fruchtpüree, Schokoladensauce, Löffelbiskuits oder Waffelschalen (S. 127) servieren.

ANRICHTEN & DEKORIEREN

SCHOKOLADEN-DEKORATIONEN
▪
MIT SAUCEN ANRICHTEN
▪
ÜBERZUCKERN & KANDIEREN
▪
DEKORATIONEN AUS ZUCKER
▪
GESPONNENEN ZUCKER HERSTELLEN
▪
DEKORATIVE PLÄTZCHEN
▪
FRÜCHTE & NÜSSE

Schokoladen-Dekorationen

Aus geschmolzener Schokolade kann man wunderschöne Dekorationen herstellen. Ob kleine, filigrane Ornamente oder wirkungsvolle, marmorierte Schokoladenplatten, sie verleihen einem Dessert stets ein ganz besonderes Aussehen. Darüber hinaus lässt sich Schokolade zu kleinen essbaren Servierschälchen formen.

SCHOKOLADE AUFSPRITZEN

Zum Aufspritzen feiner Schokoladen-Dekorationen ist eine kleine Spritztüte aus Papier unerlässlich. Von außen werden die Kanten mit Klebestreifen verstärkt.

1 Ein Quadrat aus Backpapier (25 cm Seitenlänge) in zwei Dreiecke schneiden. Für den Kegel eine Ecke der Längsseite eines Dreiecks bis zur rechtwinkligen Ecke einwickeln.

2 Die gegenüberliegende Ecke um den Kegel wickeln, bis die drei Ecken aufeinander treffen. Den Kegel zusammenziehen.

3 Die drei Ecken enger zusammenziehen, damit die Tüte möglichst spitz wird. Die Ecken nach innen falten und kräftig falzen.

4 Die Tüte mit geschmolzener, leicht abgekühlter Schokolade füllen. Dann den Rand zum Verschließen zusammenfalten.

5 Den gefalteten Rand nach unten einrollen, so dass die Schokolade in die Spitze gedrückt wird. Das Papier sollte prall um die Schokolade sitzen. Bei Bedarf eine zweite Tüte vorbereiten und an einem warmen Ort aufbewahren.

6 Zum Aufspritzen die Spitze der Tüte abschneiden. Für feine Ornamente nur ein kleines Stück entfernen.

ORNAMENTE AUFSPRITZEN

Ornamente aus dunkler oder weißer Schokolade, die sich aus vielen gleichen Schwüngen zusammensetzen, sind eine elegante Dekoration für Desserts. Um das Aufspritzen zu erleichtern, kann man die Muster auf Backpapier vorzeichnen.

Das vorgezeichnete Papier auf eine kalte, feste Arbeitsfläche, etwa eine Marmorplatte, legen oder die Ornamente ohne Schablone aufspritzen.

RUNDE GITTER

Runde Plättchen aus Schokoladengitter ergeben hübsche Dekorationen, sind aber auch oft wesentlicher Bestandteil von Desserts. Mittelgroße Plättchen können statt Plätzchen zum Schichten von Eiscreme oder Mousse verwendet werden. Kleine Plättchen steckt man in aufgespritzte Sahnedekorationen.

1 Schokolade im Zickzack-Muster auf dicke Plastikfolie spritzen. Je mehr Linien man aufspritzt, desto dichter wird das Gitter.

2 Bevor das Schokoladengitter fest wird, mit einem runden Ausstechförmchen runde Plättchen in der gewünschten Größe ausstechen. An einen kühlen Ort stellen, bis das Schokoladengitter fest geworden ist.

Schokoladengitter *mit festem Rand, wie diese Dreiecke, können zum Dekorieren problemlos aufgestellt werden. Die filigranen runden Gitter sollte man lieber flach auflegen, etwa auf eine Torte.*

3 Die Plastikfolie mit Schokoladengitter umdrehen und die Folie abziehen. Die ausgestochenen Plättchen bleiben daran haften. Mit einem Palettmesser vorsichtig ablösen.

DREIECKE AUS SCHOKOLADENGITTER

Für dichte Schokoladengitter in geometrischen Formen spritzt man die Schokolade kreuz und quer auf dicke Plastikfolie. Nur die Ränder werden exakt aufgespritzt.

1 Mit einer kleinen Spritztüte Schokolade kreuz und quer aufspritzen.

2 Einen dickeren Rand in Dreiecksform aufspritzen. Schokoladengitter kalt stellen.

3 Sobald die Schokolade fest ist, das Gitter außerhalb des Dreiecks mit einem Messer wegschneiden. Plastikfolie mit den daran haftenden Dreiecken umdrehen und vorsichtig ablösen. Dreiecke bis zu Verwendung kalt stellen.

SCHOKOLADENKÖRBCHEN

Wollen Sie einem Dessert eine elegante Note verleihen, spritzen Sie geschmolzene Schokolade für ein Schokoladenkörbchen in einen kleinen Behälter, etwa eine Metallform. Nach dem Festwerden behält die Schokolade die gewünschte Form. Lassen Sie Ihren Ideen freien Lauf und probieren Sie ruhig andere Formen aus.

1 Eine kleine Öffnung in die Spritztüte schneiden und die Schokolade in dichten Kringeln in eine saubere Halbkugelform spritzen. Im Kühlschrank fest werden lassen.

2 Wenn die Schokolade fest wird, zieht sie sich leicht zusammen und löst sich von der Form. Dadurch lässt sich das Schokoladenkörbchen leicht herausnehmen. Bis zur Verwendung kalt stellen, mit Früchten, Eiscreme oder einem anderen gekühlten Dessert füllen.

GITTER IN TROPFENFORM

Schälchen aus Schokoladengitter eignen sich zum Servieren von Eiscreme, Mousses oder anderer cremiger Desserts, die jedoch nicht zu flüssig sein dürfen, damit sie nicht durch das Gitter laufen.

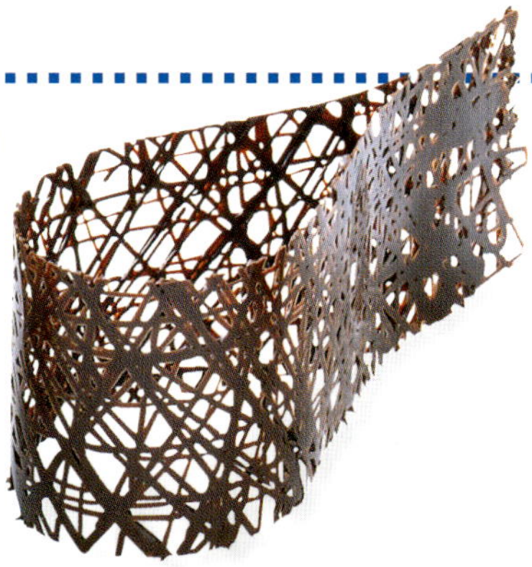

1 Einen festen Plastikstreifen auf eine Marmorplatte legen, eine Spritztüte mit geschmolzener Schokolade füllen. Die Schokolade dicht aufspritzen.

2 Solange die Schokolade noch leicht warm ist, gerade Ränder schneiden. Den Plastikstreifen an einem Ende fassen und von der Marmorplatte heben.

3 Plastikstreifen mit dem Schokoladengitter zu einem Tropfen biegen, so dass sich die Enden berühren. Die Enden so lange zusammenpressen, bis sie aneinander haften. Kalt stellen. Vor Gebrauch Streifen abziehen.

SCHOKOLADENLOCKEN

Zu Locken geformte Schokoladendreiecke lassen sich in beliebiger Länge herstellen. Dafür Schokolade auf Plastikfolie in gewünschter Form fest werden lassen.

1 Feste Plastikfolie auf eine Marmorplatte legen, temperierte Schokolade (S. 110) darauf streichen.

2 Schokolade leicht abkühlen lassen. Im Zickzack-Muster von einem Rand zum anderen in Dreiecke schneiden.

3 Plastikfolie nach innen einrollen, Ränder mit Klebestreifen an der Platte befestigen. Kalt stellen.

SPIRALEN AUS SCHOKOLADE

Zarte Spiralen aus Schokolade ergeben wunderschöne Dekorationen. Spiralen am besten mit einem Cocktailspieß aufnehmen und vorsichtig auf das Dessert setzen.

1 Temperierte Schokolade (S. 110) auf Plastikfolie streichen. Mit einer gezackten Teigkarte darüberfahren.

2 Leicht fest werden lassen. Plastikstreifen spiralförmig einrollen, Enden auf der Arbeitsplatte festkleben.

3 Kalt stellen und gut fest werden lassen. Folie vorsichtig von den Schokoladenspiralen abziehen.

MARMORIERTE SCHOKOLADE

Zum Marmorieren weiße und dunkle Schokolade schmelzen. Die weiße Schokolade in ein Schälchen geben und dunkle Schokolade mit einem Teelöffel tropfenweise hinzufügen. Die Schokoladensorten noch nicht vermischen.

1 Feste Plastikfolie auf eine Marmorplatte legen und die Schokolade aus dem Schälchen großzügig darauf gießen, so dass sich beide Sorten ein wenig vermischen.

2 Die Schokolade mit dem Palettmesser auf der Folie glatt streichen. Dabei hin und her fahren, um den Marmoreffekt zu erzielen.

3 Marmorierte Schokolade in die gewünschte Form schneiden (hier Quadrate), kalt stellen. Folie abziehen und die Schokolade zum Dekorieren oder Zusammensetzen von Desserts verwenden.

SCHOKOLADENNESTCHEN

Verzierungen für Desserts müssen nicht geometrisch geformt sein. Natürliche Formen, wie bei diesem Schokoladennestchen, ergeben ebenso schöne Dekorationen. Schokoladennestchen sind ideale Servierschälchen für Eiscreme, gekühlten Obstsalat oder Mousses und überzeugen durch ihre Schlichtheit.

1 Schokolade in einer Schüssel schmelzen. Ein Nudelholz ohne Griffe an einem Ende mit Plastikfolie umwickeln. Mit der Folie leicht in die Schokolade tauchen.

2 Den Vorgang wiederholen, bis das Schokoladennestchen die gewünschte Dicke hat. Nestchen für eine glatte Unterseite fest auf eine gerade Arbeitsfläche drücken, leicht fest werden lassen und Nudelholz entfernen. Kalt stellen, Folie abziehen.

SCHOKOLADENFÄCHER

Aus Schokolade lassen sich Kuchendekorationen herstellen, die Fächern oder gekräuseltem Band ähneln.

FÄCHER HERSTELLEN
Geschmolzene Schokolade auf einer harten Arbeitsfläche verstreichen und leicht fest werden lassen. Mit einem breiten, flachen Teigschaber schmale Schokoladenstreifen abschaben. Die Schokoladenstreifen bilden dabei kleine Fächer.

SERVIERSCHÄLCHEN AUS SCHOKOLADE

Statt der oben gezeigten Schokoladennestchen kann man gekühlte Desserts natürlich auch in essbaren, gleichmäßig geformten Schälchen aus Schokolade servieren. Dafür formt man Schokolade in Plastikbechern von gewünschter Größe. Form und Dicke hängt vom jeweiligen Dessert ab: In dicken Schälchen bleibt Eiscreme zum Beispiel länger fest.

1 In einer großen Schüssel Schokolade schmelzen. Plastikbecher auf die benötigte Höhe zurechtschneiden und bis zum Rand mit Schokolade füllen.

2 Überschüssige Schokolade wieder ausgießen. Mit Schokolade ausgekleideten Becher kalt stellen, weitere Becher füllen. Schokolade ab und zu umrühren.

3 Vorgang wiederholen, bis die gewünschte Dicke erreicht ist, Rand glatt streichen. Kalt stellen. Plastikbecher entfernen, falls nötig, aufschneiden.

PASSENDE DEKORATIONEN

- Durch Variieren oder Marmorieren der Schokoladensorten kann man die hier gezeigten Dekorationen bestimmten Desserts farblich anpassen.
- Die Variationsmöglichkeiten für aufgespritzte Schokoladenornamente sind nahezu unbegrenzt. Man kann verschiedene Formen ausschneiden oder unterschiedliche Ausstechformen verwenden.
- Schokoladenschälchen lassen sich bei geeigneten Formen ebenfalls beliebig variieren.
- Haben Formen zum Auskleiden allzu komplizierte Muster, lässt sich die Schokolade schwerer herauslösen.

SCHOKOLADENRÖLLCHEN

Schokoladenröllchen können so gleichmäßig geformt sein wie in unserem Beispiel aus weißer Schokolade, man kann aber auch wunderschön gezackte, gerollte Schokoladenspäne herstellen. Beide Formen eignen sich ideal zum Dekorieren edler Torten und Desserts.

1 Geschmolzene weiße Schokolade auf einer festen, kalten Arbeitsfläche aus Marmor oder Granit verstreichen und leicht abkühlen lassen. Mit einem scharfen Messer die Schokolade in gleiche Quadrate schneiden.

2 Quadrate mit einem Messer mit dünner Klinge von der Arbeitsfläche diagonal von einem Ende zum anderen abschaben. Die Schokolade rollt sich dabei ein.

SCHOKOLADENSPÄNE

Die hübsch gezackten, eingerollten Schokoladenspäne sind eine beliebte Dekoration für Schokoladentorten.

SPÄNE ABSCHABEN

Schokolade dünn auf eine Marmorplatte streichen. Mit einem langen Messer bei gleichmäßigem Druck Rechtecke abschaben; die Schokolade rollt sich ein.

SCHOKOLADENZIGARETTEN

Eine beliebte Dekoration für Eiscreme, Torten und Mousses sind die schlanken Zigaretten aus heller und dunkler Schokolade, die einem Dessert wahre Klasse verleihen. Die geschmolzene und temperierte Schokolade (S. 110) gibt man am besten auf eine harte, kalte Marmorplatte.

1 Einen weißen Schokoladenstreifen auf die Platte streichen. Auf gerade Ränder achten, da die Breite die Zigarettenlänge ergibt. Mit einem gezackten Teigschaber über die Schokolade streichen.

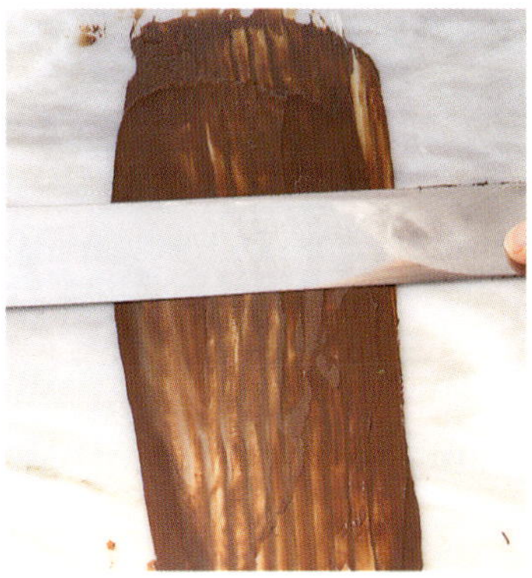

2 Während die weiße Schokolade fest wird, dunkle Schokolade schmelzen. In einem gleichmäßigen Streifen darüber streichen. Vorsichtig arbeiten, damit die beiden Sorten sich nicht vermischen.

3 Die dunkle Schokolade fest werden lassen. Falls nötig, kalt stellen. Einen breiten, flachen Teigschaber 2 cm vor der Schmalseite ansetzen. Die Schokolade zum Ende hin unter festem Druck abschaben. Langsam arbeiten, um feste Zigaretten zu formen.

Mit Saucen anrichten

Viele Desserts bekommen durch eine Sauce erst den letzten Pfiff, denn Saucen beeinflussen sowohl den Geschmack als auch das Aussehen. Neben Sahne, Joghurt und Frischkäse kann auch ein Coulis aus Früchten oder Eiercreme verwendet werden.

COULIS VERWENDEN

Bei der Auswahl sollte man darauf achten, dass der Coulis das Dessert in Geschmack und Farbe ergänzt, also damit harmoniert oder Kontraste setzt. Ebenso wichtig ist das Anrichten. Hier einige Vorschläge als erste Anregungen.

AUF EINEN TELLER TRÄUFELN

Mit dem Löffel Ringe aus weißer Schokoladensauce und Himbeer-Coulis auf einen Teller träufeln. Verlaufen lassen.

COULIS VERTEILEN

Man kann ein Dessert auf einem „Bett" aus Coulis servieren: Coulis mit einem Löffel auf dem Teller verstreichen.

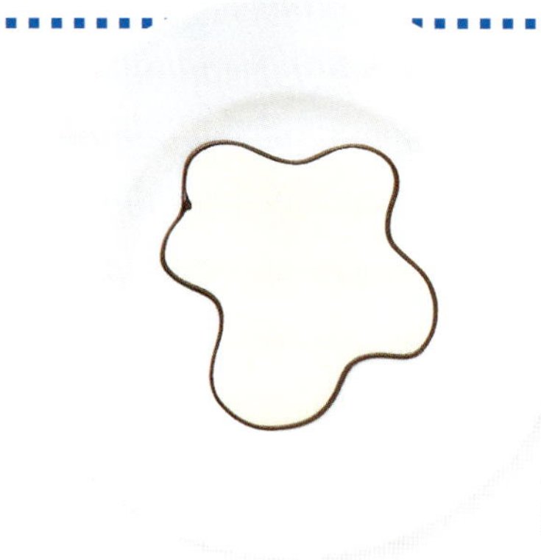

DEKORATIVE RÄNDER

Für eine lebendige Präsentation kann man Saucen in einer ungewöhnlichen Form servieren. Mit Schokoladen-Ganache einen Rand auf einen Teller spritzen, fest werden lassen. Anschließend Sahne oder eine Sauce hineingießen.

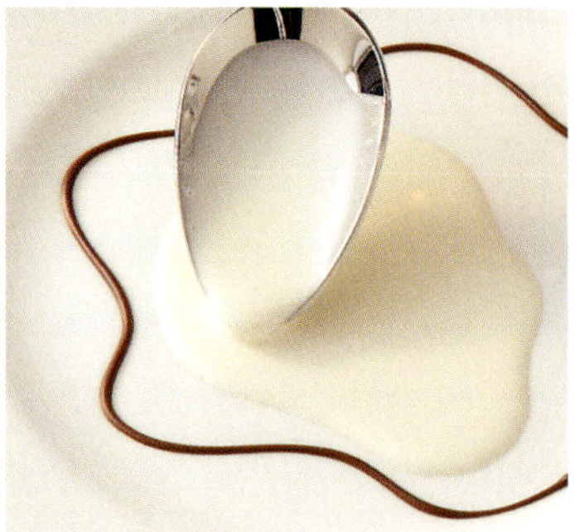

SAUCEN KOMBINIEREN

FEDERN

Auf einen Teller Coulis geben. Am Rand einen Ring aus Sahne hineinträufeln. Mit einem Cocktailspieß die Sahne in gleichmäßigen Abständen federartig abwechselnd nach innen und außen in den Coulis ziehen.

HERZEN

Auf einen Teller Coulis geben. In gleichmäßigen Abständen rundum kleine Sahnetupfer hineinsetzen. Mit einem Cocktailspieß eine Linie durch die Tupfer ziehen, so dass kleine Herzen entstehen.

SAUCEN VERBINDEN

Die verwendeten Saucen sollten von gleicher, dickflüssiger Konsistenz sein. Saucen jeweils in die Mitte einer Tellerhälfte geben, verlaufen lassen. Mit einem Cocktailspieß die Saucenränder verbinden, dafür eine Sauce federartig in die andere ziehen.

Überzuckern & Kandieren

Mit Zucker lassen sich anmutige
dekorative Effekte erzielen, die auch weniger Erfahrenen gelingen.
Meist reicht bereits eine kleine Menge Zucker für glitzernde Verzierungen.

ÜBERZUCKERN

Blätter, Blüten und Knospen von Pflanzen sowie Ränder von Schüsseln und Gläsern können überzuckert werden.

1 Etwas Eiweiß mit einer Gabel leicht verschlagen. Mit einem kleinen Pinsel das Eiweiß dünn auf ein Blütenblatt oder Blatt streichen.

2 Zucker auf die Blätter streuen, um sie vollständig zu bedecken.

FRÜCHTE ÜBERZUCKERN

Wie Blätter kann man auch Früchte überzuckern. Am besten eignen sich rote Johannisbeeren und andere Beerenfrüchte. Eine Rispe mit leuchtend roten Johannisbeeren ist eine wunderschöne Dekoration für Eiscremes und Sorbets.

JULIENNE VON ZITRUSFRÜCHTEN AUF SCHNELLE ART KANDIEREN

Zitrusschale auf traditionelle Weise zu kandieren, ist sehr zeitraubend. Kandierte feine Schalenstreifen kann man aber auch schneller herstellen.

1 Die Schale unbehandelter Zitrusfrüchte ohne die innere weiße Schicht mit dem Sparschäler abschälen. Schale in dünne Streifen (Julienne) schneiden.

2 Julienne in einem Topf mit Wasser bedecken. Aufkochen, bei schwacher Hitze weich garen. Zucker dazugeben. Weitergaren, bis sich der Zucker auflöst. Wieder aufkochen, Sirup fast vollständig einkochen lassen.

3 Mit einer Gabel die Julienne aus dem Topf nehmen und auf Backpapier verteilen. Mit Zucker bestreuen und abkühlen lassen. Die knusprige kandierte Julienne luftdicht aufbewahren.

Dekorationen aus Zucker

Dekorationen aus Zuckersirup sind für viele Desserts besonders gut geeignet. Ob komplizierte Ornamente oder einfache Formen, diese Verzierungen werden stets die Blicke auf sich ziehen.

ZUCKERSIRUP VERWENDEN

1 Zuckersirup (S. 108) auf 165 °C erhitzen. Schaum abheben.

2 Topfrand mit einem feuchten Pinsel bestreichen, damit nichts anbrennt.

3 Aus Backpapier ein Quadrat ausschneiden, das etwas größer als die gewünschte Form ist. Die Form leicht einfetten, auf das Papier setzen, das auf einer flachen Arbeitsfläche liegt. Den Zuckersirup in die Form gießen und fest werden lassen.

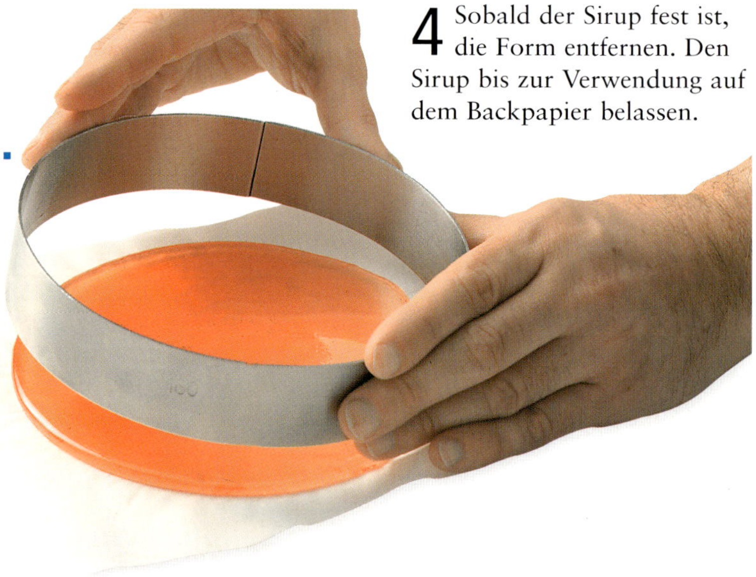

4 Sobald der Sirup fest ist, die Form entfernen. Den Sirup bis zur Verwendung auf dem Backpapier belassen.

ZUCKERSIRUP MARMORIEREN

Für ein dekoratives marmoriertes Ergebnis einige Tropfen Speisefarbe auf den noch heißen eingefüllten Zuckersirup geben. Mit der Spitze eines Messers die Speisefarbe in kreisenden Bewegungen im Sirup verteilen.

Zucker erhitzen

Zucker reagiert beim Erhitzen auf ganz spezielle Weise. Darum sollte man sehr sorgsam vorgehen, um das gewünschte Ergebnis zu erzielen.

Hier wird Zuckersirup auf 165 °C erhitzt, also über das Stadium hinaus, in dem sich großer Bruch bildet, aber noch bevor Karamell entsteht – ein Unterschied von wenigen Sekunden bei dieser starken Hitze. Bei 165 °C wird Zucker sehr hart, beim Karamellisieren jedoch wieder weicher. Der verwendete Sirup bekommt zwar eine glatte, glänzende Oberfläche, doch die gezeigte Scheibe wird sehr hart; sie ist deshalb nur zur Dekoration, nicht zum Verzehr geeignet.

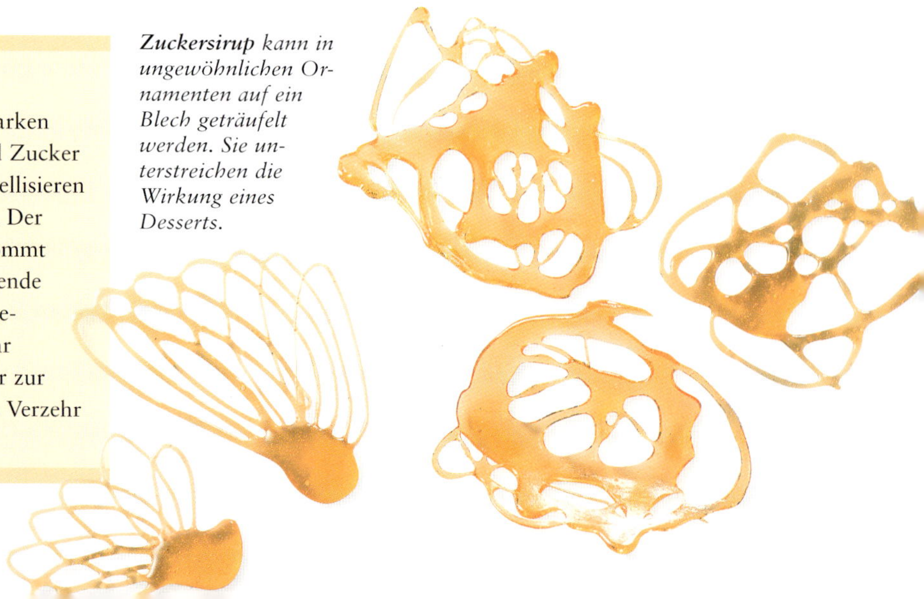

***Zuckersirup** kann in ungewöhnlichen Ornamenten auf ein Blech geträufelt werden. Sie unterstreichen die Wirkung eines Desserts.*

ORNAMENTE AUS ZUCKERSIRUP

Der vielseitige Zuckersiurp lässt sich sowohl zu einfachen als auch zu komplizierten essbaren Ornamenten verarbeiten, die stets elegante Dekorationen ergeben.

Ein Quadrat aus Backpapier auf eine flache Arbeitsfläche legen. Zuckersirup auf 160 °C erhitzen. Einen Teelöffel in den noch heißen Sirup tauchen. Für das gewünschte Muster über dem Papier hin und her bewegen und dabei den Sirup herunterlaufen lassen.

GOLDGELBE ORNAMENTE HERSTELLEN

1 Ein Backblech einfetten. Horizontale Linien aus Zuckersirup darauf träufeln.

2 Eine zweite Schicht im Zickzack-Muster aufträufeln. Fest werden lassen.

EIN KÖRBCHEN AUS ZUCKERSIRUP HERSTELLEN

1 Eine saubere Schöpfkelle mit Küchenpapier von außen mit Öl bestreichen.

2 Für ein Körbchen den Zuckersirup in dünnen Fäden über die Kelle träufeln.

3 Einen dickeren Rand aus Zuckersirup für mehr Stabilität auftragen. Überstehende Fäden aus Zuckersirup entfernen.

4 Zuckersirup auf der Kelle abkühlen lassen. Das fest gewordene Körbchen mit einem Messer vorsichtig ablösen. Es eignet sich als Häubchen für kleine Desserts.

Variationen: ***Aufgespritzte Zuckerornamente*** *mit Früchten und Schlagsahne bilden ideale Beigaben zu Baiser und Eiscreme.*

ZUCKERSIRUP AUFSPRITZEN

1 Zuckersirup auf 160–165 °C erhitzen. Eine Spritztüte in eine Sektflöte stellen, Sirup hineingießen.

2 Die Enden der Tüte nach innen falten und zum Verschließen einrollen. Den heißen Sirup nicht berühren.

3 Die heiße Spritztüte mit einem Küchenhandtuch (zum Schutz) fassen und aus dem Glas nehmen.

4 In die Spitze der Spritztüte vorsichtig eine kleine Öffnung für feine Ornamente schneiden.

5 Das gewünschte Ornament mit Zuckersirup auf Backpapier oder ein Backblech spritzen. Für eine Schablone die Form zuvor auf die Rückseite des Papiers zeichnen. Wird der Sirup zu fest, die Tüte für einige Minuten in den warmen Backofen legen.

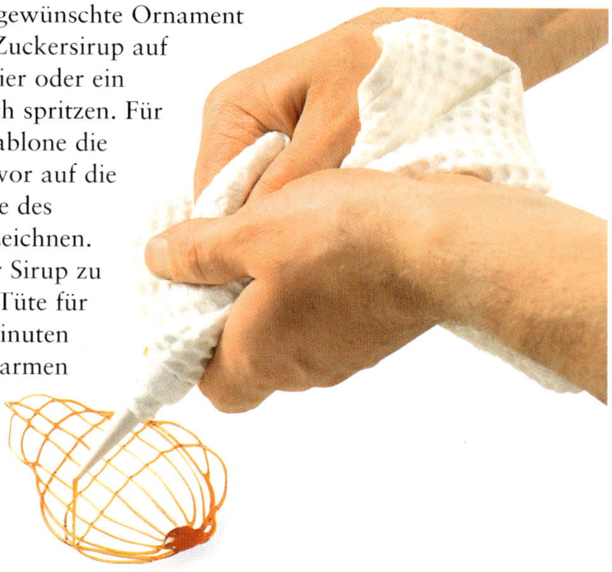

6 Der Sirup benötigt etwa 10 Minuten zum Festwerden. Die Ornamente mit einem Palettmesser vom Papier oder Backblech lösen. Vor dem vollständigen Ablösen testen, ob der Sirup auch wirklich richtig fest ist.

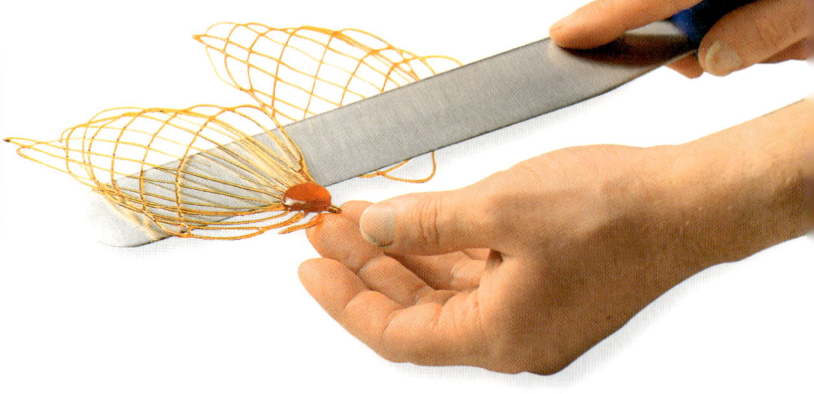

Gesponnenen Zucker herstellen

Gesponnener Zucker ist geschmeidig und biegsam, aber auch von hochfeiner Struktur. Man kann ihn zu vielen ansprechenden Formen biegen und für vielfältige Dekorationen verwenden. Das feine Gespinst ist jedoch sehr empfindlich und sollte erst kurz vor der Verwendung hergestellt werden.

Gesponnenen Zucker herstellen

Für gesponnenen Zucker muss Zuckersirup eine ganz bestimmte Konsistenz haben. Er sollte problemlos von einem abgeschnittenen Schneebesen laufen, und zwar in Fäden, die so dünn sind, dass sie dabei fest werden. Aufgefangen werden sie auf einer sauberen, trockenen Arbeitsfläche. Für die Herstellung schneidet man einen mittelgroßen Schneebesen ab (siehe rechts) oder hält zwei Gabeln Rücken an Rücken, so dass die Zinken in entgegengesetzte Richtungen weisen, und verwendet diese wie einen Schneebesen.

Einen Schneebesen abschneiden

Mit einem abgeschnittenen Schneebesen kann man gleichzeitig eine Reihe dünner Zuckerfäden herstellen. Dafür einen billigen Schneesen kaufen und die gebogenen Enden mit einer Kneifzange abschneiden.

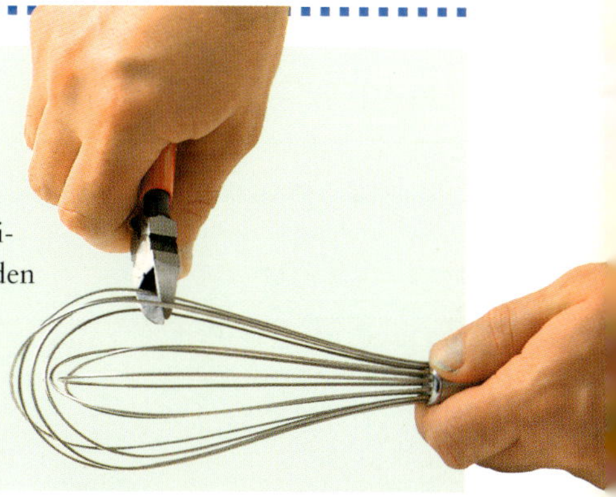

1 Zuckersirup auf 155 °C erhitzen. Um den Kochvorgang zu unterbrechen, den Topf in eine Schüssel mit kaltem Wasser stellen.

2 Arbeitsfläche mit Backpapier belegen, ein Nudelholz mit einer Hand darüber halten. Den abgeschnittenen Schneebesen in den Sirup tauchen und über dem Nudelholz schnell hin und her schlagen, so dass sich Zuckerfäden bilden.

3 Die über dem Nudelholz hängenden Fäden lockern und anheben oder vorsichtig vom Holz streifen. Die Fäden sollten nicht verkleben.

4 Zuckerfäden in der Mitte durchbrechen, die Hälften nach Belieben formen.

Gesponnenen Zucker verwenden

Diese fein gesponnene Garnitur, auch als Zuckerwatte oder „Engelhaar“ bekannt, kann man zu einer luftigen Halbkugel formen und auf Eiscremes oder Mousses setzen. In Form kleiner Kugeln verziert man damit Soufflés oder Torten. Die Kugeln lassen sich mit Gewürzen oder Konfekt füllen. Flüssige Beigaben lassen den Zucker schmelzen.

Dekorative Plätzchen

Eine Auswahl knuspriger Dekorationen für Desserts kann aus Plätzchenteig hergestellt werden. Sie dienen zur Dekoration oder als kleine Behälter. Die Plätzchenteige lassen sicht leicht herstellen und gut formen.

ORNAMENTE AUS BRANDTEIG

Für zarte Kuchendekorationen lässt sich Brandteig (S. 124) sehr fein aufspritzen.

RUNDE GITTER

Auf Backpapier in gewünschter Größe Kreise aufzeichnen. Erst die Kreise, dann das Gittermuster aufspritzen.

OVALE GITTER

Diese hübschen ovalen Gitter aus Brandteig ergeben eine geeignete Garnitur für Obsttorteletts oder Eiscreme. Die Ovale auf Backpapier vorzeichnen, das Papier umdrehen und die Ornamente mit einer kleinen Lochtülle oder einer Spritztüte mit kleiner Öffnung aufspritzen.

WAFFELSCHÄLCHEN FORMEN

Zu Schälchen geformte Waffeln (Tuiles) eignen sich zum Servieren vieler Desserts. 1 Portion Waffelteig (S. 127) ergibt 16 Stück. Bei 180 °C (Umluft 160 °C) je 4 Schälchen 5–8 Minuten backen, bis die Ränder goldbraun sind.

1 Auf ein gefettetes Bachblech oder ein Blech mit Backpapier 1 EL Waffelteig geben. Mit einem Palettmesser fächerartig von der Mitte nach außen verstreichen. Wie beschrieben backen.

2 Waffeln mit dem Palettmesser ablösen. Je 1 Waffel in eine Schüssel setzen, mit einer Ausstechform beschweren.

Waffelkörbchen

Für diese feinen Körbchen aus Waffelteig mit Weinbrand die Teigmischung für Waffelröllchen (S. 126) verwenden. Den Teig jedoch fächerartig nach außen streichen. Ebenso wie Waffelröllchen backen. Wie die Schälchen formen oder die Waffeln über ein halbrundes Gefäß legen.

KOKOSPLÄTZCHEN

Eine aromatische Variante feinen Waffelgebäcks. Für die exotisch-dekorativen Plätzchen den Anweisungen auf S. 70 folgen.

1 Die Teigmischung gleichmäßig auf ein gefettetes Backblech streichen und kalt stellen. Bei 160 °C (Umluft 140 °C) 3 Minuten backen.

2 Mit einer runden Ausstechform Plätzchen ausstechen. Für unregelmäßige Formen den Teig löffelweise auf dem Blech verstreichen und 3 Minuten backen. Noch warm formen.

SILIKON-MATTE ALS BACKHILFE

Doppelseitig mit Silikon beschichtete Matten sind ideale Unterlagen zum Backen zerbrechlicher feiner Waffeln und Plätzchen, da kein Teig daran haften bleibt. Die Teigmischung wird direkt aufgetragen und die Matte vor dem Backen zum Stabilisieren auf ein Backblech gelegt. Silikon-Matten bekommt man in Spezialgeschäften für Haushaltsartikel. Damit man die Matten lange verwenden kann, sollten sie sorgsam gereinigt und aufbewahrt werden.

FEINE WAFFELN (TUILES)

75 ml frisch gepresster Orangensaft
Abgeriebene Schale von
1 unbehandelten Orange
50 ml Grand Marnier
250 g Zucker
100 g Butter, zerlassen
200 g Mandeln, grob gerieben
125 g Mehl

Die Zutaten vermischen. Je 5 Portionen Teig mit einem Teelöffel auf ein gefettetes Backblech geben. Mit einer Gabel glatt streichen und bei 180 °C (Umluft 160 °C) 5 Minuten backen. Gebackene Waffeln sofort aus dem Ofen nehmen und um ein eingefettetes Nudelholz legen. Ergibt 25 Stück.

WAFFELN FORMEN

Mit einer Schablone kann man Waffeln beliebig formen. Hier: Waffelschalen in stilisierter Tropfenform für Eiscreme-Quenelles (S. 42).

1 Aus dünner Pappe eine Schablone schneiden und auf Backpapier legen. Waffelteig (S. 127) dünn darüber streichen, Schablone entfernen. Waffeln backen.

2 Die gebackenen Waffeln mit dem Palettmesser ablösen. Mit den Fingern nach Belieben formen und so lange halten, bis sie fest sind.

Früchte & Nüsse

Mit Garnierungen für Desserts aus Früchten und Nüssen kann man raffinierte Kontraste setzen. Sie lassen sich einfach herstellen, sind meist sehr dekorativ und schmecken köstlich.

Spiralen aus Zitrusfrüchten

Garnierungen aus Limetten, Zitronen und Orangen passen zu vielen verschiedenen Desserts mit Obst. Die Zitrusfrüchte erst kurz vor dem Servieren vorbereiten, damit sie nicht austrocknen.

Die Früchte in gleichmäßig dünne Scheiben schneiden. Jede Scheibe von Rand bis zur Mitte einmal einschneiden. Vom Schnitt aus in entgegengesetzte Richtungen drehen.

Apfel- & Birnen-Chips

Diese fein-aromatischen Chips aus Äpfeln und Birnen sind eine ungewöhnliche Garnierung und ideale Beigabe zu Desserts mit Obst.

Die Früchte sollten festes Fleisch haben und nicht zu reif sein. Den Saft von 1 halben Zitrone auspressen und mit etwas Wasser verdünnen. Äpfel und Birnen in etwa 2,5 mm dicke Scheiben schneiden. Scheiben sofort in den Zitronensaft tauchen, damit sie sich nicht verfärben. In einem Topf 100 ml Wasser und 100 g Zucker vermischen. Die Scheiben hineingeben und den Sirup aufkochen. Früchte herausnehmen, auf Backpapier legen und im Backofen bei 100 °C (Umluft 80 °C) 4 Stunden trocknen. Nach 2 Stunden wenden.

Ideen zum Dekorieren

Für eine knusprig-aromatische Garnierung die leicht durchsichtigen Apfel- und Birnen-Chips aufrecht auf ein Creme-Dessert setzen. Frisch geröstete Kokosflocken sehen auf exotischen Obstsalaten oder einzelnen Desserts sehr hübsch aus. Kleine Knoten aus Zitrusschale verleihen Parfaits, Käsekuchen und Eiscreme fruchtige Säure und farbige Glanzpunkte. Sie sind auch ideale Dekorationen für Petits Fours.

Knoten

Die kleinen Knoten passen gut zu Petits Fours. Zitrusfrüchte dünn schälen, Schale in Streifen schneiden.

Die Schalenstreifen einfach verknoten.

Kokoslocken

Mit einem Sparschäler frisches Fruchtfleisch einer Kokosnuss in langen, sich einrollenden Streifen abschälen. Dabei gleichmäßig drücken. Im Ofen rösten und die Locken auf einem Dessert verteilen.

NÜSSE IM KARAMELLMANTEL

Das Aroma von Karamell passt besonders gut zu Nüssen, und der dunkle, schimmernde Karamellüberzug hat eine höchst dekorative Wirkung.

Aus Zucker und Wasser Karamell herstellen (S. 109). Eine Nuss mit einem Cocktailspieß aufnehmen und in den Karamell tauchen. Auf Backpapier trocknen lassen. Mit den übrigen Nüssen ebenso verfahren.

GEEIGNETE NÜSSE UND FRÜCHTE

Ein Karamellmantel passt hervorragend zu Mandeln, Para-, Macadamia-, Pekan- und Haselnüssen. Geschmack und Konsistenz einiger Früchte harmonieren ebenfalls gut mit einem Karamellüberzug. Am bekanntesten sind überzogene Äpfel und Bananen, die ohne Beigaben, aber auch mit Eiscreme wunderbar schmecken.

KROKANT FORMEN

Für gemahlenen Krokant aus 150 g Zucker sowie je 50 g Glukose und Mandelblättchen einen hellgoldenen Karamell kochen. Auf ein gefettetes Backblech gießen, abkühlen lassen und kalt stellen. Den fest gewordenen Krokant in der Küchenmaschine zu Pulver zermahlen.

1 Aus Pappe eine Schablone in gewünschter Form ausschneiden und auf Backpapier legen. Gleichmäßig mit gemahlenem Krokant bestreuen.

2 Schablone vorsichtig entfernen. Geformtes Krokantpulver mit Mandelblättchen oder gehackten Nüssen bestreuen. Bei 170 °C (Umluft 150 °C) 5 Minuten backen.

Dekorativ geformter ***Krokant*** *kann einem Dessert eine knusprige Konsistenz und zusätzliches Aroma verleihen.*

3 Heißer Krokant ist weich, bekommt beim Abkühlen jedoch eine knusprige Konsistenz. Soll der Krokant noch geformt werden, muss dies also vor dem Abkühlen geschehen, da er danach brüchig wird. Hier wird der Krokant für eine gebogene Form um ein Nudelholz gelegt.

Glossar

Abschäumen Mit einem Schaumlöffel oder einer Kelle den nach dem Aufkochen mancher Flüssigkeiten oben schwimmenden Schaum entfernen.

Agar-Agar Ein pflanzliches Geliermittel aus Algenextrakt, Ersatz für Gelatine.

Backen Speisen bei einer bestimmten Temperatur ohne Deckel im Ofen garen.

Backpapier Beschichtetes Pergamentpapier, das sich besonders gut zum Auskleiden von Backformen eignet, damit das Backgut nicht an der Form haftet.

Beignets Meist kleine Früchte, in dickflüssigen Eierteig getaucht und ausgebacken. Auch als Krapfen oder angelsächsisch als Fritters bezeichnet.

Bestäuben Speisen mit einem Überzug aus einer pulverisierten Zutat bestreuen, in der Regel mit Puderzucker oder Kakaopulver.

Blanchieren Methode, um Nüsse und einige Früchte zu enthäuten, indem man diese zuerst in kochend heißes Wasser und dann in Eiswasser gibt, um den Garprozess zu unterbrechen. Vermindert außerdem einen bitteren Geschmack.

Blindbacken Kuchenböden und Gebäck ohne Füllung backen. Dazu den Boden des Teigs mit einer Gabel mehrfach einstechen, dann mit Backpapier oder Alufolie auskleiden und mit getrockneten Bohnen oder Blindbackgewichten beschweren.

Braten Speisen in einer Pfanne garen, deren Boden gerade mit heißem Fett bedeckt ist, so dass das Bratgut nicht anbrennt.

Brûler Einen Belag aus Zucker unter dem heißen Grill karamellisieren lassen, bis sich eine Kruste bildet. Alternativ kann man zum Karamellisieren auch eine Lötlampe benutzen, etwa für Crème brûlée.

Coulis Ein passiertes Püree aus Früchten, mit einem Süßungsmittel und etwas Zitrussaft vermischt.

Dünsten Zum Beispiel Früchte in wenig Flüssigkeit garen; wird oft für die Zubereitung von Obstfüllungen verwendet.

Durchziehen lassen Einer Flüssigkeit Aroma verleihen, indem man für eine gewisse Zeit aromatische Zutaten, etwa Zitrusschalen oder Gewürze, hineingibt.

Eierteig Die ungebackene Teigmischung für Crêpes, Pfannkuchen und Kuchen aus Mehl, Milch und Eiern; auch der Teigüberzug für frittierte Speisen, etwa Beignets.

Eigelb reagiert empfindlich auf Kontakt mit Zucker oder Salz und muss daher sofort mit Schneebesen oder Spatel zu einer homogenen Masse geschlagen werden, da es sonst harte Körner bildet, die sich nicht mehr auflösen.

Einfetten Ein Küchengerät mit Fett, meist Butter oder Öl, bestreichen, damit die Speisen nicht daran haften bleiben.

Einkochen Eine Flüssigkeit bei starker Hitze ohne Deckel kochen lassen, so dass Flüssigkeit verdampft und ein konzentriertes Aroma entsteht.

Einstechen Teige oder ungeschälte Früchte mit einer Gabel oder einem Messer einstechen, so dass während des Garens Luft oder Flüssigkeit entweichen kann und die Oberfläche sich nicht wölbt oder platzt.

Eiswasser Mit Eiskugeln gekühltes Wasser. Indem man einen heißen Topf hineinhält, wird der Garprozess abgebrochen.

Eiweiss Damit Eiweiß schön steif wird, unbedingt saubere Geräte benutzen, die mit kaltem Wasser abgespült und gut abgetrocknet wurden. Das Eiweiß darf keinerlei Eigelbspuren enthalten. Bei ganz frischen Eiern eine Prise Salz zugeben, um sie lockerer zu machen. Mit mittlerer Geschwindigkeit schlagen, um viel Luft einzuarbeiten; sobald das Eiweiß schaumig wird, auf höchster Stufe schlagen, damit es fest wird.

Flambieren Eine Speise mit Alkohol begießen, der entzündet wird. Der Alkohol verbrennt, aber sein Aroma bleibt erhalten.

Gelatine Ein Geliermittel, durch das Flüssigkeit zu Gelee erstarrt. Sie ist gemahlen oder als Blattgelatine erhältlich.

Glasieren Speisen mit einer dünnflüssigen, süßen Flüssigkeit, etwa erhitzter Marmelade, überziehen, die fest wird und eine glänzende Oberfläche bildet.

Hacken Zutaten mit der Hand oder in der Küchenmaschine in kleine Stücke schneiden.

Julienne In feine Streifen geschnittene Zutaten, zum Beispiel feine Streifen Orangen- oder Zitronenschale. Sie wird häufig zum Dekorieren verwendet.

Kalt stellen Nahrungsmittel in den Kühlschrank oder in Eiswasser stellen, um sie zu kühlen oder fest werden zu lassen.

Karamellisieren Zucker und Wasser auf 190 °C erhitzen, bis der Sirup eine goldbraune Farbe bekommt und sich zum Überziehen von Speisen eignet. Zucker kann auch als Belag unter einem heißen Grill karamellisiert werden (siehe Stichwort Brûler).

Kneten Einen Teig mit den Händen bearbeiten (zusammenfalten und drücken), damit er glatt und geschmeidig wird und um Luft einzuarbeiten.

KÖCHELN Speisen in einer schwach kochenden Flüssigkeit schonend garen.

KOCHEN Eine Flüssigkeit erhitzen, bis sich an der Oberfläche Blasen bilden. Wasser zum Kochen bringen bedeutet, den Siedepunkt von 100 °C zu erreichen. Je nach Beschaffenheit haben Flüssigkeiten unterschiedliche Siedepunkte.

KOMPOTT Früchte in meist aromatisiertem Zuckersirup gegart. Es werden getrocknete oder frische Früchte, entweder von einer Sorte oder eine Mischung, verwendet.

MAHLEN Trockene Zutaten im Mörser oder in der Küchenmaschine zu Pulver oder in winzige Stücke zerkleinern.

MARMORIEREN Kuchenteige oder Schokoladensorten zu einer Struktur, die an Marmor erinnert, vermischen.

MARSALA Dessertweine aus dem Nordwesten Siziliens; werden zum Aromatisieren einiger Desserts verwendet.

MAZERIEREN Nahrungsmittel vor dem Garen in einer aromatisierten Flüssigkeit, etwa Likör oder Sirup, durchziehen lassen, damit sie weicher werden und zusätzliches Aroma bekommen.

MOUSSE Ein gekühltes Dessert von lockerer und luftiger Konsistenz, meist aus geschlagener Milch und/oder Sahne, Eiern und Zucker sowie Aromazutat(en).

PASSIEREN Zutaten durch ein Sieb streichen, damit sie eine feine Konsistenz bekommen und um Klümpchen zu entfernen.

PASTE Fein gemahlene Zutaten, die mit etwas Flüssigkeit zu einer relativ festen, streichfähigen Masse vermischt werden.

PÂTE Französische Bezeichnung für Teigmischungen, etwa Pâte sucrée, Pâte brisée und pâte sabléee.

POCHIEREN Speisen in einer Flüssigkeit garen, die bis knapp unter den Siedepunkt erhitzt wird. Wasser, Alkohol oder Zuckersirup können hierfür verwendet werden.

PÜRIEREN Feste gegarte oder rohe Zutaten in einem Püriergerät oder einem Mixer fein zerkleinern und/oder durch ein Sieb passieren, so dass eine feine Masse für Saucen oder Desserts entsteht.

QUENELLES Mit zwei Löffeln zu kleinen Klößchen geformte Mischungen, etwa Eiscreme oder Joghurt; werden meist zum Dekorieren verwendet.

SCHAUMIG/CREMIG SCHLAGEN Zutaten, meist Zucker und Fett, zum Beispiel Butter, zu einer luftigen, glatten Mischung verschlagen.

SCHLAGEN Zutaten mit einer schnellen, gleichmäßigen Bewegung vermischen, bis sie gleichmäßig verbunden sind – mit einem Schneebesen, Löffel oder elektrischen Handrührgerät. Wird auch gemacht, um Luft in Mischungen einzuarbeiten, die aufgehen sollen.

SIEBEN Trockene Zutaten, etwa Mehl und Zucker, durch ein Sieb geben, um Klümpchen zu entfernen und für eine luftige Mischung zu sorgen.

SIRUP Eine süße Flüssigkeit, die man durch Erhitzen von Wasser und Zucker erhält. Die verschiedenen Verwendungsmöglichkeiten richten sich nach der Zuckerkonzentration und der erreichten Temperatur. Um verunreinigten Sirup zu klären, gibt man etwas geschlagenes Eiweiß hinzu und lässt den Sirup einige Minuten bei niedriger Hitze köcheln. Dann vorsichtig durch ein Spitzsieb passieren und nach Rezept verwenden.

SOUFFLÉ Eine lockere Speise mit steif geschlagenem Eiweiß. Gegarte Soufflés gehen luftig auf.

TEIG Gefrorener Teig sollte im Kühlschrank bei 5 °C langsam auftauen, bis er geschmeidig ist. Um zu verhindern, dass ausgerollte Teiglagen beim Lösen von der Arbeitsfläche die Form verlieren oder einreißen, schlägt man sie locker um ein Nudelholz und rollt sie dann in die Form oder auf das Backblech ab.

TEMPERIEREN Schokolade schmelzen und abkühlen lassen, um die Bildung unstabiler Fettkristalle zu vermeiden und glänzende Schokolade zum Dekorieren zu erhalten.

TRÄNKEN Speisen anfeuchten, indem man eine Flüssigkeit mit dem Löffel oder Pinsel aufträgt, besonders zum Aromatisieren.

ÜBERZIEHEN Die Oberfläche eines Desserts bedecken, etwa mit Glasur.

ÜBERZUCKERN Früchte und Blütenblätter zu Dekorationszwecken mit leicht verschlagenem Eiweiß bestreichen und anschließend mit Zucker bestreuen.

UNTERHEBEN/-ZIEHEN Eine lockere Zutat mit einer schwereren vermischen. Man setzt die lockere Zutat auf die schwerere und vermischt die beiden vorsichtig mit einem Teigschaber oder Metalllöffel. So wird die Mischung luftig.

VANILLE-ESSENZ Natürliches Erzeugnis aus Vanille mit dem typischen Vanillearoma; Ersatz für Vanillestangen.

VERFEINERN Sahne, Eigelb oder Butter an eine Mischung oder Sauce geben, um die Konsistenz oder den Geschmack zu verbessern.

WASSERBAD Zubereitungsmethode für viele Desserts, die man in einer Schüssel in oder besser über einen Topf mit kochendem Wasser stellt. Dafür gibt es auch ein spezielles Küchengerät (Bain marie).

ZITRUSSCHALE ODER ZESTE Die farbige äußere Schicht der Schale von Zitrusfrüchten. Sie wird (von unbehandelten Früchten) dünn abgeschält oder abgerieben und häufig zum Aromatisieren verwendet.

Register

L

M

N

O

P

Q

R

S

T

U

V

W

Z

DANKSAGUNG

Ernährungswissenschaftliche Beratung
Cathy Man, Carol Handslip, Eric Treuillé
Dessert-Zubereitungen Wendy MacDonald

Carroll & Brown möchten an dieser Stelle allen Küchenchefs der Le-Cordon-Bleu-Kochschulen danken. Denn ohne ihr Wissen und ihr Können wäre dieses Buch nicht erschienen. Ganz besonders danken wir Chef Laurent Duchène, Paris, und Chef Julie Walsh, London. **Und für ihre wertvolle Unterstützung im Lektorat:** Gerard McLaughlin, Susan Eckstein, Helen Barnard and Alison Oakervee.

Le Cordon Bleu London, 114 Marylebone Lane, London, W1M 6HH, England. Tel 44/171 935 3503. Fax 44/171 935 7621.

Le Cordon Bleu Paris, 8 Rue Leon Delhomme, 75015 Paris, Frankreich. Tel 33/1 53 68 22 50. Fax 33/1 48 56 03 96.

Le Cordon Bleu Tokio, ROOB-1, 28–13 Sarugaku-cho, Daikanyama, Shibuya-ku, Tokio 150, Japan. Tel 81/3 5489 01 41. Fax 81/3 5489 01 45.

Le Cordon Bleu (US-Zentrale), 404 Airport Executive Park, Nanuet, NY 10954, USA. Tel 1/914 426 7400. Fax 1/914 426 0104 (gebührenfreie Nummer USA 1-800-457 CHEF).

Le Cordon Bleu Sydney, Ryde College of TAFE, 250 Blaxland Road, Ryde, Sydney, NSW 2112, Australien. Tel 61/2 808 8307. Fax 61/2 809 3346.